Hugo Loetscher

Das Entdecken erfinden

Unterwegs in meinem Brasilien

Reisereportagen

*Herausgegeben und
mit einem Nachwort von
Jeroen Dewulf*

W0033276

Diogenes

Nachweis der Erstveröffentlichungen
am Schluss des Bandes
Covermotiv: Illustration
von Milene Gandolfi,
›Calçada em Salvador da Bahia‹
Copyright © Milene Gandolfi/
Saatchi Art

Inhalt

Unterwegs in meinem Brasilien
(1992)

Nein, zu erklären gibt es nicht viel. Wie soll man eine Liebe erklären? Aber auch was man nicht erklären kann (oder erklären mag), hat eine Geschichte. Selbst wenn sie nicht dort begann, wo es anfing.

Es fing in Portugal an. Nach der Veröffentlichung meines ersten Romans, *Abwässer – Ein Gutachten*, hatte ich einen Literaturpreis gewonnen, der mir erlaubte, in einem billigen (oder armen?) Land zu leben. Warum Portugal? Mag sein, dass es mit der Vorliebe für Übersehenes zusammenhängt. Ein Land im Rücken Spaniens, das seinerseits hinter den Pyrenäen lag. Der Zufallsentscheid wurde belohnt: Ich habe Lissabon als eine der schönen Städte Europas und die Portugiesen als liebenswertes Volk erlebt. Ein Portugal, das ein europäisches Winkeldasein führte, wo aber mit Selbstverständlichkeit von Luanda, Macau oder Goa gesprochen wurde. Provinzialität und Weltoffenheit, der Schweizer in mir fühlte sich angesprochen.

Über dieses Portugal herrschte Salazar, der mir die Liebe zu seinem Land verdarb. Ein Diktator, der bei uns kaum ernst genommen wurde. Dieses Portugal wählte ich als Filmthema. Das schweizerische Fernsehen war damit einverstanden.

Aber eine Stunde vor Ausstrahlung wurde der Film abgesetzt. *Ach Herr Salazar* war eine »politische Elegie«. Am Schluss als Großaufnahme die Knochenwand im Gebeinhaus von Évora: »Hier herrscht die totale Demokratie. Aber man könnte mit ihr vorher beginnen.« Die Absetzung des Films weitete sich aus zu einem Skandal, von dem ein junger Autor nur träumen kann.

Der Text fand später Eingang ins *Gratisbuch*. Der Film selber ging verloren, als das Fernsehen nach Zürich-Oerlikon umzog. Er fand auch keine Aufnahme in die (gedruckte) Filmgeschichte. Es war, wie mich ein Herausgeber belehrte, ein 16-Millimeter-Film und nicht ein 36er. Ich habe mich in diesem Land immer wieder um Millimeter verrechnet.

An einen weiteren oder gar regelmäßigen Aufenthalt in Portugal war kaum mehr zu denken. Dies war umso ärgerlicher, als ich etwas Portugiesisch gelernt hatte. Aber anderseits: Gab es nicht eine lusitanische Welt? Und gehörte zu dieser lusitanischen Welt nicht Brasilien? Führte ein logischer Weg der Portugiesen nicht über den Südatlantik nach Südamerika? Meine Entdeckung Brasiliens verdanke ich einem Diktator und einem Fernsehredaktor, was nicht als Empfehlung gemeint ist.

Ohne es zu beabsichtigen, hatte ich mich literarisch auf Brasilien vorbereitet. Der erste Text, den ich auf Portugiesisch als Ganzes las, war die *Predigt des heiligen Antonius an die Fische* von António Vieira. In seiner Rollenpredigt übte dieser Jesuit aus dem 17. Jahrhundert schärfste Kritik an den portugiesischen Kolonialisten: »Dass ihr Fische einander fresst, ist ein Skandal. Der ist umso übler, als die großen die kleinen fressen. Umgekehrt wäre weniger schlimm. Da würde ein großer für sehr viele kleine genügen.«

Die Predigt gab ich auf Deutsch heraus und schrieb dazu eine längere Einleitung. Dies schien mir schon deswegen aktuell, weil sich in den sechziger Jahren wieder einmal die biedere Auffassung breitmachte, edle Gefühle und anständige Gesinnung genügten für Literatur. Vieira bot ein Beispiel dafür, wie Moralität und stilistische Verantwortung eine gültige Verbindung eingehen. Das Vorwort erwies sich im Nachhinein als poetische Konfession.

Klar, dass ich beabsichtigte, die Orte aufzusuchen, an denen Vieira gewirkt hatte. Bahia, und hoch im Norden, in Maranhão, São Luís, wo er seine Predigt gehalten hatte.

Aber Brasilien begann in Rio. Und es begann atemberaubend, ohrenbetörend und augenbegeilend.

Der Abflug war kurzfristig entschieden worden, auch wenn es wie nach touristischer Planung aussah. Ich kam an einem Freitagmorgen an. Die erste Begrüßung mit einem *cafézinho* (Kaffeechen) und die Bekanntschaft mit Tropenfrüchten, deren Namen ich von nun an zu lernen hatte. Ein flüchtiges Flanieren durch die Renommierstraße Rio Branco. Ein koloniales Kloster als historische Reminiszenz und die Schattenschluchten zeitgenössischer Wolkenkratzer. Die erste *cachaça* (Zuckerrohrschnaps) an der Praça Mauá, damals noch mit Hafenkneipen und Matrosenbetrieb. Ein Tag des Jetlags, aufgekratzt und benommen unter einem feuchtheißen Himmel.

Und am andern Morgen Trommeln, die weckten. Samstag vor dem Karneval. Ich begab mich hinunter vors Hotel und folgte einer musizierenden Gruppe, ließ diese und zog einer anderen nach, hängte mich dort an und ließ mich hier treiben. Von Taumel zu Taumel und von einem Tag in den andern hinein. Der schwarze Junge, der mit einer Hühnerfeder im Kraushaar sich in einen Indio verwandelte. Und die Luxusmasken auf dem Laufsteg, auf dem die Gäste defilierten, die am Opernball teilnahmen. Die kichernden Auftritte der Transvestiten und der Vorbeimarsch der Sambaschulen. In der tonisierten Luft vibrierten Stahl, Glas und Stein, und was eines Klangs fähig war, wurde als Schlagzeug benutzt. Die Anfälligkeit helvetischer Knochen für Rhythmus und Geist, der nicht mehr stark sein mochte, sondern willig wie das schwache Fleisch. Ein Karneval im Hochsommer. Die Körper entledigten sich der Kleider, und in allen Straßen und auf allen Plätzen tanzte die Schönheit der Mulattinnen und Mulatten. Die erste Umarmung. Und dann der Jetlag der Erotik. Und irgendwo und irgendwann der zweite Kuss.

Dann aber war die Stadt plötzlich dunkel und still. Selbst der Verkehrslärm nahm sich diskret aus, was etwas heißen will beim lateinischen Talent fürs Hupen. Man sagt dem Fleisch nur Lebewohl *(carne vale),* wenn es danach keins mehr gibt. Unsere protestantischen Fasnachten tun sich deswegen so schwer, weil ihnen kein Büßertag droht, der etwas anderes ist als ein Kater. Auch das Toben am Polterabend erhält nur Sinn, wenn anderntags die Asche der Ehe aufs Haupt gestreut wird.

Man hatte mich in Zürich vor dem Abflug gewarnt. Unmöglich, ein Hotelzimmer zu finden. Aber ich fand eins. Und zwar an dem, was man beste Lage nennt. Im Zentrum. In der Nähe des Platzes, wo die Oper, das Nationalmuseum und die Nationalbibliothek, das Justizministerium, das Parlamentsgebäude, der Senat ein Ensemble bilden, Bauten, die daran erinnerten, dass Rio fünf Jahre zuvor noch Hauptstadt war.

Im Einzugsgebiet des Platzes eine Reihe von Theatern und Kleinbühnen. Wegen der vielen Kinos Cinelândia genannt. Ein Platz, der sich zu den Hauptstraßen von Downtown öffnet. Mühelos geht die Geschäftigkeit des Tages über in die Geschäftigkeit des abendlich-nächtlichen Nichtstuns. Gleich anfangs war der Entscheid gefallen, dass ich nie ein Copacabana-Bewohner werden würde. Ohne Zweifel imposant, der geschwungene Strand. Einzigartig die Skyline. Faszinierend, die Promenade abzufahren. Am Tag wie in der Nacht. Kein Rio-Aufenthalt ohne einen Abstecher nach Copacabana, Leme, Leblon, Ipanema oder wie immer die einzelnen Strände und ihre Viertel am Atlantik heißen. Ich blieb ein Bewohner jenes Rio, das an der Guanabara-Bucht liegt, an der es gegründet wurde.

Ich übernahm auch ein Ritual aus Lissabon: bald nach der Ankunft mit der Fähre ans andere Ufer zu fahren und mit einer der nächsten zurückzukehren, um stilgerecht vom Wasser her anzukommen. Hier bringt einen die Fähre nach Niterói, der Schwesterstadt. Und mit der Fähre zurück, sich der Wolkenkratzervielfalt von Rios Downtown nähernd. Auf die Stelle zusteuern, wo einst die Schiffe aus Europa anlegten, und einige repräsentative Bauten sehen, das Rio der Kaiserzeit, von der Fähre an Land gehen und sich als einer unter ihnen fühlen.

Auf diese Bucht ging der Blick vom Hotel Serrador. Er wäre klassischer nicht denkbar. Gegenüber der Zuckerhut und rechts oben die Christus-Statue auf dem Corcovado. Das Spiel des Lichts mit Wasser und Hügel. Eine Landschaft, bei deren Kreation es sich der liebe Gott einfach machte, er wählte als Vorlage die schönste Postkarte.

Aber eines Jahres war das Hotel von der staatlichen Erdölgesellschaft, der Petrobras, gekauft worden. Mein Gepäck ließ alle Handgriffe hängen. Es begann ein nomadisches Hotelsuchen. Bis ich mich fürs Novo Mundo entschied. Und dies nicht zuletzt wegen des Viertels in seinem Rücken. Catete, nach dem früheren Regierungssitz benannt. Ansonsten ein recht gewöhnliches Wohnquartier, gerade dies war ausschlaggebend. Jene Banalität, deren Alltag alle Sightseeings überdauert. Nach wie vor der Blick vom Hotelzimmer auf die Bucht. Nicht mehr Breitleinwand, aber noch ein geschlossenes Bild. Als Hintergrund der Hügelzug am andern Ufer. Und in der Bucht stets Bewegung, ein Tanker, ein Segelschiff oder ein Kriegsschiff auf dem Wasser und in der Luft ein Flugzeug, das vom nationalen Flughafen aufsteigt, und die krabbelnden Kabinen der Schwebebahn vom Zuckerhut. Zu Füßen die Praia Flamengo. Ein Strand, an dem wegen der Verschmutzung das Baden verboten ist. Acht- oder zehnspurige Straßen. Aufgeschüttetes Terrain, von einem Landschaftskünstler gestaltet. Eine Anlage, in der es gefährlich wurde zu flanieren. Mit Fußballfeldern. Bis Mitternacht und darüber hinaus Jugendliche, die hier spielen. Straßenjungen, elternlos und ohne Heim, profitieren von der Leere, der Kühle und dem Flutlicht. Die meisten dunkelhäutig wie Pelé. Sie träumen mit den Füßen, mit denen sie gegen den Ball treten, und ihr aussichtsloses Leben gewinnt ein Ziel, ein Tor und eine Latte.

Rio blieb Anflughafen für Südamerika, auch wenn sich inzwischen einiges bei Ankunft und Einfahrt geändert hat.

Als wir bei meinem ersten Flug nach Südamerika den Äquator überquerten, erhielt ich eine schriftliche Bestätigung, das Ereignis wurde mit Champagner begossen. Äquatortaufe in bester Seefahrermanier. Nur dass der Wassergott Neptun sich tüchtig recken musste, um mit seinem Dreizack hoch oben in der Luft zu grüßen.

Die Flugzeuge aus der Schweiz legten noch Zwischenstationen ein. In Lissabon und Dakar. Das empfand ich als themengerechte Einstimmung. Zwischenhalt bei den Portugiesen, die Brasilien entdeckten und aus ihm eine Kolonie machten. Und Dakar stellvertretend für Afrika, aus dem einst Schwarze als Sklaven nach Brasilien verschleppt wurden.

Was einst getauft wurde, was aus Afrika kam, wurde nun hygienisiert. Eine stickig-stinkende Taufe aus einer laizistischen Spraydose. Nach der Landung stiegen zwei Beamte an Bord und besprühten Passagiere und Gepäck. Rio war einst berüchtigt für Gelbfieber. Ein brasilianischer Wissenschaftler hat es ausgerottet. Das nach ihm benannte Institut ist ein Gebäude, das bei der Einfahrt als eines der ersten auffällt.

An dieser Einfahrt hat sich einiges geändert. Nicht nur weil inzwischen ein neuer Flughafen eingeweiht wurde. Die Slums wurden wegsaniert, die einem einst einen ersten Eindruck vermittelten. Pfahlbauten im Schwemmland der Bucht errichtet und über die Bucht selber eine Brücke nach Niterói gebaut. Nach wie vor führt die Avenida Brasil an den Docks vorbei, aber jetzt auf einer Hochstraße. Und die City drängte sich vor bis in den Hafen mit postmodernistischer Imponierarchitektur.

Geändert aber hatte sich anderes. Mit jedem Mal wurde die Ankunft ein Stück mehr Heimat. Nicht nur, weil man in der Ferne die Steiltreppe zum Hügel der Felsenmadonna gleich erkennt oder ohne Mühe im Bergzug den Pico da Tijuca ausmacht. Nicht erst die Glória-Kirche im Zentrum grüßt einen als Bekannten. Schon eine Fußgängerüberführung oder eine Lagerhalle werden Vertraute in dem charakterlosen Industrieviertel, das man als Erstes durchquert. Je mehr Rückkehr, umso weniger Sensation. Es fuhr immer der Immune mit: »Am liebsten wäre er in alle Richtungen gegangen und aus allen Richtungen zurückgekehrt, bis jeder fremde Ort ein vertrauter wurde und jeder vertraute sich einem fremden anglich und es keine Unterschied mehr gab zwischen vertraut und fremd.«

Rio war nicht nur Anflughafen für Brasilien, für weitere Städte an der Küste und für das Hinterland der verschiedenen Hinterländer. Brasilien wurde Ausgangsland für das andere Südamerika, das spanische. Vom amazonischen Tiefland ging eines Tages die Reise in die kolumbianischen Anden. Oder der Weg führte vom südlichen Interior aus nach Bolivien, einmal mehr ins indianische Südamerika. Die Wasserfälle von Iguaçu wurden Station auf der Reise nach Paraguay, wo Mestizen über 90 Prozent der Bevölkerung ausmachten. Und von Rio oder São Paulo aus der Weiterflug über die Anden nach Santiago de Chile. Oder ins europäische Südamerika, nach Uruguay oder Argentinien.

Ich kann mir schwerlich vorstellen, dass jemand dem Porteño (Bewohner von Buenos Aires) und dem Carioca (Bewohner von Rio) die gleiche Sympathie entgegenbringt. Wobei ich mich hüte, den Carioca mit dem Brasilianer gleichzusetzen. Dem Klischee nach sind die aus dem Süden tüchtig und die aus dem Norden schwermütig, neben ihnen und andern ist der Carioca leichtlebig. Es heißt nicht umsonst, man gebe das Geld, das man in São Paulo verdient, in Rio aus. Und doch: Ein Vergleich des (portugiesischen) Carioca mit dem (spanischen) Porteño hat mir einiges klargemacht über die Lebenseinstellung des Brasilianers – oder müsste man nicht besser »Lebenskunst« sagen?

Brechen zwei Porteños von zwei entgegengesetzten Punkten auf, machen sie sich ellbogenbewehrt auf den Weg und gehen stracks geradeaus und behalten die Richtung bei, auch wenn sie den andern auf sich zukommen sehen; sollte der Zusammenprall tödlich sein, er war männlich und heroisch. Der Brasilianer weiß, dass es in diesem Leben nun einmal zu Konfrontationen mit dem andern kommt, also machen sich beide tanzend auf den Weg, wählen einen Schritt, bei dem der Ausfallschritt choreographisch eingeplant ist. So besteht die Chance, aneinander vorbeizukommen ohne Machobeulen, und beide haben doch ihr Gesicht gewahrt.

Ich habe immer bedauert, dass diese Gangart von den Militärs nicht verwendet wurde. Auch nicht von den brasilianischen. Eine Gangart, die einige damit erklären, dass sich der Brasilianer einen Alltag ohne Musik nicht vorstellen kann. Vielleicht ist es umgekehrt; denkbar, dass seine Art, durchs Leben zu gehen, nach Musik ruft.

Eine Gangart des Durch- und Davonkommens. Dies spielt nicht immer ohne den *jeito,* den Dreh. Und sicher nicht ohne Talent zur Improvisation. Mein Gesellenstück in dieser Lebenskunst legte ich nach meinen ersten drei

Monaten ab. Das Visum musste verlängert werden, was weiter kein Problem brachte. Außer dass man die Stempelmarken nicht auf dem Amt bekam, wo die Marken abgestempelt wurden. Dem Mann jedoch, der in einem anderen Büro die Marken verkaufte, waren die Siebziger, die ich benötigte, ausgegangen. Er bot mir an deren Stelle eine Achtziger an, die ich erwarb. Doch sein Beamtenkollege weigerte sich, eine Achtzigermarke anzunehmen, er wollte nur eine Siebziger. Meine Großzügigkeit beeindruckte nicht; ich konnte sie mir umso mehr leisten, als der Dollar damals mit 300 Cruzeiros umgerechnet wurde. Doch es war nichts auszurichten, so dass ich darum bat, beim Chef vorzusprechen. Dort legte ich eine größere Note auf den Tisch, bettelte um die Gunst, statt siebzig Cruzeiros achtzig bezahlen zu dürfen. Der Vorgesetzte zeigte Verständnis, steckte die Note ein und gewährte mir, der ich von so weit herkäme und Brasilien anscheinend möge, mehr zahlen zu dürfen, als vorgeschrieben ist.

In einem solchen Land mochte ich nicht nur zwei Monate länger bleiben. In ein solches Land wollte ich zurückkehren.

Es verhielt sich nicht so, dass ich in Zürich aus einem mehr oder weniger heiteren Föhnhimmel beschließen konnte: Ich fahre nach Brasilien. Damit hatte ich noch kein Ticket in der Tasche, und Kreditkarten beharren nun einmal auf der abrechnenden Stunde der Wahrheit.

Die Reisen wären ohne journalistische Arbeiten nicht möglich gewesen. Die Mitarbeit bei der *Swissair Gazette* bot die Chance eines Flugtickets. Solange ich Redaktor bei der *Weltwoche* war, stand der Publikationsmöglichkeit nichts im Wege. Ich brauchte lediglich einige Kollegen zu überzeugen, dass in Brasilien nicht alles Samba war.

Man kann sich schwerlich vorstellen, dass Mitte der sechziger Jahre Südamerika in unseren Medien ein vernachlässigtes Thema darstellte. Die regelmäßige Berichterstattung setzte erst später ein. So hatten die ersten Reisen nach und durch Brasilien noch etwas vom Hauch und Schweiß der Avantgarde.

Welche Lücke sich auftat, merkte ich an mir selbst. Dieses Brasilien und sein Kontinent waren unbekanntes Terrain. Bevor ich andere informierte, hatte ich mich selber zu informieren. Das hieß nicht nur schauen und Gespräche führen, sondern auch lesen. Was habe ich Päckchen auf die Post geschleppt! Sollte meine Brasilienbibliothek zu einer Geschichte kommen, fände sich darin ein detailfreudiges Kapitel »Der Autor und die Paketpost«.

Journalistische Arbeit, die von dem ausging, was man vorfand, schien mir umso dringlicher, als recht bald die Ideologen sich Lateinamerikas annahmen. Und sie, die den Neokolonialismus von Wirtschaft und Politik kritisierten, betrieben eine sublime Form des intellektuellen Imperialismus, indem sie eine Terminologie mitbrachten, die aus anderen Gesellschaften stammte. Ich habe es stets vorgezogen, statt von Strukturen von der Suppe zu reden.

Ich war nie ein Newsman. Was nicht heißt, dass einen die Aktualität nichts angegangen wäre. Und an Aktualitäten sollte es auch nicht fehlen – die Zensur zum Beispiel war ein anhaltendes Thema von trauriger Ergiebigkeit.

In dem Brasilien, das ich kennenlernte, hatten ein Jahr zuvor die Militärs geputscht. Noch waren einige limitierte

Freiheiten möglich. Doch dann der »Putsch innerhalb des Putsches« 1968. Mit der institutionellen Akte 5 begann die harte Repression – Verhaftungen, Folter, Exil. Und danach, in den siebziger Jahren, das »Wirtschaftswunder«. Man brauchte kein Experte zu sein, um den Boom als Ausverkauf zu erkennen. Die Fachleute belächelten den weltfremden Intellektuellen. Am Ende erwies sich: kurz die Geschäfte und lang die Schulden. Danach die politische Hoffnung, die Öffnung, die Abertura, zögernd, aber immerhin. Die achtziger Jahre mit den ersten Wahlen und horrender Inflation, auch mit Korruption und wachsender Kriminalität. Ein verlorenes Jahrzehnt, wie man hinterher bilanzierte.

Journalistisch interessierte mich, was man Interdisziplinäres nennt: eine Komplexität, in der Geschichte und Aktualität gleicherweise spielen, Zusammenhänge und Ineinanderwirken von Politik und Kultur, von Alltag und Geisteshaltung, persönlicher Perspektive und Faktengerechtigkeit. Einem solchen Interesse wird nur die längere Berichterstattung gerecht. Dem Freischaffenden, der ich inzwischen geworden war, boten das *Tages-Anzeiger Magazin* und das »Wochenende« der NZZ ein gegebenes Forum. Und dementsprechend auch die Fotoreportagen, wie sie auf drei Reisen mit dem jungen Fotografen Willy Spiller entstanden. Die Themen konnten recht unterschiedlich ausfallen. Wenn Brasília, dann die Slums, welche die Hauptstadt der Hoffnung einkreisten. Urbanismus der Misere. Und wenn Militärs, dann der Besuch der »Sorbonne« in Rio, der intellektuellen Drillstätte für ideologische Legitimierung. Und wenn Gold, nicht nur die Fahrten durch die einstige Goldprovinz Minas Gerais mit ihren Barockstädten, sondern auch der Abstieg in die größte Goldmine, deren Schächte bis unter das Meeresniveau reichen. Und beim Bau der Transamazônica dabei sein, der ersten Transversale durch Amazonien. Und dies als Gelegenheit nutzend, ein Porträt von Belém zu schreiben, der Stadt im Mündungsgebiet des Amazonas.

Nicht dass die Reisen sich auf journalistische Arbeiten beschränkt hätten. Sie boten eine Minimalgarantie und legten die Voraussetzungen für ein Unterwegs in eigener Regie und allein.

Ein Unterwegs, das nicht spektakulär sein muss. In São Paulo und Rio flanieren und benommen sein von der architektonischen Phantasie dieses Landes. Oder in einem Städtchen im Norden oder Nordosten unterwegs, zu jener Mittagsstunde, wenn nur verrückte Hunde und Engländer im Freien sind, verlassene Straßen und öde Plätze, die Leere genießend, auf dem Kopf eine Tropensonne, die alle Fragen wegbrennt.

Ein Unterwegs je nach Möglichkeit – ob hinten auf einem Lastwagen oder im Jet. In einer jener Propellermaschinen, die meinen, es sei lustig, von Wolke zu Wolke zu hüpfen. Bei einem Nachtflug der Blick auf die Feuer der Brandrodungen. Oder die Schleifen über dem Rio São Francisco im Helikopter, dem Urenkel des fliegenden Teppichs. Und obgleich die Schiene kaum von Bedeutung für Waren- und Passagiertransport ist, dennoch die Eisenbahn von Belo Horizonte nach Rio benutzen, und sei es nur, um zu sagen, man sei in diesem Land auch Zug gefahren. Und ansonsten immer wieder Busse. Der, der im Schlamm steckenbleibt, so dass man die Regennacht unter einer Blache am Straßenrand verbringt. Oder jener Bus, der nicht den Berg hochkommt, so dass die Männer und die männliche Jugend aussteigen, hinterherstapfen und erst wieder zusteigen, wenn der Bus auf dem Grat erneut zu Schnauf kommt.

Ein Unterwegs mit einem anderen Raum- und Zeitgefühl. Fahr' ich von Zürich nach Bern, werd' ich ungeduldig; diese Fünfviertelstunden gehen nie zu Ende. Löse ich in Brasilien am Morgen früh ein Busbillett und komme ich am späten Nachmittag an, finde ich das angenehm, dann ist es noch hell und früh genug, um sich in Ruhe nach einem Hotel umzuschauen – vielleicht ein Hotelzimmer, das kein Bett hat, sondern nur Haken an der Wand für die Hängematte, die man als Bett mitbringt.

Amerikanisches Raumgefühl. Wir Europäer erfahren es auch in Nordamerika. In den USA. Bis zum *horror vacui,* ein Schreck vor der Leere, die zugleich die ungenutzte Möglichkeit ist. Solche Gefühle vermitteln einem auch andere lateinamerikanische Staaten – die endlosen Fahrten in den Anden oder das Durchqueren der argentinischen Pampa. Aber Brasilien bietet als Erlebnisbereich einen halben Kontinent. Und es ist nicht nur eine geographische Weite, sondern auch eine geschichtliche. Noch Indiostämme, die im Steinzeitalter leben, und zugleich die Metropolen der Hightechzivilisation.

Diese Welt findet sich wieder in der ethnischen Vielfalt der Gesichter. Raum genug für alle und jeden. Angesichts so vieler Möglichkeiten muss es auch Platz geben für jemanden wie mich. Mein Brasilien, in dem ich unterwegs bin, ist noch im Entstehen.

Es gab aber auch ein Brasilien, das ich lange genug vernachlässigte. Der Süden, der südlich von São Paulo liegt. Ausgerechnet die Bundesstaaten, die für die Ökonomie des Landes ausschlaggebend sind. Ein Brasilien, das einen europäischen Charakter zeigt. Vielleicht war es gerade das, was nicht lockte. Blumenau mit seinen deutschen Chalets blieb eine Stippvisite – trotz Textilien, Blasmusik und Symphonieorchester. Das Desinteresse an einer Stadt wie Porto Alegre ließ sich im gegebenen Moment leicht beheben; aber auch hier zog es mich ins Hinterland des Staates Rio Grande do Sul, zu den »Sieben Missionen«, die einst zum Herrschaftsbereich der Jesuiten gehörten.

Die Routen gingen mit Vorliebe und Neugierde nordostwärts. Im Lauf der Zeit ein geradezu systematisches Abfahren der Küste. Von Stadt zu Stadt, und dies aus unterschiedlichsten Gründen. Ilhéus, die Kakaostadt, wegen Gabriela, der Mulattin, die der Schriftsteller Jorge Amado erfand. Olinda, die Barockstadt. João Pessoa, wo auf dem Flughafen zu lesen ist: »Sie kommen ins Land von Câmara Cascudo«, angespielt wird auf den bedeutendsten Ethnologen des Landes. Und eines Tages auch São Luís mit der Kathedrale, in der António Vieira seine Fischpredigt hielt.

Wenn eine Stadt meine Empfindsamkeit brasilianisch prägte, war es Salvador da Bahia. Die erste Hauptstadt des Landes, eine der barocken Kirchen und der afrobrasilianischen Riten, der katholischen wie der afrikanischen Religiosität. Meine ersten literarischen Texte zum Thema Brasilien verfasste ich über Bahia. Eine Sondernummer der Zeitschrift *du,* mit Fotografien von René Burri.

Meine ersten Texte waren schwärmerisch-poetisch ausgefallen. Hier in Bahia hatte ich mich nahe am Geheimnis der brasilianischen Seele gefühlt. Bahia als Beispiel einer neuen Gesellschaft der Rassenmischung und Rassengleichheit. Nicht homogenen Gesellschaften gab ich (und gebe ich) Zukunft, sondern den vielrassigen und multikulturellen. Einer Gesellschaft, wie sie Brasilien in seiner ganzen Problemspannung ausprobiert.

Unvermeidlich die kritische Auseinandersetzung mit Gilberto Freyre, dem Soziologen, der die Portugiesen dafür pries, eine Tropenkultur der ethnischen Demokratie verwirklicht zu haben. Die Kenntnisnahme jener, welche ein weniger stilisiertes Bild entwarfen, das auch eher der Geschichte und der Gegenwart entsprach. Die Bekanntschaft mit Abdias do Nascimento, dem militanten Schwarzenführer, und seiner radikalen Behauptung einer brasilianischen Apartheid. Die Begegnung mit dem bahianischen Künstler Emanuel Araújo. Welcher Weg auch immer zurückgelegt wurde, die afrobrasilianische Kultur blieb für mich ein vorrangiges Element der brasilianischen Kreativität.

Und neben einem Staat wie Bahia die Region des Nordostens, so groß wie einige europäische Staaten zusammen. Und damit eine Stadt wie Recife, das Tor zu diesem Nordosten. Ein Gebiet der traditionellen Unterentwicklung. Eine Region der religiösen Fanatiker und liberalen Politiker, der Banditen und Bänkelsänger, lebendigster Volkskultur und einer hohen Literatur. Unter den vielen Gründen, den Nordosten aufzusuchen, auch die Seca, die zyklisch wiederkehrende Dürrekatastrophe. Eine Geographie des Hungers.

Die Einladung eines Gewerkschaftsführers zu einem Essen. Er, der in den Slums von Recife wohnt, mag nichts anrühren, als die Platte aufgetragen wird. Mit erstickter Stimme gesteht er, dieses Stück Fleisch würde für seine ganze Familie ausreichen. Ihm gegenüber sitze ich, der über den Hunger schreibt und der sich täglich ernährt und der, selbst wenn er in einem bescheidenen Hotel wohnt, ein Dach überm Kopf hat. Einmal mehr das Dilemma derer, die auf der anderen Seite leben.

In diesem Nordosten im Staat Ceará der Wallfahrtsort Canindé. Vor der Kathedrale die Fotografen, die auf Kundschaft warten. Kinder, die einen Sarg tragen, und eine Familie, die sich für die Aufnahme bereitmacht. Wie ich in dem mit Krepppapier geschmückten Sargkistchen das tote Mädchen sehe, weiß ich, wie das Buch, das ich schon lange in mir trug, ausfallen wird. Da ein kleines Mädchen, das keine Chance hatte, seine eigene Welt kennenzulernen, und vor dem Sarg ich, der über alle Möglichkeiten verfügte, in seiner Welt zu reisen und sich umzusehen. Erzählend wollte ich dem Mädchen zurückgeben, was ihm schon immer gehörte. Eine brasilianische Begegnung in einer »Wunderwelt«, in der weder das Wirtschaftlich-Soziale noch das Christlich-Katholische wirkten.

Brasilien war auch ein Unterwegs im Bewusstsein. Das Abenteuer. Die Faszination durch das Exotische und Fremde. Die Lockung des Unbekannten. Die Befreiung von zivilisatorischem Kram. Und sei es nur eine Fahrt auf dem Amazonas nach Manaus. Und von dort den Madeira hinauf nach Porto Velho. Doch dann hinter aller Exotik und allem Tropikalen die Entdeckung der sozialen Wirklichkeit. Die Begegnung mit einer anderen Welt, die trotz aller Ungewohntheit mehr mit der unseren zu tun hat, als wir gemeinhin anzunehmen bereit sind.

Am Ende einer, der nicht als der Gleiche zurückkehrt, als der er aufgebrochen ist. Der die eigene Realität mit anderen Augen sieht, die private wie die kulturelle und nationale seiner Herkunft. Und dem es manchmal schwerfällt, nachzuvollziehen, an was für Weh wir leiden.

Und mit jedem Abflug das unausgesprochene Versprechen, dorthin zurückzukehren, wovon ich Abschied nehme: »ate logo«, »auf bald«, auch wenn das Bald länger dauern konnte als zwei Jahre. Eine Rückkehr, und sei es nur, um sich zu vergewissern, dass es die Schauplätze, an denen man leben durfte, noch gibt. Eine Bestätigung für die Vitalität, die sich nicht unterkriegen lässt und die sich mit zukunftsträchtiger Phantasie behauptet.

Aber auch der Umgang mit der Sehnsucht hat sich geändert. Nicht mehr die Sehnsucht in der deutsch-mütterlichen Art »stillen«. Sondern *matar saudades«,* wie der Brasilianer sagt, die Sehnsucht »töten«.

Bahia – Porträt einer Stadt
(1967)

Salvador da Bahia, kurz Salvador oder Bahia, eine Stadt, auf der Karte zu finden, doch hat sie einen Breitengrad mehr – Mutter der brasilianischen Städte, aber auch entthronte Hauptstadt Brasiliens, das Rom der Schwarzen.

Drei Kontinente brauchte die Stadt, bis es sie gab: das Europa der Portugiesen und das Afrika der Schwarzen, die Indianer überließen als Schauplatz Südamerika.

Portugal wollte sich noch einmal wiederholen. Es gibt Straßenzüge in Bahia, die könnten in Lissabon sein. Aber Bahia duldete keine Wiederholung, obwohl es sich mit den blauen Kacheln der Portugiesen schmückte.

Zwar lässt Bahia gelten, was es gibt. Es gewährt dem Barockportal Platz neben dem Quaderbau und dem Wolkenkratzer neben dem Fort. Das können andere brasilianische Städte wie Goiânia oder Ouro Preto nicht, die ertragen nichts, was über ihren Kolonialstil hinausgeht. Bahia ist unbekümmerter und mütterlich. Verzweifelt und lasziv erfand sich Bahia selber. Es mischte die drei Kontinente: im Bett, im Kochtopf und am Altar.

Da die Herren Portugiesen waren, spricht Bahia Portugiesisch. Aber wo sein Geheimnis beginnt, spricht die afrikanische Seele: beim Spiel, beim Tanz, beim Essen, bei den Festen. Und da die Indianer als Erste die Früchte, das Gemüse und die Tiere dieser Region benannt hatten, benutzt Bahia deren Worte.

Bahia nahm von den Portugiesen die Herrschsucht und den Mut, die unübersetzbare Melancholie der *saudade* und den Barock. Von den Schwarzen nahm es den Rücken und das Lachen, den Gang und die Hautfarbe.

Wenn stimmt, dass Gott die Weißen, Schwarzen, Gelben und Roten erschuf, und wenn stimmt, dass die Portugiesen den Mischling schufen, wie sie sich rühmen und spotten, dann wurde in Bahia die Mulattin erfunden.

Ohne Frauen waren die Portugiesen in die Kolonien gegangen. Anders als jene, die die Vereinigten Staaten im Norden kolonisierten. Jene waren mit Frau und Kind aufgebrochen, sie wollten Europa zurücklassen und eine neue Welt verwirklichen.

Der Portugiese aber, der Lissabon verließ, vergaß Lissabon nicht. Er suchte das Abenteuer, und es galt irgendwelchem Paradies. Er war unterwegs – ein Volk von zwei Millionen, das seine Entdecker bis nach Indien, China und bis vor Australien schickte. Aber am Ende war die Rückkehr wichtig, und für die Rückkehr das beladene Schiff. Sie trieben eine Politik der Passanten, auch wenn die Gouverneure begannen, Paläste zu bauen, und die Beamten sich für längere Zeit einrichteten und viele blieben. Wenn der Brasilianer noch heute über den Portugiesen spottet wie nie ein Nordamerikaner über den Engländer, dann ist das nicht nur eine nachträgliche Befreiung von den einstigen Kolonialherren, sondern die Brasilianer spüren, dass der Portugiese Brasilien als Zwischenhalt nahm, auch wenn der Zwischenhalt schon Generationen dauert.

Ohne Frauen waren diese Portugiesen losgezogen, und die ersten Frauen, die sie in Brasilien fanden, waren Indianerinnen. Die Nachfahren, die *caboclos,* stellen heute Landarbeiter und Kuhhirten, *vaqueiros,* die dumpfer und ernster sind als die *gaúchos* im Süden.

Aber der Indianer floh und zog sich zurück. Es gab mit ihm die Begegnung, den Handel, das Kind, die Taufe – aber nicht mit dem Indianer erfand Bahia sich eine Gesellschaft, sondern mit der schwarzen Frau.

Nun schliefen die Portugiesen auch in São Tomé mit schwarzen Frauen, auf den Kapverdischen Inseln, in Angola und Mosambik. Da die Frau von vornherein rechtlos war, erlaubte sich der Liebhaber von vornherein alle Phantasien der Tropensonne.

Aber in Bahia waren beide fremd – der Portugiese und die Schwarze, wenn auch aus verschiedenen Gründen. Der eine war aus freiem Willen über den Atlantik gekommen, und die andere war eingefangen und transportiert worden. Für beide aber lag die Herkunft jenseits dieses Meeres.

So steht am Anfang von Bahia eine Liebe, bei der beide ausgeliefert sind, der, der nimmt, und die, die nicht gefragt wird – mit aller Lust und Anhänglichkeit, aller Angst und aller Fruchtbarkeit. Die Schwarze gewährte dem Portugiesen den Schlaf, aber nahm ihm die Träume.

Nun wurde auch anderswo das Blut gemischt. Man kann auch auf den Antillen, in Venezuela oder Kolumbien die Mulattin antreffen – aber in Bahia wurde sie nicht geboren, sondern konzipiert. Sie kam nicht nur als Variante ins Straßenbild, wo ihr Gang unverkennbar ist; sie näht den Rock auf Kniehöhe enger.

Bahia schuf für dieses gemischte Blut die entsprechende Umgebung. Nicht die Kulissen, die gekachelten Häuser, die barocken Tore und Säulen, das ist portugiesisch mit jener Abwandlung, die sich aus der Kolonie erklärt, die Straßenzüge, die Veranden um die Häuser verraten den Architekten aus Portugal. Aber das Leben, das sich in diesen Häusern und Straßen abspielt, das ist nur möglich, weil Bahia mehr als nur das Blut mischte.

Es mischte die Legenden und die Vorstellungen, die afrikanischen Gottheiten mit katholischen Heiligen. Die Bahianerin trägt nicht nur das Kreuz am Hals, sondern auch die *figa,* die schwarze Faust mit dem erigierten Daumen zwischen Zeige- und Mittelfinger. Bahia mischte die Traditionen; es bewahrte nicht nur eine Kampfmethode wie die *capoeira,* sondern machte daraus einen Duell-Tanz. Und Bahia mischte den portugiesischen Geschmack mit den Gewürzen Afrikas, den Stockfisch mit den Krabben. Der Karneval trägt einen christlichen Namen, aber der Samba ist ein Rhythmus aus Afrika.

Die einzelnen Kontinente sind noch zu erkennen, aber sie haben nur Wert als Anteil. Was Ursprung war, wurde Prozentsatz. Ein Drittel der Bevölkerung ist weiß, die andern zwei Drittel geben alle Stufen und Übergänge von Weiß bis Schwarz.

Bahia ist nicht nur deswegen Mutter der andern brasilianischen Städte, weil von hier aus die andern gegründet wurden und weil Bahia noch heute das einprägsamste Bild einer einstigen Kolonialstadt gibt, wo Mission, Handel und Verdienst gleiche Musen waren. Bahia ist die Mutter der brasilianischen Städte, weil es die Rassen demokratisierte, nicht als Programm, nicht als ideologische Kupplerin, sondern der Tat und der Liebe nach.

In Bahia aber kam Brasilien zu seiner Idee. Hier wurden die Voraussetzungen geschaffen für den brüderlichen Nationalismus: *»Somos todos brasileiros«* – wir sind alle Brasilianer. Keine andere Nation hat sich eine ähnliche Devise gegeben. Alle anderen Devisen sind ausschließlich und betreffen die Abgrenzung. Hier nicht. Es gibt keinen, der nicht dazugehören könnte; hier stört niemand. Nicht einmal der liebe Gott. Denn auch von ihm heißt es, dass er Brasilianer ist.

I

Die Ersten, die in Bahia ankamen, landeten aus Zufall, der Wind hatte sie auf dem Weg nach Indien abgetrieben. »Sicherer Hafen« heißt der Strand, auch wenn von einem Hafen nichts zu sehen ist.

Drei Jahre dauerte die Kapitänie des Kapitäns Francisco Pereira Coutinho, aber nicht nur die Portugiesen waren seit 1501 da, sondern auch Franzosen, und die handelten mit dem Farbholz *brasil,* nach dem Brasilien heißt.

Und dann war Caramuru da, von dem kein Historiker weiß, zu wem er hielt und wen er verriet, aber wer in Bahia vornehm ist, rühmt sich dieser zwielichtigen Herkunft.

1549 aber kamen sie, um eine Stadt zu gründen. Ihnen voran der Admiral Tomé de Sousa. Mit ihm 300 Soldaten, die suchten Gold, 6 Jesuiten, die suchten Seelen, 300 Beamte, die hatten schon ihre Stellen, und 600 Verbannte, zu kriminell für das Mutterland, aber für die Kolonien brauchbar genug, von Anfang an waren zwei Schwarze mit.

Da aber die Königin Catarina beliebte fromm zu sein, schickte sie zur Bevölkerung Bahias adlige Waisen. Es trafen Abenteurer aus Italien ein und auf einem andern Schiff Juden, die aus Europa flohen – die Gesellschaft konnte beginnen.

Das Gold, das sie fanden, lag nicht unter der Erde, sondern man musste es pflanzen, und es hieß Zuckerrohr. Die Seelen, die sie fanden, gehörten den Indianern, die hatten willige Seelen, aber ihre Hände waren nicht willig, und so führten die Herren von Bahia Schwarze aus Afrika ein.

An die zwei Millionen Schwarze kamen im Laufe der Zeit in Bahia an, bis die Sklaverei aufgehoben wurde; damit sind nur jene gezählt, welche den Transport überstanden, sie waren nicht nur für Bahia bestimmt, sondern für das Hinterland und den Rest von Brasilien, Bahia war der Hauptumschlagplatz schwarzer Ware.

Sie kamen aus dem Kongo und aus Dahomey, aus dem Sudan und aus Ghana, aus Mosambik und vor allem aus Angola. Je nach ihres Stammes Herkunft unterschieden sie sich: Man rühmte den Bantus nach, sie hätten sich am leichtesten in die neue Situation gefügt, und von den Haussas heißt es, dass sie fast für sämtliche Rebellionen verantwortlich seien.

Da Bahia sehr rasch gedieh, kamen eines Tages die Niederländer, erbeuteten alles, aber wurden nach einem Jahr vertrieben. Die Portugiesen befestigten die Stadt nach der Wiedereinnahme, und Bahia konnte reich und reicher werden – dank des Zuckers und des »heiligen Krauts«, das bald Tabak hieß; für den stehen heute die Namen wie: Suerdieck, Dannemann, Pimentel, Leite & Alves.

Eines Tages aber wurde in Brasilien richtiges Gold gefunden, in den Gruben von Minas Gerais. Das Gold kam den Kirchendecken und Altären von Bahia zugute, aber nicht der Stadt. Die Hauptstadt wurde näher an die Minen verlegt, nach Rio de Janeiro. Seit 1763 kamen weniger Regierungsschiffe in den Hafen von Bahia.

Der Zucker ermöglichte zwar noch vielen ihre Palais, aber die Zuckerrübe hatte mit der Konkurrenz begonnen. Man sah sich in Bahia nach einem andern Gold um und fand den Kakao – die Dessert-Wirtschaft ging weiter.

Es kamen Schweizer, die richteten ihr Kontor ein und wurden Könige des Kakaos. Es kamen die Spanier, die eröffneten und behielten die Konditoreien, und aus dem Libanon kamen Einwanderer, welche mit allem handelten, vor allem mit bunten und billigen Stoffballen.

Aber Kakao war nicht das Letzte, was Bahia bot. Eines Tages lag das Geld tatsächlich in der Erde; Bohrtürme holen es herauf, man kann in der Nacht am Rande der Bucht die Flämmchen des Erdölfeldes sehen. Es kamen amerikanische Ingenieure und Petrographen, und die staatliche Erdölgesellschaft Petrobras richtete sich in der Unterstadt ein.

Sonst wäre Bahia historisch geworden – auch ein Geschäft. Aus dem Palais Unhão wurde das Museum für Volkskunst, aus dem Seminar Tereza das Museum für sakrale Kunst, das Kloster Carmo, wo kaum noch Mönche leben, wird für Ausstellungen wie die Biennale benutzt, und im Fort São Marcelo, das vor dem Hafen liegt, wird ein typisches Restaurant eingerichtet und ein typischer Souvenir-Shop – zuletzt handelte Bahia mit sich selber, und es kamen Touristen, darunter einer wie ich.

2

Nimm eine schwarze Köchin. Nicht eine junge, die denkt an den Mann und nicht an den Koriander. Am besten eine, die keine Kinder mehr kriegt.

Aber nimm eine, die mit den Geistern gut steht. Denn die afrikanischen Götter mahlen die Gewürze mit. Ohne die *candomblé* hätte sich Bahias Küche nicht erhalten, und es heißt, eine Freimaurerei von schwarzen Köchinnen habe das Geheimnis der Rezepte gehütet.

Schon an der nächsten Straßenecke wirst du die schwarze Köchin finden. Sie kauert hinter einem Tablett, das Tisch und Auslage ist, und neben ihr, auf dem Holzkohlenfeuer, siedet das Palmöl. Geh nicht zu spät, denn am Abend trägt sie die Garküche auf dem Kopf nach Hause.

Als Vorbild für die schwarze Köchin aber diene Dona Maria de São Pedro; als sie starb, trauerten die Dichter, und Bahias Magen weinte. Sie kochte im ersten Stock des Mercado für alle, die im Hafen, an den Quais und auf dem Markt arbeiteten; zu ihr kam die Intelligenz und zwielichtiges Volk, und um Fremde hat sie sich nie besonders gekümmert.

Wenn du heute eine Dona Maria sehen willst, so geh zu Trivial da Dona Maria, an der Ladeira de São Francisco, 33. Frag, wenn du die Nummer nicht findest; erschrick nicht ob dem dunklen Gang und dem ärmlichen Raum, den Plastikblumen und den Wachstuchtischen; ihre Küche öffnet sich auf einen Hinterhof, wo vor der Brandmauer über Brettern ein Huhn spaziert.

Stört dich das Huhn, verzehre es als *xinxim,* dann wird es in wenig Wasser aufgesetzt, oder noch besser *em molho pardo,* an schwarzer Sauce, dann wird es im eignen Blut gekocht, dem man Essig beimischt.

Nachdem du die schwarze Köchin hast, schenk ihr einen Turban – weiß, gelb oder hellblau. Die Köchin trägt die Tracht. Das Rezept muss genau sein. Leg ihr um die Schulter ein grelles Tuch und gib ihr weite, gesteifte Röcke, Schale um Schale wie der Zwiebel, und um den Hals häng ihr Ketten und um die Arme schwere Spangen und überlass ihr eine Berlocke und frage nicht, ob als Amulett oder zur Zierde.

Wenn du die schwarze Köchin angezogen hast, gib ihr zum Palmöl die Kokosnuss. Sie braucht Milch zum Sud für den Barsch, der eine *moqueca* werden will: In Kokosmilch gesotten und in Palmöl gebraten, kommt der Fisch mit einer Zwiebelschwitze auf den Tisch.

Für jede Mahlzeit braucht die schwarze Köchin eine Kokosnuss, und sei es nur zum süßen Abschluss als *cocada* – weiß, gerafelt, wie ausgeschält, oder braun, wenn mit gebranntem Zucker gemischt, und wenn ein Ei hineingeschlagen wird, dann eben gelb.

Da die schwarze Köchin nun Palmöl hat und Kokosnüsse, geh an den Strand und sammle Krabben. Die liegen hier billig herum. Denn teuer kann die Küche dieser einstigen Sklaven nicht sein. Irgendwo gab es immer die Innereien eines Schweins, Kutteln, die man klein zerhackte, und das Blut vom Schwein, Lorbeer, Knoblauch und Nelken beigegeben – und die *sarapatel* kann verspeist werden, sie hat am Abend am meisten Aroma.

Wenn du inzwischen die Krabben aufgelesen hast, bring die eine Hälfte frisch nach Hause. Die schwarze Köchin wird sie in die Pfanne tun und Eier darüber schlagen und dir das Ganze als *figueira* vorsetzen.

Die andere Hälfte der Krabben aber trockne. Erst die getrockneten Krabben geben dem Quiabo-Gemüse und den kuhzungenlangen Blättern des Efó den bahianischen Geschmack. Die getrockneten Krabben wird die schwarze Köchin durch den Wolf drehen, zusammen mit gerösteten Mandeln und Caju-Nüssen, mit aufgeweichtem Brot und Reismehl, mit Zwiebeln und mit Knoblauchzehen, den Fischkopf nicht vergessen, am liebsten zwei, und 50 Gramm Ingwer, nicht mehr. Inzwischen sieden der Barsch und die frischen Krabben, und wenn am Ende alles gemischt ist, kannst du der schwarzen Köchin sagen, wie du die *vatapá* wünschest, ob hell oder dunkel gebräunt aus der Sonne des Dendê-Palmöls.

Doch iss die *vatapá* nicht allein, verlange dazu ein *acarajé* oder ein *abará* – Pasteten aus Bohnenmehl, du wirst sie aus einem Bananenblatt wickeln, und wenn darin eine *acacá* liegt, dann muss sie das Gelb des Maises verloren haben und durchsichtig sein.

Nimm eine schwarze Köchin, bist du in Bahia, und gib den Straßen den Geruch des süßen Palmöls.

3

In Bahia beginnt das Gedicht auf der Straße. Nicht in der Rua Chile, wo die teuren Geschäfte stehen und das düsterste Erstklasshotel, und wo feierabends um fünf die tätige Bourgeoisie ihren eleganten Corso spielt.

Nicht auf einem Platz, der nach einem General oder Senator heißt und sonst nach wem oder nach einem Datum. Was soll ein Name wie Marcílio Dias? Das ist Bildung, Geschichte und Schule.

Was aber ein »Leidensweg« ist, das versteht auch das Volk, und über den Leidensweg hüpft, Stufe um Stufe, der Fußball.

Das Gedicht beginnt in den Straßen, nicht weil an den Hauswänden der Verputz blättert und jedes Jahr mit seinem eigenen Farbanstrich durchkommt, nicht weil die Masten fast aus dem Mörtel fallen und die elektrischen Leitungen mit Bäuchen über den Straßen hängen, nicht wegen der Vögel, die in ihren Käfigen singen, und nicht wegen des trottenden Esels und eines Mulatten, der auf einer Bank im Schatten schläft – das ist die Lyrik des Farbfilms.

Das Gedicht beginnt in den Straßen Bahias mit den Straßenschildern, auch wenn sie kaum zu lesen sind, auch wenn die Straßen umgetauft wurden. Und dies Gedicht ist härter, abstrakter, reimlos und da.

Das Gedicht beginnt in einem Viertel wie dem der »Freiheit«, wo jene wohnen, die frei sind von allem, dessen der Mensch bedarf, die auch in »Schanghai« oder in der »Mandschurei« hausen, so ferne Namen erfindet Bahia für die, die nicht im Tennis-Club verkehren und nicht im Club der Portugiesen.

Das Gedicht beginnt, wo eine Anschrift »Paradiesfreude« heißt oder »Strohhalm«. Warum soll einer nicht in der Gasse des »Kleinen Teufels« wohnen, wenn die Nummer nur stimmt; es gibt andere genug mit der Anschrift der »Legalität«, und auch eine »Straße der Abwässer« ist zu finden und ein »Gässchen der Ruhe«.

Für jeden eine Straße und für alles einen Platz.

Wer auf dem »Aussichtspunkt des Jammers« steht, blickt über die Bucht bis zum »Guten Ende«, wo im »Saal der Wunder« die Knochen aus Wachs sind.

Welche Adressen, der Postbote ist unterwegs, auch wenn er sich Zeit nimmt.

Schreib mir einmal an die »Galgenstraße«, und komm einmal, nachmittags um halb vier, rüber an die »Straße der Agonie«.

Die Namen verraten und verheimlichen. Umsonst wird einer bei der »Festung der Kleinen Eidechse« nach diesem Tierchen suchen; das Fort heißt nach einem Typus von Kanone, den die Soldaten so tauften. Und am »Platz der Frömmigkeit«, da verkauften die Kapuziner kostbaren Schmuck, um zu Geld zu kommen.

Aber die Straßen dichten über die Quartiere hinweg ihre Balladen, wie die von jenem, der am »Guten Geschmack des Zimmers« aufwuchs, nun lebt er in der »Straße der sieben Messerstiche« und lässt sich kaum mehr in den »Fünfzehn Mysterien« blicken.

Und die Straßen dichten die Erinnerung für Bahia. Auf dem »Pulverplatz« stand eine Pulverfabrik. Da wurden die Helden des Pernambuco-Aufstands erschossen, jetzt erhebt sich dort der Justizpalast.

Und auf der »Steilstraße der Folter« wird nicht mehr gefoltert. Ursprünglich wurden die Schwarzen auf dem Rathausplatz gezüchtigt, aber dann beschwerten sich die Jesuiten, sie würden beim Lesen durch die Schreie gestört. An der Steilstraße der Folter stehen die Patrizierhäuser von einst, riesige Gebäude, in denen heute zimmerweise Familien wohnen.

Und wo die Sklaven ausgerufen wurden, lernen Schüler zeichnen und nehmen mit dem Stift das Maß der polychromen Säulen, aus dem »Haus des Mitleids« wurde die »Akademie für Kunst«.

Wo aber die Straßen schon mit dem Gedicht beginnen, da hat die Sprache der Straße ihre Poesie.

»Ausgehen« heißt im Dialekt der Bahianer »mit dem Liebhaber fliehen«, und »eine Frau, die gut ist« nennt man »Brötchen«.

4

Die Voraussetzung war gut. Bahia war verwöhnt, ehe es da war. Von einem grünen Meer. Und wer das Grün nicht mag, kann zur Lagune Abaeté gehen; dort ist das Wasser tiefschwarz, dort knien tagsüber die Wäscherinnen und legen die farbigen Tücher in den weißen Sand.

Verwöhnt von einer Bucht, die immer noch vom Fort Santo Antônio beschützt wird und deren Einfahrt der Leuchtturm von Barra angibt. Eine Bucht, die kleineren Buchten ihr Versteckspiel erlaubt und Inseln trägt wie die von Itapariga, ein Ausflug im Sommer und eine kühlere Residenz.

Ein Naturhafen ist die Bucht, offen für alle Schiffe, für die der Entdecker und der Korsaren, der Sklavenhändler und anderer Transporter, auch für amerikanische Schiffe, die in Base Baker ihre Marinebasis haben.

Und verwöhnt von einem Strand, der sich in Strände aufteilt. Der von Itapuã blufft, er sei der schönste; er kommt am meisten im Schlager vor, und man weiß heute nicht, ob er schöner ist oder das Lied, das Dorival Caymmi über ihn sang.

Aber die andern Strände kümmert das nicht – nicht den von Pituba und nicht den von Amaralina; dorthin kommt man schon mit dem Omnibus und braucht keinen eignen Wagen. Den »Garten Allahs« mögen jene vor allem, die die Liebe im Sand gernhaben.

An diesen Stränden stehen nicht nur die Cabannen der Fischer, nicht nur die Rundhütten, mit Palmblättern bedeckt, nicht nur die Sommerhäuser aus Holz – da stehen die Großanlagen der Clubs und ein Hochhaus, das dem Yachtclub gehört; hier wird angesichts des Atlantiks im süßen Wasser des Swimmingpools gebadet, *membership, membership*.

Die Voraussetzungen waren gut, und Bahia wurde an seiner Küste mit Forts verwöhnt – Schachteln aus Stein, mit Erkertürmen bewehrt, oder unregelmäßige Sterne. Wer studieren will, wie die Militärarchitekten zur Kolonialzeit bauten, geht zum Fort Monte Serate und merkt sich besonders die Zugbrücke.

Und verwöhnt von Kokospalmen, die nicht nur zum Strand gehören, sondern auch zur Silhouette der Stadt; überall stehen die Gruppen, auf den ganzen Plan verteilt, gewöhnlich in Reih und Glied, Soldaten, die den Helm in den Nacken geschoben haben.

Aber nicht nur von Natur aus wurde Bahia verwöhnt, von den Mangobäumen und Zitrusfrüchten, der Baumwolle und dem Kakao, dem Maniok und dem Rizinus – nicht nur von Glimmer und Magnesium, von Asbest und schwarzen Diamanten. Bahia wurde auch vom Menschen verwöhnt.

Es wurde ihm aus Lissabon und Genua Marmor gebracht, und aus Brasilien selbst das Jacarandá-Holz verwendet, das brasilianische Rosenholz. Und Bahia ließ sich von einem

Manuel Ignácio da Costa Altäre schnitzen; es ließ sich Azulejos für das Oratorium des Osterkreuzes und für die Kirche »Von unserer Frau der guten Reise« schenken. Es ließ sich die Kathedrale von João Correira vergolden. Und einem Presciliano Silva erlaubte Bahia das Deckengemälde im einstigen Palast der Familie Calmon, und von Teófilo de Jesus nahm die Stadt auch Bilder an.

Die Voraussetzungen waren gut. Bahia wurde die wichtigste Fremdenverkehrsstadt Brasiliens, sie umfasst am fünftmeisten Menschen, hat den drittwichtigsten Hafen, verfügt über eines der ausgedehntesten Hinterländer.

Immer nahe dem Superlativ – im Analphabetismus führend und auch in der Kindersterblichkeit, das Einkommen pro Kopf ist eines der geringsten.

5

Da sich Bahia gefiel, errichtete es sich auf einem Felsen, von dem es auf die Bucht und den Atlantik schaut. Es erbaute sich Terrassen und Türme, um von überall auf das Meer zu blicken, wo Iemanjá, die große Mutter des Wassers, wohnt, der Bahia an den Festen Blumen in die Wellen streut.

Auf dem Felsen baute es sich die Kathedrale und andere Kirchen, die Klöster und die Schulen, den Sitz für den Gouverneur und den Sitz für den Bischof, das Rathaus und die Gerichte. Hier öffnete sich Bahia für Plätze wie den Terreiro do Jesus, der bis heute sein Kolonialgesicht bewahrt hat, und für einen wie Campo Grande, wo das beste Hotel und das Theater stehen, hinter denen die Villenviertel beginnen.

Doch Bahia begnügte sich nicht mit einer Stadt. Es wünschte auch eine Unterstadt und baute sie um den Hafen. Baute die Quais und den Mercado, die Bürotürme und das Kakao-Institut; hier liegen die Konsulate und Banken, die Versicherungen und Handelsgesellschaften.

Beide Städte liebt Bahia, gewohnt, die Liebe zu teilen; aber nur am Tag liebt es sie beide gleich. Am Abend ist die Unterstadt tot. Da warten noch einige auf der Praça Visconde de Cairu auf die Omnibusse, welche in die Vororte fahren. Die Fotografen haben ihre Apparate eingepackt und die Prospekte für den Hintergrund der Porträtaufnahmen zusammengerollt; kein Schuhputzer jagt einem andern die Kunden ab. Hunde und Katzen machen sich an die Abfälle, und ein Marinezögling huscht noch zur rechten Zeit in die Kaserne.

Die Unterstadt ist für den Morgen geschaffen, wenn die Schiffe ankommen und die Tropenfrüchte verladen werden, die ein Fremder nicht nach dem Namen, sondern mit dem Fingerzeig kauft. Dann wird aus den Schiffsbäuchen das Farofa-Mehl geschöpft. Schiff an Schiff drängt sich, so dass man zu Fuß über das Becken könnte. Jungen tauchen nach Früchten, die beim Verladen zwischen die Schiffe ins Wasser fallen. An den Quais ertönt die Litanei der Ausrufer und

Red und Gegenrede jener, die markten. Und wenn die Wärme kommt, dann mischt sich in den Markthallen der Geruch des gesalzenen Fleisches mit dem von Häuten, von Fett und Fisch, von Schweiß und Zuckerrohrschnaps. Einer bietet Salben an und einer Schildpatt, Hängematten und ein Krokodil aus dem Amazonas, und ein blinder Bettler klappert in einem Nickelteller mit Münzen, die keinen Wert mehr haben bei der Inflation des Papiergeldes.

Am Abend aber liebt Bahia nicht nur die Oberstadt: Dort spielen die Kinos, die Billardsäle sind überfüllt, das Eis wird in Ruhe geschleckt, in den *buates,* den Nightclubs, drehen sich die Platten. Am Abend liebt Bahia nicht nur die Vororte und die Haine, wo der Gong zur *candomblé* ruft und die Kalebassen in ihrer Monotonie die Ekstase vorbereiten. Zu der Stunde liebt Bahia nicht nur die Parks und die Forts, deren Befestigungswerke als Grünanlagen dienen und wo auf einer Bank zwei Liebespaare sitzen, und Bahia liebt nicht nur die Küstenstraßen, auf denen der Abend verbummelt wird.

Zu der Stunde liebt Bahia besonders das Zwischenland, zwischen der Stadt oben und unten, wo Kakteen wuchern und aus den unbefestigten Burgen der Bordelle Musik und Streit ertönen.

Zwischen diese Oberstadt und Unterstadt aber hat Bahia den Lift Lacerda gestellt. Als zum ersten Mal ein mechanisches Transportmittel die Höhen überwand, da protestierten die freigelassenen Sklaven und pochten auf ihr Vorrecht, in Sänften die Leute von der einen Stadt in die andere tragen zu dürfen, aber sie verloren gegen den Lift. Er ist der Eiffelturm Bahias.

Aber beide Städte wachsen, auch die Unterstadt kam zu ihrer Kirche und die Oberstadt zu ihren Banken. Die Wolkenkratzer wachsen Bahia über seinen Kopf der braunen Ziegel und Türme. Und Bahia wächst, nicht zuletzt weil aus dem Hinterland der Landprolet kommt, er tauscht seine Not mit einer andern Not. Aber in der Stadt hat er vor Augen, wovon er träumt.

6

Der Portugiese rühmt sich, unblutig zu sein. In seinem Stierkampf wird der Stier nicht getötet. Brasilien löste sich ohne Krieg vom Mutterland, es war nicht Angola und nicht Mosambik. Ohne Blutvergießen, heißt es, wurde Brasilien unabhängig. In Bahia aber fielen Schüsse.

Für ganz Brasilien begann die Unabhängigkeit mit dem Jahre 1822. In Bahia aber ein Jahr später. Der 7. Januar ist das Datum: Da wurde die Flotte der Portugiesen geschlagen, und Madeira de Melo zog mit seinen Truppen ab.

Portugal hatte sich in Bahia so lange gewehrt, weil es ahnte, dass es nicht nur eine Kolonie verlor, sondern eine Konzeption.

Damals wurde Joana Angélica de Jesus ermordet. Sie war als Mädchen ins Kloster da Lapa eingetreten und war bis zur Äbtissin emporgestiegen. Als die Portugiesen Eintritt ins Kloster verlangten, verwehrte dies die Frau, und sie starb an den Bajonettstichen am Eingang. Sie verteidigte ihren Bereich der Religion und wurde eine Heldin der Unabhängigkeit.

Denn Bahia hat nicht nur seine Götter und Heiligen, sondern auch seine Helden, wenn auch die nicht immer Namen haben, sondern bloß Schneider heißen, weil sie am Aufstand der Schneider teilgenommen hatten. Sie verlangten schon 1789 die Unabhängigkeit, das war dreißig Jahre zu früh, und was die Republik betrifft, irrten sie sich nochmals um sechzig Jahre. Für diesen Irrtum wurden sie gefoltert und getötet.

Aber der Aufstand von 1789 hat den von 1837 nicht verhindert. Es waren Mulatten, die für ihr Recht kämpften und nach dem Abzug der Portugiesen ihren Anspruch meldeten. Aber auch die Schwarzen selber bereiteten ihre Befreiung vor; die Aufständischen wurden zwar 1835 niedergeschlagen, aber da hatte schon ihr Dichter zu schreiben begonnen.

Bahia kam zu seinem Helden der Republik, auch wenn Rui Barbosa nicht allein dieser Stadt gehört – Bahia musste ihn mit Brasilien teilen, denn Brasilien brauchte diesen Erzieher und Politiker, diesen Diplomaten und Juristen, und dass es ihn brauchte, beweist schon, dass er auch im Exil war.

Nach ihm heißt ein Justizpalast, und sein Haus in Bahia ist ein kleines Museum. Sein Vater aber hatte sich mit einem andern zusammengetan. Und die beiden gründeten die erste Gesellschaft für die Abolition. Sie konnten nicht die Sklaven loskaufen, sie konnten nicht die Gesetze brechen, aber sie konnten zur Desertion ermuntern, und sie kämpften für die Abschaffung der Sklaverei.

Der andere Vater aber war der Vater von Castro Alves. Dem Dichter, der seine Verse über die Sklavenschiffe schrieb und seine Traurigkeit den Stimmen Afrikas lieh.

Castro Alves und Rui Barbosa – sie gehören zum politischen Bahia. Denn diese Stadt hat nicht nur ihre Heiligen und Götter, ihre Legenden und ihre Traditionen, sondern sie hat auch einen Willen zur Rebellion und den Mut, die Rebellion durchzustehen, militant und verbissen, geübt im Sich-Behaupten und erfahren im Zorn, zukunftsgeil.

Castro Alves und Rui Barbosa, der Dichter und der Jurist, sie gehören zu Bahia, und sie gehören beide dazu – denn zum Gewissen von Bahia gehören Vers und Paragraph.

7

Noch heute weiß Bahia nicht, wie es heißt, ob es sich nach der Bucht Bahia nennt oder nach dem Retter Salvador, und ob es einen Retter hat oder einen braucht.

Aber Bahia spielt mit beiden Namen, zweimal verheiratet, nur ist unklar, mit wem und ob es immer die Gleichen sind. Verführerisch auf jeden Fall; davon erzählt Carybé, der Zeichner, der die Stadt in seinen Illustrationen noch einmal erschuf; er kam aus Argentinien und blieb.

Verführerisch und gleichgültig auch. Schließlich kümmert sich die Stadt nicht einmal um jene, die in ihr zur Welt kommen. Warum sollte Bahia genügend Betten in den Hotels haben, da es nicht genügend in den Spitälern hat?

Doch das Hotel da Bahia ist eines der schönsten im ganzen Land, und ihm eifern die andern nach – Plaza und Oxumaré, Palace und Themis und wirtschaftlicher noch Paraíso und Palácio. Nicht alle Besucher können ins Nachtasyl der Rua Preguiça, wo die hundert Betten an ein Seil gebunden sind; daran wird am Morgen gezogen, damit auch der Langschläfer aufsteht.

Für die Nächte geschaffen, aber nicht für das Nachtleben, für einen Mond, der an einem silbernen Faden hängt; die *buates* sind nicht nur der Sprache nach verballhornte *boîtes,* obwohl am Samstag in ihnen ein kleines Orchester spielt. Doch Bahia hat auf dem Programm den »Blauen Engel«, dort trinkt man als Cocktail »Engelspipi«.

Eine musische Stadt: Carlos Bastos malte ein Leben lang Engel, ein Cocteau der Tropen, dessen Badewanne aus italienischem Marmor und dessen Ruf aus Exzentrik ist. Mário Cravo aber bearbeitete Eisen und Stahl, er geht auf den

Abbruch, um die Schrauben zu finden, die er zu Plastiken schweißt. Manuel de Bonfin aber geht zu den Vorfahren, wenn er seine Masken schnitzt, auch Mirabeau Sampaio, der aus Holz Heilige macht – und seitdem Genaro de Carvalho seine Teppiche entwirft, ist Bahia gefallsüchtig genug, so auszusehen, wie es dargestellt wird.

Sophisticated, umso mehr, da Bahia weit entfernt ist von Paris und New York, dessen Sorgen es teilt, aber auch populär und auf die breite Gunst aus wie der Dichter Cuíca de Santo Amaro, der auf dem Markt seine Verse vorträgt und seine Gedichte als Flugblätter verkauft, ein Bänkelsänger, der im Vers nicht um eine Gabe bettelt, sondern eine Anleihe für sein Begräbnis aufnimmt.

Geheimnisvoll schon mit den Kellergewölben; man flüstert, hier hätten die Jesuiten ihre Schätze versteckt, und man nimmt an, die Keller dienten dazu, Wasser für die Brunnen zu sammeln. Man kann in die unterirdischen Gewölbe des Militärspitals hinuntersteigen; jene im Kloster Carmo werden als Katakomben für Gräber gebraucht, und die vom »Haus der sieben Tode« sind zugeschüttet.

Eine lustige Stadt. Auch wenn dem Lachen manchmal die Zähne fehlen, weil den Knochen die Vitamine fehlen, und man lacht aus vielen Gründen, aus Freude und aus Hohn; brutal, wo es nicht den Zuckerrohrschnaps braucht, bis man prügelt.

Eine korrupte Stadt, wo der Polizist das Vergehen und zugleich den Preis kennt, käuflich, da fatalistisch, zu jeder Stunde zu haben, wo die Gymnasiasten vor dem Abendessen ihr Taschengeld zusammenlegen; wer hingeht, muss erzählen.

Doch streng ist Bahia mit dem Smoking im Yachtclub. Erst bei 35 Grad ist die Krawatte ein Ausweis. Wo die meisten nicht in die Schule gehen, ist der Klavierunterricht von Belang und Rang. Da klagt die alte Senhora, dass der schwarze Chauffeur im gleichen Wagen mitfährt und nicht wie bei der Sänfte draußen ist.

Eine lernbegierige Stadt. Seitdem die Medizinische Fakultät vor hundertfünfzig Jahren begann, folgten andere Institute und eine katholische Universität. Im Fort Barbalho lernen hinter einundvierzig Schießscharten viertausend Schüler, wie man Lehrer wird.

Voll Vertrauen auf die Zukunft und in die Wunderkraft der Kerze, die man opfert, direkt wie die Nacht, wenn sie einbricht, und wie die Invasoren; da sie kein Land zur Verfügung haben, gehen sie aufs Wasser und gründen ihre Familien auf Pfahlbauten.

Hier ist die Lust da vor dem Geschlecht, und die Pflastersteine schauen unter die Röcke.

Ketzerisch und sanft ist dieses Bahia, geprügelt und vernarbt, fromm und träg. Bahia, die Stadt aller Eigenschaften, auch der vergessenen und der noch nicht entworfenen, jeder anhänglich und keiner treu.

8

Schon der Portugiese übertreibt: Er habe für jeden Tag ein Stockfisch-Rezept, und der Bahianer schwindelt: Er besitze für jeden Tag eine Kirche.

Wer aber die Kirchen zählt und die Kapellen mitrechnet, kommt auf 150, wenn es hoch kommt, und dann sind erst noch die Häuser der Spiritisten berücksichtigt.

Da Bahia am 1. November entdeckt wurde, war es überzeugt, dass für andere Städte ein Heiliger genüge, aber für Bahia waren alle gerade recht genug.

Es baute den Einzelnen ihre Kirchen und einigen sogar mehrere. So kam die Heilige Jungfrau zur Kirche der Siege und zu jener der Unbefleckten Empfängnis, die eine in der oberen Stadt und die andere unten.

Nun gibt es Heilige, die das Volk braucht; wenn man schon nicht viel hat, ist der heilige Antonius wichtig, der die verlorenen Sachen zurückbringt, zu dem auch gebetet wird, dass ein anderer etwas verliere; und der heilige Antonius stiftet darüber hinaus Ehe, und das ist wiederum für die Kinder nicht ohne Belang, obwohl sie auch in der Promiskuität gedeihen und das Konkubinat eine Treue hat.

Und ein Heiliger wie Thomas war sehr nützlich. Der stieg am Strand von Paripe ans Land, er brachte den Bauern bei, wie man das Land bebaut und wie man Vieh hält, und kaum war der Heilige mit seiner Entwicklungshilfe fertig, da tauchte er wieder in den Wellen unter.

Ja, es kamen viele Heilige zum Zug, die heilige Anna, die brave Hausmutter, und der heilige Franz, dem das schönste Portal von Bahia gehört und bei dem die teuersten Taufen und Hochzeiten gefeiert werden und die angesehensten Beerdigungen.

Den heiligen Josef nicht zu vergessen, es gibt auch Bahianer, die Handwerker sind; und nicht nur so alte Heilige wie der Nährvater Josef, sondern auch solche neueren Datums wie Teresa, Heilige aus allen Sparten und mit allen Daten, einer selig hier und einer selig dort.

Wenn man noch alle Seitenaltäre einkalkuliert, dann ist die Anzahl der Heiligen echt beachtlich, aber es waren nicht genug; als die Schwarzen kamen, brachten sie ihre eignen mit.

Xanapan hatte sie in Afrika vor den Pocken beschützt, und so blieben sie ihm treu, auch wenn sie ihn Lazarus nennen mussten – sie beteten von nun an mit zwei Händen.

Warum sollte Xangô, der Gott des Donners, nicht Petrus oder Johannes heißen, wenn es nur einen Heiligen für den Donner gibt, solange es auch den Donner gibt. Und unter den Göttern, die die Schwarzen aus Afrika brachten, war auch der böse Geist Exu, und sie besänftigten ihn, wie er es wünscht: mit dem Blut von schwarzen Hühnern und dem Rauch von Zigarren.

Aber sosehr die Zahl der Heiligen auch wuchs, Bahia hat heute lange nicht genug.

Es braucht moderne Heilige, von denen bisher kaum welche nach Bahia kamen, obwohl sie von den andern hätten wissen können, dass man sie hier benötigt.

Die »Heilige Elektrizität«, die hatte Erbarmen, die ließ sich einen Staudamm von einem Altar am Fluss Contas bauen, und Bahia kam zu Licht.

Und der »Selige Bruder vom Verkehr und allen Verbindungen«, der hat 365 Kilometer asphaltiert zwischen Feira de Santana und Juazeiro und damit das Hinterland von São Francisco dem Hafen von Bahia erschlossen und die Straßen nach dem Gouverneur Lomanto Júnior genannt.

Die bahianische Litanei von heute ruft neue Heilige an: »Heiliger Penicillin«, segne dein Volk mit Spritzen und nimm die Nothelfer Aureomycin und Streptomycin mit, die Tuberkulose ist ein Bazillus von einem Drachen …

»Heilige Jungfrauen der Milch«, verteilt, was ihr habt, getrocknet oder kondensiert, die Milch schwemmt den Kindern den Bauch nicht auf und macht doch satt.

Und »Heilige Landreform«, wende dich an Sankt Martin und teil das Land, aber wirf es deinem Volk nicht einfach hin wie ein Stück Mantel, sondern gib ihm dazu noch die Genossenschaften.

Und ihr, »Sechsundzwanzig Ritter der Buchstaben«, tut euch zum Alphabet zusammen und beschützt das Kind. Die Litanei ist dringend, denn Bahia, das sich nach allen Heiligen nennt, hat ihrer nicht genug.

9

Bahia hat seinen eignen Kalender, der Februar gehört der großen Mutter des Wassers und der Juni dem Mais.

Verleumder sagen, Bahia feiere an jedem Tag; aber sie verwechseln das Herz des Bahianers mit seinem Kalender. Juli und August sind auch im Feiern Wintermonate.

Aber es ist möglich, dass der Bahianer zwei Feste macht, wo er eines feiert. Das Fest des »Guten Herrn Jesus vom guten Ende« ist an sich ein großes Fest, bis die Frauen in ihren weißen Trachten auf ihren Köpfen die Krüge und Töpfe mit dem Wasser hierhertragen, um die Kirche zu waschen – da ist die Kirchenfront illuminiert, und es braucht nicht Nacht zu werden, damit das Feuerwerk platzt.

Am zweiten Sonntag im Januar findet das Fest statt, und es beginnt am Donnerstag davor. Aber da es am Sonntag zu

Ende geht, beginnt am Montag ein andres Fest, auf der gleichen Halbinsel Ribeira, aber am äußersten Rand. Ein weltliches Fest, schimpft der Theologe.

Aber Bahia kennt keine Feste der Kirche, an denen die Welt nicht teilnimmt. Wenn die Pfarrer am Palmsonntag die Palmen segnen, stehen mehr an, als gläubig sind; denn aus Palmen lassen sich Röcke und Hüte machen. So werden in Bahia die geweihten Blätter am Leib getragen; wenn der Herr in Jerusalem einzieht, ist in Bahia die Modistin dabei.

Und wenn am Karsamstag die Glocken wieder zu läuten beginnen, schreit der Ausläufer, und die Köchin schlägt gegen den Topf mit der Kelle; wer ein Auto hat, hupt, und ein anderer schlägt auf seinen Esel ein, bis auch dieser mit seinem iah-iah die Auferstehung feiert. Alle Klingeln machen mit, im Hafen heulen die Sirenen der Schiffe, und auch die Kräne sind laut.

Weltlich, weltlich, schimpft der Pfarrer. Als ob die Bahianer am Silvester nicht die Statue des »Guten Herrn Jesus der Seefahrer« holen und ihn für eine Nacht in einer andern Kirche deponieren. Sie tun es nur, um am Neujahrstag die Statue quer durch die Bucht in einer Schiffsprozession wieder an ihren angestammten Platz zu bringen, nach der Kirche, die nicht nach der Statue heißt, sondern nach »Unserer Frau von der guten Reise«.

Es mag vermessen sein, dass man das neue Jahr schon auf dem Wasser beginnt. Aber die Gründer der Stadt waren

Seefahrer, und viele der Nachkommen sind Fischer. Wenn sie die Netze einziehen, singt der Erste in der Tagesfron: »Ich kam allein von Luanda«, und der Chor wiederholt: »Ich kam allein von Luanda«, obwohl der Chor vielstimmig ist.

Diese Fischer haben lange nicht alle Boote. Sie binden und nageln Baumstämme zusammen und setzen ein einziges Segel darauf und nennen das Floss *jangada*. Leicht zu machen für das Souvenir, aber für das Meer braucht es drei Männer. Weltlich, weltlich, jammert die Kanzel, die Prozession von unserer »Jungfrau des Lichts«.

Die Stadtverwaltung organisiert die Feste: Fronleichnam war das erste Fest, das die Gründer in der neuen Stadt feiern konnten, und so bewegt sich die Prozession heute genau innerhalb der ersten Grenzen. Die Erinnerung ist präzis, wie die Feier des heiligen Franz Xaver. Ihm zu Ehren findet eine Singmesse statt, weil einst die Pest durch Bahia ging; als sie davonkamen und an Cholera litten, erneuerten sie das Gelübde.

Weltlich, jammert der Padre, und ordinär, empört sich die Bourgeoisie, was für ein Karneval auf der Straße, wie ausgelassen und heidnisch! Die Bourgeoisie hat ihren Ball und die Familien ihre Bälle, und ihr *clube carnevalesco* böte nach ihrem Wunsch alles hinter der Tür; da ist die Verkleidung *haute couture*.

Die Straße aber hat ihren Karneval erfunden, und die Verkleidung betrifft nicht nur das Kostüm, sondern das Geschlecht: Da kommen die Burschen als Mädchen, die Männer als Frauen und die Greise als Mütter. Und ihnen kommen die Herden von Frauen entgegen, die in Männerkleidern stecken. Nicht Travestie, denn der Traum bleibt der gleiche, aber Saturnalien der Erotik. Karneval, Fleisch lebe wohl, es ist das Fleisch des eigenen Geschlechts gemeint.

Wie gut, dass Aschermittwoch ist, seufzen Kanzel und Kontor. Aber Bahia feiert seine Feste unentwegt mit großer Regie und bunter Inszenierung. Natürlich feiern sie an Pfingsten den Heiligen Geist, und gehen dafür in die Kirche Santo Antônio Além do Carmo. Aber dort wird ein Kind als Kaiser verkleidet, und wenn der Kinderkaiser der Messe auf einem Thron beigewohnt hat, wird er zum Fort Santo Antônio Além do Carmo geleitet, dem heutigen Staatsgefängnis, und dort gibt das Kind einem Häftling die Freiheit. Stellvertretend kommt einer heraus zu jenen, die draußen sind und doch auch nicht.

Wo die Armut die Majorität hat, gibt es viele Feste.

Reise in die süße Hölle
(1967)

Zwei Nachrichten waren in der Zeitung zu lesen, als ich meine Reise in den Nordosten Brasiliens antrat. Die erste kam aus der Hauptstadt Brasília. Zwei Abgeordnete hatten aufeinander geschossen. Die Streitfrage ging darum, wer zuerst den Revolver gezückt hätte. Dann wurde die Diskussion grundsätzlicher: ob man überhaupt mit einem Revolver ins Parlament kommen solle. Die beiden Abgeordneten stammten aus dem Nordosten; der eine aus Bahia, der andere aus Sergipe. Die vornehme Zeitung *O Estado de São Paulo* entrüstete sich über diese »primitiven Mittel der Politik« und nannte das ganze Vorkommnis »typisch für den Nordosten«.

Die andere Nachricht kam aus Rio de Janeiro und war mit einem Foto illustriert: Auf der Außentreppe des Arbeitsministeriums saßen Männer mit ihren Familien, ihre Habe in Koffern und Schachteln neben sich. Sie warteten auf die Rückfahrkarte. Sie waren aus dem Nordosten nach Rio de Janeiro gekommen, um hier Arbeit und Auskommen zu finden; sie fanden es nicht. Nun wollen sie zurück in den Nordosten, zurück ins Notstandsgebiet.

Der Nordosten Brasiliens ist eines der entzündbarsten Gebiete der »Dritten Welt«, führend in der Statistik mit Kindersterblichkeit, Analphabetismus, Minimaleinkommen, Arbeitslosigkeit und Unterernährung. Über fünfundzwanzig Millionen Brasilianer leben in diesem Nordosten. Er besteht aus neun Staaten; der kleinste, Sergipe, ist immer noch größer als Israel.

Die Krise gehört zu dieser Region wie das Feudalsystem, das hier noch herrscht. Hier hatten die Portugiesen ihren ersten Reichtum geholt: den Zucker. Das war nur möglich dank der Latifundien und der Sklavenwirtschaft. Die Sklaverei wurde Ende des letzten Jahrhunderts aufgehoben; an ihre Stelle ist eine neue Form von Sklaverei getreten in Form eines ländlichen Subproletariates. Die Latifundien sind geblieben.

Dieser sozialen Notlage und den damit verbundenen Unruhen trat man lange nur mit Militär entgegen. In jüngster Zeit versucht man, nicht nur Symptome, sondern die Struktur zu ändern. Dies vor allem, nachdem die SUDENE, eines der wichtigsten Planungsunternehmen Brasiliens, gegründet wurde. Aber alle Vorlagen für eine Landreform (es dürften seit 1945 bald an die hundert sein, die vor das Parlament kamen) scheiterten am Widerstand der Latifundienbesitzer und deren »Lobbys«.

Zur Tradition des sozialen Terrors kommt jener der Natur. Der Nordosten hat ein Küstengebiet, wo regelmäßig Regen fällt, wo dieser Regen zu großen Überschwemmungen führen kann. Daran aber schließt sich das »Polygon der Dürre«, der *sertão* oder das Hinterland. Regelmäßige Trockenheiten in dieser Region führen zu Katastrophen, wobei in der Vergangenheit eine solche Dürre die Bevölkerung glatt halbieren konnte mit Hunger, Durst und Epidemien. Entsprechend diesen Naturbedingungen gibt es hier ein

Subproletariat, das von Arbeitsplatz zu Arbeitsplatz nomadisiert. Diesen Nordosten hat im 17. Jahrhundert ein portugiesischer Jesuit »*doce inferno*« genannt, dieser »süßen Hölle« gilt die Reise.

Ausgangspunkt der Reise ist Salvador da Bahia. Nicht das des Barocks mit seinen Kirchen und Klöstern, nicht der Mischort für europäische, afrikanische und indianische Kultur, wie er sich noch heute im religiösen Synkretismus, im Speisezettel und im Spiel äußert. All das macht das Lebensrecht dieser Stadt aus – aber wovon lebt sie und wovon lebt sie allmählich besser?

Da fallen einem allerdings sogleich wieder die Kirchen und Klöster ein, der afrobrasilianische Speisezettel, das religiöse Ritual der *candomblé* und das Kampfspiel *capoeira*. Hier hat Bahia ein Kapital, das sich verwerten lässt, und es ist auch an dessen Verwertung gegangen. Es wird einen Teil seiner Seele als Folklore verkaufen müssen, um über den Tourismus zu Geld zu kommen. Vor einigen Jahren gab es kaum Hotels in Bahia. Inzwischen wurden Hotels gebaut, und sie sind auch ziemlich voll. Denn Bahia hat die Chance, Brasiliens wichtigster Fremdenort zu werden.

Allerdings hat sich in Zentralbrasilien Ouro Preto gemeldet; es möchte das lateinamerikanische Salzburg oder Spoleto werden. Aber Bahia hat nicht nur den Barock wie Ouro Preto, sondern noch den afrikanischen Hintergrund und vor allem Strände. Der Strand, die *praia,* ist für den Brasilianer eine seelische Kategorie, versinnbildlicht in Copacabana; das wichtigste Gesellschaftskleid für Rio de Janeiro ist ja die Badehose.

Der Nordosten beginnt denn auch seine Kokosstrände

anzupreisen. Es gibt von Bahia an nordwärts eine Reihe von Stränden, die noch entdeckt werden können. Seit kurzem verkehrt zwischen Rio de Janeiro und Belém das Schiff »Ana Neri«, womit die touristische Küstenfahrt aufgenommen wurde. Aber es gilt ja nicht nur, touristische Möglichkeiten zu bieten, damit die Einwohner aus dem Süden des Landes in den Nordosten und Norden kommen. Sondern es gilt, ein Vorurteil zu überwinden. Dass jemand aus Rio oder São Paulo nordwärts Ferien verbringt, heißt so viel, wie wenn ein Mailänder nach Sizilien in den Urlaub fährt.

Und mit dem außer-lateinamerikanischen Urlauber verhält es sich nicht besser. Brasilien leidet daran, einen europäischen Vater zu haben. Diese Herkunft macht es nicht exotisch genug für einen Europäer, und anderseits ist es dann doch wieder zu weit weg. Es ist bezeichnend: Ein Zürcher Reisebüro, das mit Erfolg Reisen in den Fernen Osten organisiert, musste die Brasilien-Reisen absagen, da trotz des billigen Angebots keine Interessenten zu finden waren.

Im Touristischen spiegelt sich, was auch im Wirtschaftlichen gilt. Zu Bahia, das einst Hauptstadt Brasiliens war und das zu den ersten kolonisierten Gebieten gehört, gehört wirtschaftlich auch klassischerweise die Kolonialwirtschaft: Zucker und Vieh. Allerdings ist heute Bahia nicht für den Zucker bekannt, wenn schon, dann für den Zuckerrohrschnaps, der in Santo Amaro gebrannt wird und nach dem Ort heißt. Aber Feira de Santana, gute hundert Kilometer von Salvador da Bahia entfernt, hält jeden Montag den wichtigsten Markt im Interior: Da kommen die *vaqueiros*, die *cowboys* des brasilianischen Nordens, treiben das Vieh in den Corral, spielen mit den Kühen, die sich aus der

Herde verlieren, Stierkampf, hocken auf den Umzäunungen, während die Herren verhandeln, und wenn es reicht, kaufen sie sich Kleider, Hosen, Wams und Rundhüte, alles aus Leder. Hinter dem Corral liegt der Schlachthof und hinter dem Schlachthof die Hexenküche: Da werden Knochen gekocht und geschabt, mit monotonem Messer Fleisch gehackt, aus den Höfen das Brüllen der Tiere, Blut, das durch den Dreck seine Bahnen sucht, Hunde, die um Eingeweide streiten, und Berge von Eingeweiden, auf denen Geier sitzen.

Nicht an Zucker und Vieh denkt man, denkt man an Bahia, es sind andere Produkte, die sich in der Assoziation einstellen: Kakao und Tabak. Ilhéus, im Süden des Bundesstaats Bahia gelegen, ist der Hauptausfuhrhafen für Kakao, und das Kakao-Institut liegt in der Unterstadt von Salvador da Bahia. Und der Tabak war so wichtig, dass im Wappen des kaiserlichen Brasiliens im 19. Jahrhundert neben dem Kaffeezweig eine Tabakpflanze abgebildet war.

Zucker und Vieh, Kakao und Tabak – diese Produkte haben eine Gesellschaft ermöglicht, die aus einer dünnen Schicht von Besitzenden besteht und einem Rest – allerdings: Es gibt auch eine dünne Schicht von mittlerem Bürgertum. Aber der Handel blieb letzten Endes doch mehr Arabeske als Notwendigkeit. Bahia zeichnet eine heitere Lethargie aus, eine Armut, die tanzt. Daran konnte auch nicht sehr viel ändern, als im Inneren des Staates Gummibäume gepflanzt wurden, in Ituberá und Camamu, wie es Firestone wünschte, und auch der Sisal in Valente ändert nicht viel.

Als jedoch Öl gefunden wurde, da begann sich einiges zu

ändern. Denn mit der Ausbeutung des Öls im Recôncavo, in São João, Mata und vor allem in Alagoinhas, da wurde plötzlich der Begriff des Technikers in Bahia eingeführt. Es ging nun nicht mehr darum, ein paar Kühe zu schlachten, wenn der Handel nichts einbrachte. Dieses Öl brachte nicht nur die Notwendigkeit mit sich, Leitungen zu bauen und einen Hafen zu errichten. Sondern es kamen auch die Sekundärindustrien wie Petrochemie, es kam eine Raffinerie, es wurde Asphalt produziert. Es wurde mit der Wirtschaft ernst.

Ganz ernst aber wurde es, nachdem man beschlossen hatte, in Aratu ein Industriezentrum zu errichten: »CIA – Centro Industrial de Aratu«. Sechzehn Kilometer von Bahia entfernt liegt einer der größten Bauplätze des brasilianischen Nordostens – 140 Quadratkilometer, für den sich bis jetzt 45 verschiedene Industrien schriftlich verpflichtet haben, auf denen bereits elf bauen und eine produziert. Der Staat Bahia hatte seit 1955 eine Planungskommission, die als erste im Lande auch funktionierte. Das Industriezentrum von Aratu stellt einen bedeutenden Schritt dar: Das wirtschaftliche Vorurteil gegenüber dem Nordosten wurde behoben, Firmen aus Rio und São Paulo sind bereit, hier ihre Industrien zu errichten. Und dann kann Aratu im wahren Wortsinn ein Industrie-Park werden: Der junge Architekt Bernardes zeichnete Gesamtpläne, mit ihm bewährt sich das urbanistische Genie des Brasilianers.

Der Brasilianer nimmt das Flugzeug, wenn er sich fortbewegt. Bekannt ist die Geschichte von dem Jungen, den die Polizei aufliest. Er weiß nicht, wie er heißt. Auf die Frage, wer seine Eltern sind, hat er keine Antwort. Als ihn die Polizei fragt, wer das Flugzeug erfunden hat, strahlt er: Santos Dumont. Das Bild dieses (brasilianischen) Erfinders des Flugzeuges ist auf der höchsten Banknote zu sehen, und die Hauptstadt wurde ja zum Teil mit dem Flugzeug gebaut.

Dass es Eisenbahnen gibt, weiß der Brasilianer, auch wenn er kaum dazu kommt, sie zu benutzen. Es gibt komfortable Züge, und es gibt ganze Gebiete, die ein Eisenbahnnetz haben wie der Nordosten etwa. Nur eben: Zwischen Salvador da Bahia und Recife, den beiden wichtigsten Städten des Nordostens, verkehren wöchentlich zwei Züge, und von Maceió, der Hauptstadt des Staates Alagoas, nach Recife braucht der Zug zehn Stunden, wofür der Omnibus fünf braucht.

Dabei sind die Straßen in deplorablem Zustand. Zwischen Bahia und der nächsten Hauptstadt, Aracaju, ist von den vierhundert Kilometern nur ein Viertel asphaltiert, und geht man weiter nordwärts, die sechshundert Kilometer bis nach Recife, beginnt der Asphalt erst kurz vor Recife wieder. Und hierbei handelt es sich um den Hauptverkehrsweg zwischen den nordöstlichen Staaten. Dieser Zustand bedingt, dass sich die Omnibusse mit einer Durchschnittsgeschwindigkeit von 25 Kilometern in der Stunde fortbewegen, sofern das Wetter gut ist.

Bis 1970 soll wenigstens diese Hauptverkehrsstraße asphaltiert werden. Es gehört zur unterentwickelten Situation, dass zunächst einmal die Infrastruktur ausgebaut werden muss. Eine Aufgabe, die unendliche Unsummen verschlingt, welche der Industrialisierung vorenthalten werden, aber anderseits ist die Infrastruktur Voraussetzung für diese Industrialisierung, auch wenn diese Investierung vorerst nichts abwirft.

Jede Fahrt mit dem Omnibus (zehn, fünfzehn Stunden sind eine Lappalie) erinnert an eine Tatsache, die man immer geneigt ist zu vergessen: wie groß dieses Brasilien ist. Da alle zwei bis drei Stunden angehalten wird, kommt man an Orte, an die einen kein Vorsatz gebracht hätte, die aber das Bild des Landes ergänzen. Da werden die Produkte der Region verkauft – Käse, Zuckerrohrschnaps in Bambusrohren, kolorierte Schaffelle; dazwischen fegen Jungens mit einer Bürste unaufgefordert zwei-, dreimal über die Schuhe und halten die Hand hin; da wird neben dem Benzintank eine Ziege gemolken. Diese *postos* sind Keimzellen zu späteren Städtchen und Städten. Man wundert sich, einen improvisierten Haufen zum Teil lausiger Häuser zu sehen und eine Tafel, welche auf die Sehenswürdigkeit des Ortes hinweist: »Rotary Club«. An diesen *postos* sammeln sich auch die Fernlaster; nach der Sitte des Nordostens führen sie unter dem Kühler Sprüche – über Gott und die Welt, über Liebe und Unfälle; der bündigste, den ich las, lautete: »Frauen, João ist angekommen«.

Im Hotel São Francisco. Es ist der höchste Bau in Penedo und der modernste. Ich sehe vom Fenster aus auf eine Flusslandschaft. Der Fluss São Francisco hatte schon einmal seine Bedeutung. Die Portugiesen kolonisierten nicht geradewegs von der Küste landeinwärts; die Berge hinderten ein solches Vorrücken. So kolonisierten die Portugiesen den Flüssen entlang wie dem von São Francisco, und sie folgten seinen verrückten Windungen und Umwegen.

Der Fluss hat heute wieder seine Bedeutung. Zweihundert Kilometer landeinwärts liegen die Wasserfälle von Paulo Afonso. Brasilien bietet in dieser Hinsicht den Niagara-Fällen ernste Konkurrenz; es hat im Süden die Fälle von Iguaçu und Sete Quedas, die an der paraguayischen Grenze liegen. Aber die Wasserfälle des São Francisco bieten nicht nur eine touristische Attraktion, so romantisch es ist, auf einem Schaufeldampfer den Fluss hinaufzufahren in das Tal des São Francisco, das dreimal so groß wie Großbritannien ist.

Die touristischen Wasserfälle sind eine wirtschaftliche Attraktion. Seit bald zwanzig Jahren wird der Wassersturz von hundert Metern ausgenützt. Von hier beziehen die Staaten des Nordostens einen Großteil ihrer Elektrizität. Der Bau dieses hydroelektrischen Werkes war eines der ersten ernsthaften Unternehmen, die Probleme des Nordostens in großem Rahmen anzugehen.

In diesem Paulo Afonso befindet sich eine technische Stadt, die mit ihren Lifts, Rolltreppen und Tunnels, mit ihrem Krankenhaus und ihren Clubs wie eine Stadt aus einem Science-Fiction-Film aus dem Jahre 1950 aussieht.

In Penedo aber ist von der technischen und wirtschaftlichen Leistung des Flusses nichts mehr zu spüren; das Wasser ist träge, es hat seine Arbeit getan. Nicht einmal eine Brücke gibt es zur Gegenstadt Neópolis. Als ich an einem Abend ankam, da wurden die Fahrgäste des Omnibus auf eine Fähre verladen – eine Fähre, so breit wie zwei Bankreihen und so hoch, dass man nicht aufrecht stehen kann, und bevor der Mulatte den Motor in Bewegung setzte, verteilte er die Gewichte der Passagiere.

Penedo ist ein alter Ort, wie die Kirchen und Klöster

beweisen. Auf der Fassade des Franziskanerklosters sind Putten zu sehen, denen pausbäckige Indianer Modell gestanden haben. »Guter Erfolg« hieß einst die Stadt. Sie ist proper und arm, lebhaft am Flusshafen und tot am Abend.

Der Blick geht über die Kirche von São Gonçalo zur Petersinsel, die nichts macht als einen elektrischen Masten tragen – hinüber zum andern Ufer, wo eine *fazenda* (Großgrundbesitz) zu sehen ist, flussabwärts nach einem guten Kilometer die Textilfabrik und dann weiter meerwärts die Stadt Neópolis.

Was man aber sieht, gehört einem Mann – dem *dono* gehört das Hotel, in welchem auch das Kino untergebracht ist, die Fazenda auf dem Gegenufer ist sein Besitz und auch die Textilfabrik. Dieser Herr regiert über die Landarbeiter und über die städtischen Arbeiter. Der Blick gilt nicht einer Flusslandschaft, sondern einer Wirtschaftsstruktur.

Je näher ich Recife komme, umso zahlreicher werden die Zuckerrohrfelder – mannshoch stehen die Rohre und sind von jungem Grün. Die Erde ist schwarz, es ist *massapê*, bekannt für die Fruchtbarkeit und dafür, dass sie wandert – man kann eine Kapelle sehen, die in ein paar Jahrzehnten zweihundert Meter weiter weg steht vom ursprünglichen Platz.

Zu den Zuckerrohrfeldern gehören die Siedlungen. *Casa-Grande e Senzala* ist der berühmte Titel eines berühmten Buches von Gilberto Freyre – es ist erstaunlich, wie sich die Siedlung auch heute noch, nachdem es sich nicht mehr um »Herrenhaus« (»Casa-Grande«) und »Sklavenhütte« (»Senzala«) handelt, gleich ausnimmt. Das Herrenhaus und das Haus des Verwalters sind sofort zu erkennen, und ebenso die Hütten, nur dass sie nicht mehr so heißen. Ihre Bauweise ist denkbar primitiv, weg von Wasser und Elektrizität; Stöcke, aus dem Holz des Carnaúba-Baumes, werden zu einem großmaschigen Gatter verbunden; die Zwischenräume mit Erde ausgefüllt und die so entstehende Wand mehr oder weniger glatt gestrichen, gewöhnlich aber ist das Gerippe noch zu sehen; normalerweise mit Palmblättern bedeckt, so dass die Hütten ein afrikanisches Aussehen haben.

Zu diesen Zuckerrohrfeldern aber gehört auch das Roden des Urwaldes. Die Bäume werden im Januar oder Februar geschlagen und im Juni oder Juli, wenn das Holz dürr ist, angezündet. Die Arbeiter, welche den Urwald urbar machen, sind gewöhnlich Nomaden, die sich auf dem zu rodenden Gebiet für einige Monate niederlassen und im Akkord arbeiten.

Der Nordosten wurde schon längst durch den Süden des Landes entthront – nicht nur, weil dort Gold und Diamanten gefunden wurden und weil sich später das industrielle Schwergewicht nach Rio und São Paulo verlagerte. Sondern der Nordosten wurde auch in seiner Stellung als Zuckerproduzent entthront. Die Staaten São Paulo und Minas Gerais produzieren heute mehr Zucker als die Staaten im Nordosten. Und nicht nur mehr, sondern auch billigeren Zucker.

Denn zur sozialen Rückständigkeit des Nordostens kommt auch die technische Unterentwicklung. Es war schon ein Schritt, als man von den alten Zuckersiedereien *(engenhos)* zu den modernen Fabriken *(usinas)* überging und als Kraft nicht mehr Wasser und Tiere benutzte. Aber seither hat sich technisch kaum etwas geändert. Jede Rationalisierung wurde mit Sturheit vermieden, denn eine solche Rationalisierung brächte auch eine Änderung der Sozialstruktur mit sich. Aber diese Latifundienbesitzer scheinen alles daran zu setzen, die »süße Hölle« zu erhalten.

Während der Zeit, als ich im Nordosten reiste, besetzten Landarbeiter in Cabo, einer Stadt außerhalb Recife, eine *engenho,* um auf genossenschaftlicher Basis Zucker produzieren zu können – die Besetzung solcher Fabriken ist ebenso üblich, wie es wenig erstaunlich ist, dass Fabrikarbeiter ihre Löhne nicht erhalten. Diese Zuckerfabrikarbeiter drohten in Hungermärschen nach Recife zu kommen, weil die ausstehenden Löhne sie ins totale Elend trieben. Einer der Mitbesitzer dieser Zuckerfabriken ist Abgeordneter in Brasília, wo eines Tages über die Landreform abgestimmt werden soll.

Auf dem Markt von Maceió war ich auf einen Stand gestoßen, der mir dadurch aufgefallen war, dass er nicht den üblichen Plastikschund, sondern religiösen Kitsch verkaufte: Heiligenstatuen standen neben schwarzen *figas* (Fäuste mit erigiertem Daumen); es roch nach Weihrauch, und auf Plattenspielern drehte sich rituelle afrikanische Musik.

Da erblickte ich einen Glaskasten mit Päckchen, in denen Pulver enthalten war. Besonderes Pulver, wie ich las: Pulver, um die abwesende, aber begehrte Person erscheinen zu lassen, und ein Pülverchen für die Freundschaft, das »echte« *(legítimo).* Ich ließ mir diese Pülverchen vorlegen und kaufte gleich noch ein drittes: eines, das zu Geld verhilft und gegen »den bösen Blick« und Neid wirkt.

Nachdem der Verkäufer in mir einen Käufer entdeckt hatte, legte er mir *defumadores* vor, wie auf dem Säckchen zu lesen war, »echt nach afrikanischen und indianischen Rezepten« hergestellt. Der Defumador, der mir am meisten gefiel, war nicht jener, um den Nachbar abzuhalten, sondern der, welcher kurz *ninguém pode comigo* hieß, was man nur auf Berlinerisch übersetzen kann: »Mir kann keiner.« Dieses Pülverchen wurde erstanden.

Dann zeigte mir der Verkäufer daumengroße Fläschchen, in denen wohlriechende Öle enthalten waren. Die Namen darauf waren mir nicht fremd: »Xangô«, »Exu« und »Mama Axum« sind Gottheiten aus dem afrikanischen Götterhimmel, wie er sich im Nordosten Brasiliens erhalten hat, von den einstigen Sklaven eingeführt und gegen alle Heiligen durchgehalten. Es waren Badeöle.

Der Verkäufer aber hatte bereits einige Publikationen hervorgelangt – da ich eine Krawatte hätte und sicher lesen könnte. Die Schriften waren in einer Buchreihe erschienen, wo auch ein José Ribeiro publiziert hatte, ein Kenner des afrikanischen Brasiliens. Ich erstand mir ein Büchlein über Bäder und Defumadores.

Im nächsten Café machte ich mich an die Lektüre. Nicht für jeden gelten die gleichen Rezepte; es kommt auf das Sternzeichen an. Mit nicht geringem Erstaunen nahm ich dann zur Kenntnis: Es sei völlig falsch, fertige Pülverchen auf dem Markt zu kaufen; die Kräuter und Ingredienzien müssten frisch sein; in meinem Falle brauchte ich weiße Rosen, weiße Lilien, Klee – das ginge noch an. Aber wo hole ich zu Hause die Jerusalem-Palme und die Johannes-der-Täufer-Palme? Das rettende Bad scheint nichts für die gemäßigte Zone zu sein. Und dann entdeckte ich, dass ich zwar alles über die Defumadores lesen konnte, nur nicht, wie man sie anwendet – ob man sie anzündet, ins Wasser streut, in den Wind bläst, zu trinken gibt. Die Pülverchen besitze ich, nun müsste ich damit noch zaubern können.

Wir sind nicht nur in das Gebiet des sozialen Notstandes gekommen. Der Nordosten ist auch eine Region von Mystikern und Rebellen, von Verzweifelten und Fanatikern, von Gauklern und Banditen. Wo die soziale Misere regiert und wo die Natur immer wieder alles in Frage stellt, flüchtet auch die Religion ins Elend – sie flüchtet in den Notstand des Aberglaubens.

Berühmt sind ja die *beatos* und *beatas* – Selige, Gesegnete, vom Himmel Auserwählte, wie immer man sie nennen mag. Am berühmtesten war die Beata Maria Madalena; auf ihrer Zunge verwandelte sich die Hostie in Blut. Zu dieser Beata gehörte Padre Cícero, der vor dreißig Jahren starb. Sein Tätigkeitsort Juazeiro ist ein Wallfahrtsort geworden, wie sehr sich auch die Kirche dagegen sträubt. Der Ruf des Padre Cícero ist mächtig. Das Volk will seine Wundertäter. Dabei war dieser Padre Cícero alles andere als ein Wohltäter und ein Freund der Armen. Er war am Ende ein reicher Mann, der zu jenen gehörte, vor denen seine Verehrer flüchteten. Er dämpfte das aufständische Volk, indem er dessen Wünsche in den Himmel verwies.

Die Geschichte des Nordens ist voll von Episoden des Aberglaubens und des religiösen Fanatismus. Das Heil konnte von überall erwartet werden: von einem Stein zum Beispiel, einer *pedra bonita*. Der Gründer dieser Sekte verlangte am Ende, dass der »schöne Stein« mit dem Blut von

Frauen, Kindern und Männern beschmiert werde. Die Armee hat diese Sekte ausgerottet und die Grausamkeit wiederholt, gegen die sie angetreten war. Aber nicht nur ein Stein, auch ein *boi*, ein Ochse, kann Erlösung bieten, wie der Beato José Lourenço verkündigte.

Man kann diese Ereignisse mit vielem erklären, aus der Ignoranz des Volkes etwa, das ohne Buch lebt. Aus dem Messianismus, vor allem aus seiner portugiesischen Variante, dem Sebastianismus, dem Glauben, dass der Prinz Sebastian aus der verlorenen Schlacht zurückkehre und eines Tages sein Volk zum Endsieg führe. Man hat diese Episoden des religiösen Fanatismus als Wahnsinn und Massenhysterie abgetan. Aber man hat inzwischen gesehen und auch gelernt, dass die Gründe dazu nicht zuletzt in den wirtschaftlichen und sozialen Verhältnissen liegen.

Der Übergang von einem *beato* zu einem *conselheiro*, einem Ratgeber, ergibt sich von selbst – aber dieser Ratgeber ist nicht mehr nur ein Auserwählter, sondern ein Kämpfer, einer, der gegen die bestehende Ordnung antritt, verkörpert im berühmten Ratgeber Antônio, der Ende des letzten Jahrhunderts den Rebellenstaat Canudos gründete.

Die brasilianische Armee erlitt einige Schlappen, ehe sie Canudos besiegte, das nach einem heroischen Widerstand vernichtet wurde. Dieser Krieg gegen Canudos hat den Anlass zu einem klassischen Buch der brasilianischen Literatur gegeben: *Os Sertões* (»Die Hinterländer«). Ein Journalist, Euclides da Cunha, hatte als Reporter dem Feldzug beigewohnt und nachher sein Buch geschrieben; es ist in dem Sinne ein amerikanisches Buch, als hier die Literatur aus der Reportage geboren wurde.

In dieser Region hatte lange Zeit jeder für sein eigenes Recht gesorgt – auch die Obersten, die *coronéis,* die Feudalherren und Latifundienbesitzer. Sie waren nicht Obersten in der Armee, aber sie nannten sich so, weil sie sich mit einer Privatarmee umgaben, um Herr ihres eigenen Terrains und ihrer eigenen Sache zu bleiben. Die Macht dieser Coronéis wurde erst in den letzten Jahrzehnten gebrochen; aber die Methoden haben sich geändert, weil sie sich auch anpassen mussten.

Auch jene, die sich gegen die etablierte Macht und die bestehende Ordnung auflehnten, hatten sich ihr eigenes Recht zu schaffen – schon zur Zeit der Kolonie. Damals gründeten entlaufene Sklaven, hauptsächlich Schwarze und einige wenige Indianer, den *quilombo* von Palmares; es war nicht der einzige Rebellenstaat, aber der wichtigste von allen, der sich über hundert Jahre halten konnte. Die Erinnerung daran ist lebendig geblieben. Einmal im Jahr spielen die Knaben die Eroberung von Palmares. Dieses historische Ereignis ist in jüngster Zeit auch auf die Bühne gekommen: das Arena-Theater in São Paulo hat die Geschichte des Generals Zumbi, des letzten Generals von Palmares, erzählt; Edu Lobo, einer der begabtesten jungen Komponisten Brasiliens, schrieb dazu die Musik.

Der *cangaceiro* und Rebell, der Freischütz und der Bandit – sie gehören zu dieser Region; und so verschieden auch ihre persönlichen Beweggründe sein mögen, denkbar sind sie nur in einer Region, wo das Recht dazu dient, den einen Vorteil zu bringen, wo Recht nicht herrscht, damit es Recht gibt, sondern damit die Besitzverhältnisse bleiben.

Während meines Aufenthaltes in Recife wurden die Urteile bekanntgegeben gegen die Politiker, welche durch den Umsturz von 1964 abgesetzt wurden und ins Gefängnis kamen. Der prominenteste Verurteilte war Miguel Arraes, er erhielt von den 355 Jahren Gefängnisstrafen deren 23. Allerdings ist er nicht mehr im Lande. Nachdem der einstige Gouverneur von Pernambuco fast ein Jahr ohne Prozess im Gefängnis gesessen hatte, konnte er in Rio in die algerische Botschaft flüchten; die Militärregierung erlaubte seine Ausreise, und so lebt er seither in Algerien.

Es ist um seinen Namen sehr still geworden. Inzwischen haben sich die politisch Verfolgten und Diskriminierten aller Schattierungen zusammengetan. Am spektakulärsten war die Versöhnung zwischen Lacerda und Kubitschek. Von Miguel Arraes wurde nicht gesprochen; Hellhörige jedoch wollen wissen, dass er aktiv sei und eines Tages zurückkehren werde.

Miguel Arraes ist nicht der einzige Politiker, der nicht im Lande ist; der andere heißt Francisco Julião und lebt in Mexiko im Exil. Er war der radikalste Politiker des Nordostens, radikaler als Miguel Arraes, und gegen Miguel Arraes hat Goulart, der wegen seiner Linkstendenz fiel, einst Truppen aufgeboten. Francisco Julião war ein Anwalt, an den sich die »Ligas Camponesas« wandten, die Bauernligas.

Nicht nur Politiker sind abwesend, sondern auch Intellektuelle: Celso Furtado und Josué de Castro, beide unterrichten heute an der Sorbonne in Paris. Celso Furtado ist ohne Zweifel einer der führenden Nationalökonomen für Unterentwicklung. Er wurde von Kubitschek für die Superintendanz der SUDENE, der Entwicklungsorganisation für den ganzen Nordosten, geholt.

Ein erschütterndes Bild des Nordostens hat Josué de Castro gegeben, der mit seiner *Geographie des Hungers* eines der schönsten Bücher der letzten Jahrzehnte schrieb. Dieser Arzt, der Ernährungswissenschaft, Soziologie und Geographie zusammenbrachte, hat sein Land in vielen internationalen Organisationen vertreten, er ist einer der subtilsten und engagiertesten Intellektuellen Brasiliens. In seinem neuesten Buch *Sete Palmas e um Caixão* (Sieben Handbreiten und ein Sarg) hat er seine Gedanken zusammengefasst.

Das Buch ist im Auftrag eines amerikanischen Verlegers für das amerikanische Publikum geschrieben; mit werbendem Eifer bittet dieser Wissenschaftler, die Nöte dieser Region zu verstehen, wo die Unterernährung das tägliche Brot ist. Er erzählt darin, dass sich die Bauernligen zunächst um die Beerdigung der Toten kümmerten: Bis anhin war es so gewesen, dass den Ärmsten ein Sarg zur Verfügung gestellt wurde, für den Weg von zu Hause bis zum Friedhof; dann musste der Sarg zurückgegeben werden für anderweitige Verwendung. Das Begräbnis des Landarbeiters, der als Landreform nur jene sieben Handbreit Erde für das Grab kennt – das ist ein Thema, über das in Nightclubs von Rio und São Paulo Protestlieder gesungen werden.

Es sei hier ein Postscriptum mitten im Text eingeführt: Antônio da Silva Melo hat ein Buch geschrieben: *Nordeste Brasileiro;* der Verfasser ist Arzt und Ernährungswissenschaftler. Ich kann nicht fachlich mit ihm streiten, aber in der Gesinnung. Loben, mit welchem verzweifelten Einsatz eine Mutter für ihren Sohn kämpft, und sagen, dass nur Arme dazu imstande sind, ist ein Kitsch von solcher Verwerflichkeit, dass man diesen Autor bloßstellen muss. Man kann nicht vor dem Sattsein warnen in einer Region, wo die Mehrheit nicht genug zu essen hat.

In einem Außenquartier von Recife liegt das »Instituto de Pesquisas Sociais« – mitten in einem Residenzviertel, wo auch die großen und schönen Privatschulen stehen, in unmittelbarer Nähe des Zucker-Museums, der Ort ist nicht schlecht gewählt; das Museum kann illustrieren, was in diesem Institut untersucht wird: Anthropologische, soziologische, medizinische Forschungen werden betrieben; sie gelten dem Nordosten; unter den zwanzig, welche einen Forschungsauftrag haben, sind vier Ausländer.

Präsident des Aufsichtsrates ist eine der irritierendsten Figuren des modernen Brasiliens: Gilberto Freyre. Ohne Zweifel einer der großen Soziologen dieses Landes. Er hat die Formierung der Kolonialwirtschaft untersucht, er hat aufgezeigt, wie sich zwischen Herr und Sklave ein Verhältnis gegenseitigen Einflusses bildete, er hat methodisch die wirtschaftlichen und sozialen Fakten mit denen der Intimsphäre verbunden und mit *Herrenhaus und Sklavenhütte* die Voraussetzung geschaffen für seine Interpretation von Brasilien. Er ist der Mann, der seinem Lande ein stolzes Bewusstsein gab: nämlich die ethnische Demokratie verwirklicht zu haben.

Man hat heute in Brasilien allerdings nicht mehr eine solche jubilierende Vorstellung von der Rassengleichheit. Aber Gilberto Freyre, der Mann, der die Augen vieler geöffnet hat, hat die eigenen vor vielen Dingen geschlossen. Er hat für den Explosivstoff des Nordostens nur teilweise Verständnis, und doch ist das moderne Brasilien ohne diesen Mann nicht zu verstehen, der bisher alle Professuren abgelehnt hat, ein großer Wissenschaftler ist und, wie oft in Brasilien, als Wissenschaftler zugleich ein erstrangiger Schriftsteller.

Nun hat dieser Nordosten immer die Dichter bewegt – einer der größten Lyriker des heutigen Brasilien ist ein Pernambucaner: João Cabral de Melo Neto, der bis vor kurzem in der brasilianischen Gesandtschaft in Bern tätig war und eben zum Generalkonsul in Barcelona ernannt wurde. Er hat mit der Ballade vom *Tod und Leben des Severino* die ergreifendste Ballade des Nordostens geschrieben, und seine Gedichte *Pernambucanische Friedhöfe* haben die ganze Trauer dieser Region aufgenommen.

Auf jedem Markt im Nordosten gibt es den Quacksalber. Gewöhnlich hat er auf dem Boden eine Karte des menschlichen Körpers ausgebreitet. Er hält einen Stock in der Hand und zeigt auf das entsprechende Organ, das er eben erklärt. Und zu jedem Körperteil weiß er eine Geschichte – vor allem eine Geschichte, bei der einer lange skeptisch war, bis er sich eines Bessern besann und das Medikament kaufte, obwohl es ihm nicht aufgedrängt wurde.

Und neben der Karte des menschlichen Körpers liegen Illustrierte, in denen wissenschaftliche Artikel erschienen sind. Mit dem Stock blättert der Ausrufer darin, erwähnt einen Freund, einen Professor, und wenn dem Medikamentenverkäufer das Papier als Anschauungsmaterial nicht genügt, packt er einen der Umstehenden, erklärt an dessen Kopf die Ursachen des Haarausfalls, warum die enge Brust schlechte Zähne ergibt; und erst dann, wenn er einmal alles erklärt hat, gratis, weil das Volk Aufklärung braucht, macht er sich daran, sein Medikament zu verkaufen – zu einem Preis, der lächerlich ist, aber der das Medikament einführt –, und es nützt gegen vieles, gegen *debilidade* überhaupt.

Aber nicht nur den Quacksalber findet man auf jedem Markt, sondern auch den Bänkelsänger. Er improvisiert; die Stimme taugt selten etwas. Er reimt und reimt und ist Volkspoet, ein Troubadour, der nicht nur von der Liebe erzählt, sondern vom Leben auf dem Land. Er begleitet sich selber auf dem Instrument. Gewöhnlich aber ist er nicht allein – er hat einen zweiten, der das zweite Instrument spielt und das Geld einzieht; die meisten Bänkelsänger, die ich sah, waren blind.

Die Einfahrt in die Städte des brasilianischen Nordostens wiederholt sich. Nicht nur, weil die Randzonen überall den gleichen improvisierten Charakter haben, sondern weil längs der Straße Tafeln aufgestellt sind, welche den Aufschwung verkünden.

Diesen Tafeln ist zu entnehmen, welche Fabrik und welche Filiale gebaut werden, was für Bewässerungsanlagen geplant sind und wie viel Kilometer Straße asphaltiert werden sollen; auf den Tafeln ist zu lesen, wem die Finanzierung zu verdanken ist, der SUDENE (»Superintendanz für die Entwicklung des Nordostens«) oder der »Allianz für den Fortschritt« oder sonst welchen Finanzierungsgruppen; auf diesen Tafeln feiern die Abkürzungen Triumphe, allein für den Staat Maranhão gilt es zwischen COHAB-UA, CODEBAM, TELMA, CEIPOT und CAEMA zu unterscheiden; diese Tafeln sind aber gleichzeitig auch Monumente für die jeweilige Regierung, für den Gouverneur, der dem Staat, und für den Präfekten, welcher der Stadt vorsteht; dieses unbekümmerte Selbstlob der Exekutive erinnert an das Lateinbuch: *consulibus,* zur Zeit der Konsuln X und Y.

Diese Tafeln verkünden eine Zukunft, die weniger begonnen hat, als behauptet wird. Je nördlicher man kommt, umso spärlicher werden die Tafeln. Fährt man vom Flughafen in die Stadt São Luís, die Hauptstadt des Staates Maranhão (1967 3,7 Millionen Einwohner), fährt man an den üblichen Elendsvierteln vorbei; wie fast in allen Slums des Nordostens sind die Hütten auf Pfähle gebaut, weil sie in einem Sumpfgebiet stehen, einem Terrain, das niemand streitig macht; die Wege werden durch Laufstege ersetzt.

Sitzt man auf dem Platz vor dem Hotel Central, dem ersten Hotel am Ort, nach unseren Begriffen eine durchschnittliche Familienpension, ruft man sich unentwegt in Erinnerung, dass man sich in Brasilien befindet. Die Kathedrale, das einstige Jesuitenkollegium, wo heute der Bischof lebt, der lokale Religionsgeschichte treibt, die zweistöckigen Häuser mit ihren verschiedenen Blau-Tünchen, das Ganze um eine kleine Parkfläche mit dem obligaten Denkmal – das ist portugiesischer als Portugal.

Zwar trägt die Stadt São Luís ihren Namen nach einem französischen König, und Frankreich-Freunde können auch französische Spuren entdecken; aber der Eindruck bleibt portugiesisch. In einem solchen Maße, dass man die Anekdote begreift: Als Cabral, der offizielle Entdecker Brasiliens, in diesen Tagen vom Himmel nach Brasilien zurückkam, wurde er gefragt, wo es ihm am besten gefalle; er antwortete ohne zu zögern: In São Luís, denn hier habe sich seit seinen Zeiten nichts geändert.

Es verwundert einen einmal mehr, wie sehr die Städte des brasilianischen Nordostens verschiedene Gesichter haben. Wenn in Bahia das afrikanische Element dominiert, überrascht es kaum; dieses »Rom der Schwarzen« war schließlich über dreihundert Jahre lang der wichtigste Umschlagplatz für den Sklavenhandel aus Afrika. Dass Recife hingegen einen ausgesprochenen »niederländischen Charakter« hat, versteht sich nicht ohne Weiteres; die Niederländer waren im 17. Jahrhundert nicht länger als vierzig Jahre Herren über diese Region; aber das genügte, um Recife zu prägen.

Man hat Recife das »Venedig Brasiliens« genannt; das ist eine jener Stupiditäten, die sich erstaunlicherweise am Leben erhalten. Die Stadt ist zu diesem Titel gekommen, weil sie viele Brücken hat, und sie hat viele Brücken, weil zwei Flüsse die Stadt aufteilen: So liegen im eigentlichen Recife der Hafen, im Teil Santo Antônio die Regierungsgebäude, die sehenswerten Kirchen und das Theater Isabel; in Boa Vista findet man die wichtigen Geschäfte, daran schließen sich die Residenzviertel und die Slums.

Recife hat etwas Strenges, verglichen mit andern brasilianischen Städten. Mit seinen Ufern, Brücken und Kanälen erinnert es an Stockholm oder Amsterdam; daran kann auch der Markt nichts ändern, der einer der buntesten und lautesten ist. Es regiert ein protestantisch-protestierender Geist, der sich bis in die Ausschmückung der Kirchen erstreckt. Das fällt einem besonders in Olinda auf. Olinda, die einstige Hauptstadt des Staates Pernambuco, Liebkind der Portugiesen, eine halbe Autobus-Stunde von Recife entfernt, ist praktisch ein Vorort geworden. Die niederländischen Kirchen und Häuser wurden in katholische Kirchen und Klöster umgebaut. Die Fassaden wurden portugiesiert. Barock, was nur barock sein kann. Aber das Innere der Kirchen hat eine asketische Ausschmückung.

Der protestantische Geist zeigt sich auch darin, dass Recife, die drittgrößte Stadt Brasiliens, die »rote Hauptstadt« genannt wird. Es ist eine Stadt der rebellierenden Geister, von der Zentralregierung in Brasilien immer mit besonderer Aufmerksamkeit behandelt, und wo die vierte Armee stets in Bereitschaft liegt. Diese Stadt hat mehr Straßenlampen als Rio und São Paulo zusammen; in dieser erleuchteten Stadt leben mehr als die Hälfte in Slums, die hier *mocambos*, nach den Hütten der Schwarzen, heißen.

In den nordbrasilianischen Städten wurden im letzten Jahr eine Million Arbeitslose gezählt. Die Errichtung neuer Betriebe schafft zwar neue Arbeitsplätze, aber die Rationalisierung nimmt auch solche, und der ständige Zustrom aus dem Hinterland lässt die Zahl der Nicht- oder Unterbeschäftigten nicht nur gleich hoch bleiben, sondern wachsen.

Es stimmt anderseits, dass der Nordosten – relativ gesehen – das Gebiet ist, das in Brasilien während der letzten fünf Jahre einen der stärksten Aufschwünge erlebte. So ist der Nordosten denn auch ein Lieblingsthema geworden. Nicht mehr nur für die Nightclubs von Rio, wo Protestlieder gegen die Latifundienbesitzer zu hören sind, sondern auch für die Presse. Diese berichtet vom Aufschwung und von der Verbesserung. Aber es hat den Anschein, als ob solche Berichte weniger dazu da sind, um eine Wirklichkeit kennenzulernen, als vielmehr, um das Gewissen zu beruhigen, ein Gewissen, das im guten Fall weiß, dass das

Durchschnittseinkommen im Nordosten zweimal geringer ist als der Landesdurchschnitt und dass 1967 der Prozentsatz des Analphabetismus bei einem Landesdurchschnitt von 42 Prozent hier 72 Prozent erreicht. Die »Allianz für den Fortschritt« zum Beispiel hat für die 25 Millionen des Nordostens genau die Hälfte des Betrages aufgewendet, der Rio de Janeiro mit seinen 4 Millionen zur Verfügung gestellt wurde; nicht aus Gründen der Dringlichkeit, sondern weil die Regierung in Rio amerikafreundlicher war als die in Recife. Eines jener Beispiele, wo deutlich wird, wie politische Überlegungen bei der Verteilung der Allianz-Gelder eine Rolle spielten.

Aber die amerikanischen Baumwollfirmen im Nordosten, die Anderson Clayton und die Sanbra, sind nicht sehr dazu geeignet, Sympathien für die USA zu wecken. Kurz bevor ich in den Nordosten fuhr, hatte eine der führenden Illustrierten des Landes zwei große Berichte über den Nordosten veröffentlicht. Da waren Leitungsmaste, gesundes Vieh, Baumaschinen, Straßenarbeiter, neue Hotels, Lagerhäuser, Berge von Früchten zu sehen und Reihen von Statistiken zu lesen – alles sollte den Aufschwung beweisen.

Aber wenn von Aracaju, der Hauptstadt des Staates Sergipe, geschrieben wird, wie sehr diese Stadt sich aufrafft, dann kann damit nicht gemeint sein, dass der Flughafen geschlossen werden musste, weil die Piste nicht in Ordnung war. Und es konnte damit nicht gemeint sein, dass die sanitarischen Verhältnisse auf dem Hauptmarkt katastrophal sind.

Die anhaltenden Regenfälle hatten den Markt überschwemmt, so dass die Früchte buchstäblich im Schlamm verkauft wurden und die Säcke mit dem Mehl, Reis und den Bohnen feuchte Ware anboten: Die Gefahr einer Epidemie zeichnete sich ab. Zustände, gegen welche die Lokalpresse seit Jahren ohne Erfolg protestiert.

Und wenn in dieser Reportage zu lesen war, dass in Recife endlich die Omnibusunternehmungen zu rentieren begännen, dann hätte Folgendes beigefügt werden müssen: Die Billett-Verkäuferinnen quittieren zwar den Erhalt des gesetzlichen Minimallohnes, aber es wird ihnen nur die Hälfte ausbezahlt. Diese Praktik trifft man überall an. Es ist kein Geheimnis, dass fast alle Verkäufer und Verkäuferinnen in den Geschäften von Recife einen Lohn quittieren, der höher ist als die effektive Auszahlung.

Es gehört zum Bild von Brasilien, dass die Sozialgesetzgebung auf dem Papier und nicht in Wirklichkeit eingehalten wird. Wenn nur schon einmal die gesetzlichen Vorschriften erfüllt würden, wäre ein Großteil des sozialen Gefüges um einiges verändert und verbessert.

Aber die Nichteinhaltung der Sozialgesetze ist möglich, da Arbeitskraft vorhanden und spottbillig ist. Insofern kann sich der Arbeitnehmer alles erlauben, was zu einem frühkapitalistischen System gehört: keine sozialen Dienstleistungen, keine ärztliche Hilfe, keine Krankenkasse und keine Unfallversicherung, Nichtbezahlen der Überstunden, Entlassung älterer Arbeiter und Ersetzung durch jüngere, deren Lohn geringer ist, keine feste Arbeitszeit für Dienstboten und keine geregelten Ferien; ja sogar die Nichtbezahlung der Löhne.

Solche Vorfälle hat die »Ação Católica Operária« zu einem anklagenden Katalog gesammelt und als Manifest herausgegeben; das Manifest war zum 1. Mai dieses Jahres erschienen und trug den Titel *Fortschritt ohne Gerechtigkeit*. Wenn vom Fortschritt im Nordosten gesprochen wird, dann ist die Industrialisierung gemeint. Aber von diesem Fortschritt spürt die breite Masse nichts. Für die Investierung ist Geld notwendig, und soweit es sich um brasilianisches Geld handelt, ist es Geld, das auch aus dem Nordosten selber kommt, ist es Geld der Latifundienbesitzer, die sich an der Industrialisierung beteiligen. Das heißt nichts anderes, als dass jene, welche sich gegen jede Änderung der Sozialstruktur wehren, ihre bisherigen Positionen stärken.

Die Sozialstruktur wird auf diese Weise nicht aufgelockert, sondern verhärtet; daran ändern jene Beispiele nichts, die dafür stehen, wie unter Beteiligung des Staates Betriebe errichtet werden, welche auch den Bedürfnissen der Arbeitnehmer Rechnung tragen.

Aber selbst wenn die Industrialisierung dem städtischen Proletariat eine Verbesserung seiner wirtschaftlichen Lage brächte oder bringen wird, ist damit nichts für die Landarbeiter getan. Zwei Drittel des Nordostens aber sind ans Land gebunden.

Natürlich gewinnt das Hinterland unmittelbar durch die Industrialisierung. Durch den Ausbau der Infrastruktur wird das Hinterland erschlossen. Die Elektrifizierung bringt auch in den Sertão, das Hinterland, Strom für Industrie und Haushalt, und wenn einmal mit den Bewässerungsanlagen ernst gemacht wird, dann wird die Bewirtschaftung des Landes leichter, ertragreicher sein und nicht mehr den Dürren ausgeliefert.

Es ist ein bemerkenswerter Programmpunkt, wenn der jetzige Gouverneur des Staates Maranhão im Hinterland 1000 neue Schulen errichten will. Unter ›Schule‹ ist eine Hütte zu verstehen, die mit Palmblättern gedeckt ist und wo der Boden gestampfte Erde ist. Aber immerhin. Wenn man anderseits bedenkt, dass im Staate Pernambuco ein Volksschullehrer im Monat 35 Franken verdient und seine Hilfskraft auf 12 Franken kommt, dann kann man sich selber ausrechnen, mit welchem Ernst an die Alphabetisierung gegangen wird und mit welchem Effekt gearbeitet werden kann.

Jede Diskussion über die Industrialisierung des Nordostens ist nichts anderes als eine falsche Problemstellung, wenn nicht gleichzeitig von der Landreform gesprochen wird. Jede Bemühung um Industrialisierung wird erst dann die Sozialstruktur ändern, wenn auch die archaische Landwirtschaft geändert wird.

An jeder lateinamerikanischen Konferenz ist die Landreform ein Programmpunkt, auf dessen Erfüllung die USA pochen, und die »Allianz für den Fortschritt« war an die Bedingung gebunden, dass die Landreform endlich verwirklicht wird: Aber es werden im Nordosten mit Allianz-Geldern Industrien gebaut, ohne dass es ernsthafte Pläne für die Landreform gibt.

Wie eng Industrie und Landwirtschaft zusammenhängen, kann man in der Zuckerwirtschaft sehen – in jenen *usinas,* wo zur Zuckerplantage auch die Zuckerfabrik gehört. Die halb industriellen und halb landwirtschaftlichen Betriebe können überhaupt nur existieren dank dem Latifundien-System, und die Forderung der Arbeitnehmer geht denn auch dahin, aus diesen Usinas Kooperativen zu machen.

Viele der Usinas-Besitzer geben ihren Arbeitern ein Stück Land zu bebauen; aber die Verpflichtung zur Fabrikarbeit kann sechs Tage betragen, so dass für die Bebauung kaum Zeit übrigbleibt; oder es wird vorgeschrieben, was angebaut werden darf; und die Erzeugnisse müssen dem Besitzer verkauft werden, zu einem Preis, den dieser festsetzt.

Die Abhängigkeit des Landarbeiters ist reiner Frondienst: Für den Boden, der ihm zur Verfügung gestellt wird, hat er zunächst einmal eine jährliche Pacht von 10 bis 80 Franken zu zahlen. Die Zahlen, die wir hier geben, ändern von Region zu Region, aber wir wählen nicht die untersten Zahlen, sondern durchschnittliche. Zu dieser Jahrespacht kommt die Verpflichtung, an 99 Tagen zu arbeiten, wobei 90 Tage vom Besitzer entlöhnt werden. Ein guter Tageslohn – das sind 17 bis 25 Rappen.

Wie ausbeuterisch die Gesinnung ist, kann man an Folgendem erkennen: Wenn ein Landarbeiter aus irgendwelchen Gründen (Krankheit usw.) seine Arbeit nicht antreten kann, dann hat er einen Ausfall zu bezahlen, der zwanzigmal größer ist, als er selber vom Landbesitzer als Lohn erhält.

Die Entschädigungen sind so gering und lächerlich, dass der Landarbeiter, der auf dem Lande des Latifundienbesitzers lebt, nie das verdient, was er zum Leben und zum Unterhalt seiner Familie braucht. Damit ist die Voraussetzung für den nächsten Schritt gegeben: Der Landarbeiter braucht Darlehen, geringe Beträge, aber immer groß genug, damit er sie nicht zurückbezahlen kann. Diese Darlehen gewährt ihm der Latifundienbesitzer. Auf diese Weise ist der Landarbeiter völlig ausgeliefert und befreit sich nie von seinem Herrn – und wie zur Zeit der Sklaven: Will er seinen Herrn wechseln, muss der neue Herr ihn auslösen.

Der Landarbeiter verändert nur die Geographie seiner Notlage. Um diesem System zu entgehen, siedeln sich viele Landarbeiter in kleinen Dörfern an. Sie geben die Illusion auf, ein eigenes Stück Land zu bebauen, und verdingen sich von Saison zu Saison. Sie stellen ein nomadisierendes Landarbeiterproletariat. Diese Schicht wird immer größer. Denn es ist nicht so, dass die Zahl der Kleinbauern, die so etwas wie eine ländliche Mittelschicht darstellte, zunimmt, sondern sie verringert sich; die kleinen Grundstücke parzellieren sich rascher und werden rascher unrentabel und sind den Naturkatastrophen in größerem Maße ausgesetzt. So verschwindet immer mehr und mehr, was ein Übergang zur gesunden Landwirtschaft hätte sein können.

Nun heißt Landreform nicht einfach Aufteilung des Großgrundbesitzes, ganz abgesehen davon, dass es in Brasilien praktisch keinen Kataster gibt, was die Besitzverhältnisse alles andere denn klar macht. Mit einer Aufteilung wäre noch nichts geschehen, wenn dem zukünftigen Kleinbesitzer nicht auch die Werkzeuge, die Maschinen, das Saatgut usw. zur Verfügung gestellt würden. Dazu aber sind finanzielle Mittel erforderlich, die nirgends aufzutreiben sind. Und mit der minimalen technischen Ausrüstung ist ebenfalls noch nichts erreicht, wenn nicht gleichzeitig Lagerhäuser errichtet werden.

Nicht die Schaffung eines Klein- oder Mittelbesitzes ist

die Lösung, sondern einzig und in unmittelbarer Zukunft realisierbar ist die landwirtschaftliche Produktions- und Konsumgenossenschaft.

Bei der Landreform spielt auch das Land eine Rolle, welches nicht bebaut wird. Es ist keineswegs so, dass die Latifundien voll ausgenutzt werden; ein Großteil liegt brach, und nicht alles Land, das brach liegt, ist müder Boden, schlecht oder abseits der Verkehrswege, obwohl es den Anschein hat, dass die Latifundienbesitzer im äußersten Fall bereit sind, den nicht kultivierbaren Boden abzutreten – um einmal mehr den Buchstaben des Gesetzes und nicht den Geist zu erfüllen. Sofern es sich um unbebauten Boden handelt, kann man nicht nur von einer Landreform, sondern von einer »zweiten Kolonisierung« reden.

An diese zweite Kolonisierung sind denn auch die SUDENE und die CRC (»Gesellschaft für Wiederverkauf und Kolonisierung«) gegangen. Das heißt, dass zum Beispiel jährlich 5000 Familien zu vier Personen angesiedelt werden. Um während fünf Jahren an die Hunderttausend auszusiedeln, ist ein Betrag von 250 Millionen Franken erforderlich, und dann hat man, wie es für den Staat Maranhão zutrifft, 0,2 Prozent der betroffenen Landarbeiter geholfen.

Was immer auch geplant wird und mit welchem guten Willen auch immer die zuständigen Stellen an ihre Arbeit gehen – es kann nur im kleinsten Prozentsatz geholfen werden, wenn nicht eine radikale Landreform die Voraussetzung schafft, damit der Großteil und vielleicht alle Landarbeiter erleben, wie sich ihr Leben menschenwürdiger gestaltet.

Es bleiben eine verzweifelte Situation und verzweifelte

Reaktionen: die Besetzung einer Fabrik oder das Feuerlegen an ein Zuckerrohrfeld. Aber das sind Aktionen, die zu nichts führen. Der Aufstand gärt und äußert sich in einzelnen wilden Handlungen. Es bleibt bei einem Protest, der sich nicht organisieren kann, der aber darauf wartet, organisiert zu werden.

Es bleibt bei einem Protest, der sich noch nicht einmal formuliert. Als vor Jahren die Studenten in Recife demonstrierten, da schlossen sich ihnen Landarbeiter an. Die Studenten riefen: »*Cuba sim, Yankee não*«; die Landarbeiter schrien mit; aber sie kannten nur das Wort »*Cuba*«, »*Yankee*« kannten sie nicht. So riefen sie »*Cuba sim, Yakino*«.

Amazonas – Fluss des Abenteuers
(1967)

Wann das Schiff fährt, konnte in Rio niemand sagen, wie sollte man auch hier wissen, wann zweitausend Kilometer nördlich ein Schiff den Amazonas hinauffährt. Zweimal im Monat, so viel stand fest; am besten, man erkundige sich bei der SNAPP (»Gesellschaft für die Amazonas-Schifffahrt und die Administration des Hafens von Pará«) an Ort und Stelle.

An Ort und Stelle ist Belém. Die Portugiesen nannten den Ort »Glückliches Lusitanien«, bis sie ihn dann nach Bethlehem (= Belém) tauften; selbst das alte Fort trägt einen weihnächtlichen Namen, »Presépio« (= Krippe).

Belém ist die wichtigste Stadt an der Amazonasmündung. Allerdings ist der Atlantik noch 120 Kilometer entfernt, und genau genommen liegt Belém an einem Nebenfluss des Amazonas; da man die Stadt von der Bucht anfliegt, gilt der erste Blick den Hafenanlagen.

Aber warum soll man es genau nehmen mit den Kilometern, es gibt hier so viele. Und wenn Belém an einem Nebenfluss, dem Pará, liegt, dann ist es eben doch ein Nebenfluss des Amazonas, und ohne Amazonas ist die Stadt nicht zu denken.

So beginnt Amazonien auch bereits in Belém. Der Urwald ist da, recht kultiviert. Rechts und links der Straßen stehen Mangobäume, deren Kronen sich in der Straßenmitte treffen, so dass die Baumriesen in diesem Tropenklima ein grünes Dach bilden. Ich habe in Südamerika nur noch eine Stadt gesehen, die so grün wie Belém ist; sie liegt am Fuß der Anden, dort haben die Spanier-Argentinier in der Einöde der Pampa ihre Weinstadt Mendoza hingebaut.

Der Urwald ist aber auch auf andere Weise in Belém präsent: mit lateinischen Namen benannt und nach Gattungen geordnet im Park des Museums Goeldi und im Park Rodrigues Alves. Beide sind unerlässlich für einen Amazonas-Besucher, einmal wegen der Fauna und einmal wegen der Flora. Niemand wird in den über sechs Millionen Quadratkilometern des Amazonasgebietes jeden Baum an seinem Wachstumsort und jedes Tier in seinem natürlichen Habitat aufsuchen wollen. So ist man über jede Auswahl glücklich: Allein 118 verschiedene Kolibris wurden gezählt und im Ganzen 14 712 Tiergattungen. Da ist man froh, wenn man den Adler vom Königsgeier unterscheiden kann und nicht jedem Papagei Papagei sagt, sondern weiß, dass die großen Arara heißen. Was immer man auch dazulernt, am Ende muss man die Vögel so bunt sein lassen, wie sie farbig sind.

Es geht einem nicht anders als den portugiesischen Entdeckern, die keine Namen für die Tiere und Pflanzen hatten und von den Indianern übernehmen mussten, was diese schon benannt hatten: man sieht einen Vogel Irapurú und einen Fisch Tamboatá, man hat einen Jaquiranabóia und einen Cauré gesehen; man ist stolz, hinter einem Murucututu eine Eule zu entdecken, die Tukane kommen einem geradezu banal vor.

Auf jeden Fall sind die Affen versammelt mit ihren typischen langen Schwänzen, Kaimane und natürlich der Tapir und der Jaguar. Man fand in diesem Kontinent keine großen Tiere wie das Pferd oder das Kamel, wie den Löwen oder den Elefanten. Nach der Entdeckung Lateinamerikas führten die europäischen Naturwissenschaftler während Jahrhunderten eine Polemik gegen den Kontinent; das Fehlen großer Tiere wurde als Beweis für die Minderwertigkeit Lateinamerikas angesehen.

Das Museum Emílio Goeldi, das nach einem schweizerischen Naturwissenschaftler heißt, der Ende des letzten Jahrhunderts Direktor dieser Forschungsstätte war, hat nicht nur einen Park und ein Aquarium, einen Tiergarten und eine der umfassendsten Bibliotheken über die Tropen zu bieten, sondern logischerweise auch ein Museum für die Zivilisation der Amazonas-Indianer: Gebrauchsgegenstände und Waffen, darunter die vielbeschriebene *zarabatana,* das Blasrohr, durch welches die Indianer ihre giftigen Pfeile pusteten.

Die Indianer sind auch in den Souvenirläden präsent: Auf den farbigen Postkarten kann man sie sehen, die Frauen nacktbrüstig, tätowierte Krieger mit Knochensplittern in den Lippen oder eine Feder durch die Nasenwand gestoßen. In diesen Läden kann man Bogen, Pfeile und Köcher kaufen; einige Pfeilspitzen sind geschützt, sie sollen das berüchtigte Curare-Gift tragen. Harmloser sind die Alltagsgegenstände, die Keramiken und Strohtaschen, Hängekörbe, um Maniok zu trocknen, hölzerne Raffeln, natürlich der Kopfschmuck und Felle, auch Schlangenhäute, günstig, aber nicht zu verwerten, da sie nur an der Sonne getrocknet und nicht gegerbt wurden.

Amazonien ist aber auch auf dem Markt präsent. Da findet man unter den schon bekannten Tropenfrüchten die Paranuss. An die 35 000 Tonnen werden im Jahr geerntet; um sie zu pflücken, braucht man nur in den Urwald hineinzugehen. In jüngster Zeit erst begann man, diese Nüsse in Kulturen anzupflanzen.

Nicht alles, was heute zum Reichtum Amazoniens gehört, war schon immer da. Der Zimt und der Pfeffer wurden eingeführt; als die Portugiesen den fernöstlichen Gewürzhandel verloren, machten sich Missionare daran, im Amazonas diese Gewürze zu pflanzen; der Pfeffer *(pimenta-do-reino)* ist heute eines der wichtigen Exportgüter. Allerdings verlangt er eine besondere Behandlung, die lange als geheim galt. Es sind heute die Japaner, welche diese Pfefferart mit Erfolg anbauen.

Auf jeden amazonischen Markt gehört ein Kraut, das zwar nicht typisch für dieses Gebiet ist, aber unerlässlich für seine Mahlzeiten. Man rühmt dem Jambú-Kraut nach, es kühle. So tut es die Straßenköchin in die Tacacá, eine heiße Suppe aus Maniok-Saft und Tapioka; zu jeder Tageszeit kann man diese Suppe, die man aus schwarzen Schalen trinkt, am Stand kaufen; zuunterst schwimmt eine getrocknete Krabbe. Das Kraut gibt auch einer Sauce den Geschmack, in der die Ente serviert wird, allerdings heißt die säuerliche Sauce nach einem anderen Kraut Tucupí.

Was man auf dem Markt findet, das muss man ja auch auf dem Tisch finden. Das Jagen von Schildkröten ist für fünf Jahre verboten. Diese Tiere stellten während Jahrhunderten die Spezialität, man aß das Fleisch in Filetgröße. Was noch aufgetragen wird, sind die kleinen Schildkröten; da wird das Fleisch mit Kräutern zerhackt, und die Schale der Schildkröte dient als Teller.

Nicht nur im Teller, sondern auch im Glas kann man schon Amazonien haben. Es gedeiht eine Kokospalme, aus deren Milch man einen süßen Wein gewinnt, den Açaí. Diese Kokospalme liefert auch den Hauptstoff für einen Brei, der fast nichts kostet, das »Brot der Armen«, nicht so nahrhaft, wie behauptet wird, nur den Magen füllend.

Das Hauptgetränk ist Guaraná. Auch in Rio und São Paulo kann man Mineralwasser trinken, die nach der Guaraná-Beere schmecken. Je nördlicher man kommt, je mehr man sich dem Amazonas nähert, umso stärker wird der Prozentsatz. In Belém ist der Saft schon ganz dunkel und wird aus Bierflaschen getrunken. Diese Beere verwendeten bereits die Indianer; sie ist mit ihrem Koffein-Prozentsatz eine oft beschworene Konkurrentin des Cola. Man sagt von der Beere, sie sei der Gesundheit bekömmlich, vor allem dem Magen. Man kann sie als Pulver und als Sirup kaufen. Eingeweihte wissen, dass sie als Aphrodisiakum wirkt.

Ja, bevor man aufs Schiff geht, ist Amazonien schon präsent. Nicht nur mit seinen Früchten und Tieren, mit seinen Produkten in den Lagerhäusern, die im alten Viertel liegen und ihren Kolonialcharakter bewahrt haben. Sogar das berühmte Amazonas-Theater ist schon da, nur dass es hier »Teatro da Paz« heißt. Es wurde, wie das Theater in Manaus, zur Zeit des Gummi-Rausches gebaut, ein Prachtgebäude aus Marmor, wo die teuersten Sänger und Schauspieler auftraten und wo heute gelegentlich Truppen gastieren; die spektakulärste Erinnerung daran, dass es einmal eine Epoche gab, in der man sich alles mit Geld erlauben konnte.

In einer Hinsicht aber unterscheidet sich Belém von allen andern Amazonas-Städten und -Orten. Nicht nur, weil es 1967 mit seinen 450 000 Einwohnern die größte Stadt in der Region ist. Diese Hauptstadt des Staates Pará macht einen geschäftigen Eindruck, jedermann scheint zur Arbeit zu eilen, trotz des drückenden Klimas, an dem der Tropenregen, der fast täglich kurz und heftig fällt, nichts ändert. In dieser Stadt finden sich keine Ratés und Abenteurer, keine Desesperados und Herumlungerer; sie alle ziehen weiter, den Amazonas hinauf. Belém ist für das Abenteuer nur Durchgangsstation.

Dass der Fahrplan dieser Schiffe nicht eingehalten werden kann, sollte ich bald selber erfahren. Für die 1600 Kilometer von Belém nach Manaus waren sechs Tage vorgesehen; wir verbrachten acht Tage an Bord. Das hing davon ab, wo das Schiff anlegte, welche Reiseziele die Passagiere hatten und was für Ladungen und wie viel für die jeweiligen Häfen mitgeführt wurde. Diese Schiffe sind für die meisten Orte am Amazonas die einzige Verbindung zur Außenwelt. Manaus war bis zur Erfindung des Flugzeuges die einzige Hauptstadt der Welt, die nur per Schiff erreicht werden konnte. Heute führt eine zweihundert Kilometer lange Straße heraus, aber sie hört mitten im Urwald auf.

Wie ich die Schiffskarte kaufen wollte, klärte mich der Angestellte auf, man könne sie nur einen Tag vor der Abfahrt kaufen, ich solle möglichst früh anstehen, wenn ich noch eine Kabine wünsche. Es brauchte eine brasilianische Überredungskunst, die nicht nur mit Worten auskommt, um mir eine Karte zu sichern.

Als ich dann den Einzug der Passagiere auf dem Schiff

»Augusto Montenegro« erlebte, begriff ich die Ermahnungen. Um zehn sollte das Schiff abfahren, seit sechs Uhr strömten Passagiere aufs Schiff, man lichtete die Anker erst um Mitternacht. Das Schiff war überladen mit Personen und Waren. Es werden viel mehr Plätze verkauft, als vorhanden, aber jedermann war froh, noch zu einer Karte gekommen zu sein.

Aus einem unerklärlichen Grunde gibt es nur erste und dritte Klasse. Die dritte Klasse nimmt die hintere Hälfte des mittleren Decks und ebenso viel vom untersten Deck ein: zwei leere Räume, die etwa 150 Personen Platz bieten und in denen sich für eine Woche 300 Fahrgäste einrichten. Mit Koffern, Schachteln, Körben, Kinderwagen, Nähmaschinen wurden Trennmauern aufgebaut und in den gewonnenen Raum das Federvieh, Geschirr und Ballen gestellt und geschichtet, gelagert und gehäuft. Das wichtigste Reisegepäck aber ist das Bett, das jeder mitbringt: die Hängematte. Diese werden kreuz und quer gespannt, bis zu vier übereinander, so dass der Raum vom Boden bis zur Decke mit den buntesten Tüchern und Fetzen und Matten ausgefüllt ist, die Wäsche, die zum Trocknen aufgehängt wird, noch nicht einmal berücksichtigt.

Auch die erste Klasse ist überfüllt. Wer keine Kabine hat, richtet sich zwischen der Bar und den Kisten mit dem Bier und dem Mineralwasser ein. Abends um acht wird der Rauchsalon geschlossen, damit sich dort niemand zum Schlafen hinlegt, um neun wird die Bar geschlossen; es werden die Tische und Stühle beiseitegerückt, die Hängematten werden aufgehängt. Die Fremden, die keine Ahnung hatten, deckten sich noch rasch am Quai mit einer Hängematte ein. Man erkennt die Neulinge sogleich daran, dass sie kerzengerade hineinliegen und nicht quer; nur so aber lässt sich stundenlang schlafen. »*It's for the birds*«, meinte verzweifelt ein Amerikaner.

Zur Essenszeit mischen sich die Klassen. Da werden die Türen aufgemacht, welche die Drittklass-Passagiere einsperren. Sie müssen zur Küche, um im Selbst-Service sich das Essen zu holen; während gegessen wird, können sie aber auch in die Bar hinaufsteigen. Das ist der Moment, um neue Bekanntschaften zu schließen. Ein Gummisucher erzählt mir, er habe nun lange Jahre gespart, um einmal wieder nach Belém zu gehen, aber es sei nicht mehr das Gleiche, er kehre gerne wieder in seine Hütte zurück. Ein Bauer aus dem Nordosten zeigt mir seine Kinder; er will den Amazonas hinauf, um endlich einmal etwas zu verdienen, bis Manaus jedenfalls reicht das Geld. Ein anderer hat eben den Militärdienst beendigt; er geht zu seiner Familie, aber nur um sie zu besuchen. Er will nicht bleiben, er hat schließlich Rio de Janeiro gesehen. Ein junger Mann ist nach Belém gefahren, um dort ein besonders schönes Hochzeitsbett zu kaufen. Während er trinkt, bewachen seine Braut und deren Schwester die Bettladen. Frauen kommen kaum herauf; die beiden, welche bei jeder Gelegenheit der dritten Klasse entrinnen, sind in ihren Auskünften unklar, aber eindeutig in ihren Gesten. Sie wechseln das Bordell und ziehen flussaufwärts. Da sind auch zwei Studentenpaare, ein chilenisches und ein argentinisches. Nach dem zweiten Bier nimmt mich der Chilene beiseite: Sie seien über Peru nach Brasilien gekommen und möchten über Bolivien nach Chile zurück, aber das Geld sei knapp geworden, er hätte etwas zu verkaufen, Waffen, einen 32er-Revolver. Doch wehrte ich ab: Ich hätte mich in Belém schon mit einem Messer eingedeckt. Es entspann sich ein kollegiales Gespräch über die Vorteile und Nachteile von Schuss- und Stichwaffen, ohne dass der Handel getätigt werden musste.

Das große Durcheinander findet aber statt, wenn das Schiff anlegt. Da mischen sich nicht nur die beiden Klassen, sondern, bevor noch jemand das Schiff verlassen kann, stürzen sich vom Quai über die schmale Ladebrücke oder vom Ufer über einen Brettersteg Händler und pubertäres Volk. Diese Jungen spazieren über die Decks, treppauf und treppab, lehnen sich an die Reling mit einer Lässigkeit, als würden sie auf dem Schiff bleiben, hocken sich an die Bar und kippen das Bier wie im Film. Die Ankunft des Schiffes ist für sie die große Abwechslung; sie üben sich im Fortgehen.

Nun ist es aber lange nicht so, dass jeder, der eine Drittklass-Fahrkarte hat, auch dritte Klasse fährt. Die erste Klasse ist so überfüllt, dass einer ohne Weiteres die ganze Reise in ihr machen kann, wenn er keine Kabine beansprucht. Ein Meister in derartigen Arrangements war ein *turco,* der nicht nur am zentralsten Tisch den zentralsten Platz einnahm, sondern mit einer Drittklass-Karte nach Santarém, wo viele Passagiere das Schiff verließen, für sich allein über eine Zweierkabine verfügte.

Er habe Israel drei Tage vor Kriegsausbruch verlassen, erzählte der Türke; er habe genug vom Krieg, er habe ihn mit Rommel mitgemacht und sei bei Monte Cassino dabei gewesen. Wie alle Lügner besaß er eine Leidenschaft für Beweise. Während er von seinen Kriegserlebnissen erzählte, knöpfte er das Hemd auf und zeigte eine Wunde, die tatsächlich nicht vom Blinddarm herrührte. Als er meine Nationalität hörte, lobte er Arosa, wo er regelmäßig seine Ferien verbringe, besonders die *fünf*tausend Meter hohen Berge in der Schweiz hätten es ihm angetan; zum Beweis zog er einen Schuh aus: er war Schweizer Fabrikat.

Er gab sich als Agronom aus, der den Boden im Amazonasgebiet studieren wolle. Wenn er auf seinem Stuhl saß und der Urwald vorbeiglitt, dann murmelte er: was man aus diesem Land alles machen könnte. Je näher wir Manaus kamen, umso unsicherer und widersprüchlicher wurden seine Auskünfte; als er vom Schiff ging, sah ich sein Gepäck: einen Pappkarton, fest verschnürt.

So abgesondert der Australier sich gab, so anbiedernd war der *turco*; er hatte gottlob Bekanntschaft mit dem »Forscher« geschlossen. Der sagte, er sei Amerikaner; er schreibe für wissenschaftliche Zeitschriften; er nehme an Expeditionen teil, doch war noch nicht ganz klar, an welchen. Er kenne den Amazonas wie seine Hosentasche; für ein Diamantenfeld brauche er acht Leute, vier zum Arbeiten und vier zum Schlafen. Er besaß ein Aufnahmegerät, um die Stimmen des Amazonasgebietes aufzunehmen. Doch waren wir gewöhnlich zu weit weg vom Ufer, als dass man etwas hören konnte, und dann spielte während der Reise mit wenigen Unterbrüchen immer das gleiche Tonband die gleichen Schlager. Als wir eines Abends so nahe an den Ufern vorbeifuhren, dass man vielleicht hätte die Affen klagen hören können, flogen aus dem Urwald so viele Käfer aufs Schiff, dass praktisch alle Lichter ausgemacht werden mussten; knöcheltief lagen die Käfer vor den Kabinen.

Dieser Forscher trug am rechten Handgelenk einen kleinen blauen Sack, in dem es piepste. Er besaß einen Seidenaffen, einen Sanguí; mit diesen Tieren hatten die Entdecker Brasiliens den portugiesischen Hof überrascht. Erst nach einiger Zeit war mir die Bedeutung dieses Seidenaffen klar, er ermöglichte Bekanntschaft, er erweckte in den Frauen – vor allem der dritten Klasse, wo der Forscher zu spazieren liebte – mütterliche Gefühle, die der Forscher dann als Liebhaber beantwortete. So sparte er in Manaus das Hotel, und als ich vier Wochen später in Porto Velho auf einem improvisierten Flugplatz auf die zweimotorige Maschine wartete, stand plötzlich der Forscher neben mir; er stellte mir die Frau vor, bei der er in den letzten Tagen gelebt hatte. Während er uns winkte, steckte er den Seidenaffen in seinen blauen Sack, wo das Tierchen neuen Bekanntschaften entgegenpiepste.

Solche Figuren gehören auf jedes Amazonas-Schiff. Wie der Mexikaner, der sagte, er fahre seit zwei Jahren auf den Amazonas-Schiffen, sie seien sehr billig; ich wich ihm aus, weil er von mir verlangte, ich solle schweizerische Volkslieder singen; er selber kannte eine Unmenge Lieder und spielte die Gitarre, wenn das Tonband im Lautsprecher für einen Moment still war. Und auch der Japaner gehörte dazu: Er war vor vierzig Jahren nach Brasilien gekommen, einer der ersten Japaner, er habe im Staate São Paulo auf Kaffeeplantagen gearbeitet, nun sei er krank; er wolle die japanischen Kolonien in Amazonien besuchen, weil er dort sicherlich irgendwo Arbeit finde. Wenn er von seiner Arbeit auf den Kaffeeplantagen erzählte, vollführte er die Bewegungen seiner Arbeit mit einer pantomimischen Präzision.

Sie alle sind Nachfolger jenes Spaniers, der vor vierhundert Jahren als Erster den Amazonas hinaufgefahren war, einmal mehr, um El Dorado zu suchen. Das berühmteste Gold von Amazonien war ja dann der Gummi geworden. Und die Ford Company hatte vor dem Zweiten Weltkrieg versucht, noch einmal Amazonien als Gummi-Paradies wirtschaftlich auszuwerten; einer der ersten Versuche von privater Entwicklungshilfe, jämmerlich gescheitert, ein unbekanntes Kapitel, über das geschwiegen wird und das man nur vergaß, weil der Zweite Weltkrieg andere Nachrichten lieferte.

Auf jedes Amazonas-Schiff gehören auch heute noch die Abenteurer, aber sie wurden zu einem Gutteil durch Touristen, Techniker und Lehrer ersetzt. Kurz bevor ich meine Reise angetreten hatte, war in *Quatro Rodas,* der brasilianischen Touristikzeitschrift, eine Reportage erschienen. So fuhr ein Bankier-Ehepaar aus Fortaleza mit, und da im Juli Schulferien waren, stellten Vor-Studentinnen und Vor-Studenten ihren Prozentsatz, darunter ein Gymnasiast, der meinte, das wirtschaftliche Elend Amazoniens rühre von Prinzessin Isabel her, jener Prinzessin, welche Ende des letzten Jahrhunderts die Sklaverei aufhob. Amüsanter als solche Theorien waren schon die Girls, welche Schifffahrtsgesellschaft erster Klasse spielten und sich für die Mahlzeiten regelmäßig umzogen; nicht immer ganz im Einklang mit dem kalten Reis, den schwarzen Bohnen und dem zähen Fleisch, das serviert wurde. Aber der Speisezettel war auch so noch ein Küchenwunder, denn die ganze Reise, acht Tage mit Kabine und Verpflegung, kostete nicht ganz 120 Franken.

Techniker und Lehrer stellten zwei Nationen: die USA und Frankreich. Ein Amerikaner, der an der Militärakademie in Rio Englisch unterrichtet, und ein Ehepaar, das in Bolivien während einem Jahr sprachliche Entwicklungshilfe geboten hatte; sie nahmen auf dem Heimweg in die Staaten noch das restliche Lateinamerika mit; Mitglieder des Peace-Corps, sahen sie so aus wie das, woran sie glaubten.

Das war die Gesellschaft auf dem Narrenschiff »Augusto Montenegro«, das von Belém Amazonas-aufwärts fuhr.

Nach anderthalb Tagen stellten wir fest: Wir waren noch gar nicht auf dem Amazonas. Wir waren bisher auf einem Nebenfluss und hatten die Insel Marajó umfahren. Aber wie soll sich das Auge auskennen: Es meint, eine Insel zu sehen. Und dann vernimmt man, dass dies »falsche Erde« (terra falsa) ist, nur zu sehen, weil der Wasserstand niedrig ist. Die Begriffe setzen aus; man kommt mit Bach, Fluss und Strom und mit Teich und See nicht durch. Eine Verbindung von Fluss und See heißt furo, eine Abzweigung des Flusses, die erst nach Kilometern wieder in das Hauptbett zurückfließt, nennt man paraná; Kanäle zwischen Inseln oder zwischen einer Insel und dem Ufer werden igaparé genannt. Auf diese Weise wird einige Ordnung in das Flusssystem gebracht, das wegen seiner Ausdehnung »Süßwasser-Meer« geheißen wurde. Es gehört zur täglichen Faszination, vom Offiziersdeck aus dem Einfall der Nacht beizuwohnen: Man schaut auf ein Wassernetz, das sich bis an die Horizonte erstreckt, und man ist neugierig, welchen Wasserweg das Schiff wählen wird.

Dieser Fluss ändert sich fortwährend: Man fährt auf einem See, der von drei, vier Strömen gespeist wird, und dann verengt sich dieser See zu einer schmalen Passage, dass man die Äste der Bäume fast in Griffnähe kriegt. Das Vagabundieren der Landschaft hängt mit dem Vagantentum des Wassers zusammen. Die Ufer sind auf steter Wanderung, so vagabundieren auch die Tiere, nichts scheint fixiert zu sein. Man versteht, dass der brasilianische Schriftsteller Euclides da Cunha Amazonien »das letzte Kapitel der Genesis« nannte.

Und mit dem Wasser ändert sich auch der Urwald; die Wand kann so dicht sein, dass kein Baum vom anderen unterschieden werden kann, und dann lichtet sich das kompakte Grün, und die einzelnen Bäume sind mit allen Konturen zu erkennen, der Wald öffnet sich auf Weideland und Wiese, und dann ist es kilometerlang wieder ertrunkener Urwald, mit Bäumen, die rot, violett und blau blühen, und wo das Grün noch einmal alle Farbspektren durchnimmt.

In dieser vagabundierenden Landschaft setzen die menschlichen Siedlungen ihre Akzente: wegen des wechselnden Wasserstandes Pfahlbauten, manchmal unmittelbar zwischen die Bäume und Büsche hineingestellt, gelegentlich eine Lichtung herausgehauen, gelegentlich sogar mit einem Stück Land und Ställen darauf. In einem aber bleibt sich das Bild gleich: Unter den Türen steht eine Frau und neben ihr kleine, nackte Kinder. Die größeren Kinder, sofern sie rechtzeitig unser Schiff erblickt haben, rudern uns entgegen; mit ihrem einzigen Ruder, dessen Ruderfläche fast rund ist, dirigieren sie die schmalen Boote, gewöhnlich einen Einbaum, auf stupende Weise. Sie suchen die Wellen, welche unser Schiff wirft, und lassen sich schaukeln, ein Kinderspiel, das zweimal im Monat stattfindet. Mit jedem

Hafen, wo wir anlegen, bietet sich Amazonien auf neue Weise an:

In Cocal nichts als Holz und Holz; ein englischer Dampfer wird beladen. Die Einheimischen rudern ihre Boote auf die flusswärts gelegene Seite des Schiffes und verhandeln; sie bieten Hüte, Taschen und Stühle an. Ganze Körbe voll Krabben halten sie feil; die Körbe sind aus dem Blatt der Pacoveira, einer großen Bananenart, geflochten; die Natur liefert das Verpackungsmaterial.

In Corcovado der erste Gummi; der Hafen geht direkt in die Gummifabrik über. Es ist morgens sechs Uhr, und die Arbeit beginnt. Zwei Arbeiter zerreißen mit Haken den Gummiballen, den der Gummisucher abliefert, und ein dritter hilft mit einem Haumesser nach. Der Gummi wird auf seine Qualität geprüft; zerkleinert, bevor er gewaschen wird. Komisch ist es, wenn ein solcher Ball von sechzig bis siebzig Kilo auf den Boden fällt, dann springt er wie ein Spielball. Die Indianer hatten den Gummi ja schon gekannt; ihre Kinder spielten damit.

In Óbidos ist der Amazonas am engsten; an dieser strategischen Stelle hatten die Portugiesen ihr Fort gebaut. Wir steigen zum Kastell hinauf. Man kann noch die Verliese sehen; zur portugiesischen Gefängnisspezialität gehörte es, die Zellen so tief unter Wasser zu setzen, dass der Gefangene sich nie hinsetzen oder hinlegen kann, weil er sonst ertrinken würde.

In Santarém konnte man von weitem schon die Jutefabriken sehen. Santarém ist die zweitgrößte Stadt des Amazonas-Staates Pará, und hier verließen auch viele Brasilianer das Schiff. Wie das Schiff auf den Hafen zusteuerte, warf sich am Ufer ein Rudel Halbwüchsiger ins Wasser; sie schwammen dem Schiff entgegen, kletterten an ihm hoch und benutzten es als Sprungturm.

Es waren Japaner, welche die Jutefabriken im Amazonasgebiet bauten und zum Rentieren brachten. Ich hatte in Manaus Gelegenheit, die japanische Kolonie zu besuchen. Sie war sogleich zu erkennen: Die Plantage war wie ein Garten gepflegt. Und auf dem Markt in Manaus war es ein Leichtes, den Stand eines Japaners von dem eines Brasilianers zu unterscheiden. Aber es heißt, diese Energie halte nur eine Generation hin; die zweite sei schon »kaboklisiert«, sei schon lethargisch und nicht mehr auf *efficiency* aus, das Klima habe seine Opfer geholt.

Damit sind wir beim eigentlichen Thema Amazoniens: Ist es möglich, in diesem Tropenklima eine Zivilisation zu verwirklichen, die denen in gemäßigteren Zonen gleichkommt? Die Antwort lautete lange Zeit: Nein. Über den Tropen lag als Vorurteil ein Verdikt. Das hat mit sich gebracht, dass es heute geradezu zu einer Ideologisierung des tropischen Menschen kam, indem man aus seiner angedichteten Minderwertigkeit plötzlich eine nicht minder angedichtete Superiorität machte. Wenn bisher viele Erfolge versackten und nicht das verwirklicht wurde, was man erhofft hatte, dann hängt das nicht zuletzt damit zusammen, dass man noch lange nicht mit den adäquaten Mitteln und Methoden an die Zivilisierung dieses Reisegebietes gegangen ist.

Formeln wie die der »Grünen Hölle« und des »teuflischen Klimas«, wie sie schreibende Abenteurer Amazonien ausgestellt haben, gehören der Vergangenheit an. Die heutigen Fragen lauten simpler, wirtschaftlicher und politischer: Wird Brasilien seine Vernachlässigung dieses Territoriums aufgeben? Warum wurden hier 1960 nur etwa 23 000 Tonnen Gummi produziert, während der Inlandbedarf über 60 000 Tonnen liegt? Ist das nicht eher eine Frage der Rationalisierung und der Administration als eine des Prinzips? Und wenn es mit den Bohrungen nicht recht weitergeht, stimmt es, dass die internationalen Erdölgesellschaften auf eine Internationalisierung von Amazonien drängen und den rein brasilianischen Bohrungen nicht besonders gewogen sind? So jedenfalls stellt der einstige Gouverneur von Amazonien, Arthur César Ferreira Reis, die Fragen. Er ist der eigentliche Wortführer der amazonischen Probleme geworden, nicht nur mit seinen eigenen Schriften, sondern auch mit den Einleitungen zu all den Publikationen, welche dieses Gebiet als ein modernes Problem nehmen, der Analyse den Vorzug gebend und nicht der Emotion, obwohl diese Emotion aus einem Kapitän amazonischer Handelsschiffe, wie Raimundo Morais, den Kleinmeister der amazonischen Literatur gemacht hat.

»Manaus, das ist die Gegenwelt«, hatte man mir in Zürich noch am Telefon gesagt, »das Amazonas-Theater, mitten im Urwald.« Das hatte meine Phantasie so angestachelt, dass ich schon die Lianen in den Logen wachsen sah. Aber wenn man sehen will, wie die Natur wieder Besitz von Bauten ergreift, dann kann man das im Gebiet der Missiones besser, das sich heute Paraguay, Brasilien und Argentinien teilen; dort wuchert der Wald über die Barock-Kirchen der Jesuiten hinweg. Hier aber findet man ein properes Theater auf einem respektablen Platz. Das Theater bereitet einem allerdings stilistisch Freude. Prächtiger und anspruchsvoller hätte man diese Oper kaum bauen können, die 1896 beendigt und 1929 umgebaut wurde; eine luxuriöse Imitation der Pariser Oper ohne Zweifel. Aber bei der Dekoration ging dem Architekten die regionale Kenntnis durch – der Theaterraum, die Bühne, die Prospekte, die Repräsentationsräume, alles das könnte auch woanders sein, aber nicht die Stuckatur in der Eingangshalle: da wurden Indianer zu Charyatiden, und Urwaldpflanzen schlingen sich um die Säulen; die Vegetation ist hier so stark, dass sie auch im Gips durchkommt.

Nun ist der Urwald da, man muss nur etwa dreißig oder fünfzig Kilometer fahren. Und dass der Urwald da ist, beweist nicht zuletzt die Kaserne, wo Soldaten für den Guerillakrieg im Urwald ausgebildet werden. Der diensttuende Offizier war allerdings fast allein in dem Gebäude; die Soldaten waren eben ausgeschickt worden, mit ein wenig Salz und Wasser und dem Befehl, vom Ort, wo sie ausgesetzt worden waren, wieder heimzufinden. In vierzig Tagen ist ein Guerillakämpfer für den Urwaldkrieg ausgebildet, und zwar so, dass er andere wieder ausbilden kann; man kann sich selber die Mathematik dieser Rekrutenschule ausrechnen. Der Offizier war in Panama ausgebildet worden, wo die Amerikaner den Lateinamerikanern die Anti-Guerilla-Taktik beibringen. Doch der junge Offizier spottete: Wenn man sich in Panama verirrt, findet man sogleich eine Coca-Cola-Reklame, und von der ist es nicht weit bis zur Küste, da sei der brasilianische Urwald schon etwas anderes. Auf meine Frage, was denn am gefährlichsten sei, antwortete er zu meiner Überraschung: nicht die Schlangen oder die Jaguare, nein, die Wildschweine. Die kommen in Rudeln daher, da kann man lange schießen, die man trifft, werden von den andern überrannt; da bleibt auch dem tapfersten Krieger nur eines übrig: auf den nächsten Baum flüchten; wo die Wildschweine durchgehen, ist alles niedergetrampelt.

So nah der Urwald auch ist, man muss sich unentwegt in Erinnerung rufen, dass es aus dieser Stadt nur zwei Straßen gibt, die hinausführen, und dass die eine bei Itacoatiara und die andere bei Manacapuru aufhört. Kommt man mit dem Schiff an, dann erhält man nicht den richtigen Eindruck von Manaus' Lage. Das wurde mir erst klar, als ich zwei Wochen später von Porto Velho nach Manaus zurückflog. Vom Flugzeug aus sieht man die beiden riesigen Ströme, den Amazonas, der von nun ab landeinwärts Solimões heißt, und den Rio Negro, an dem Manaus liegt, und all die Nebenflüsse und Seen, inmitten deren Manaus liegt. Erst aus der Vogelschau wird einem bewusst, wie sehr Manaus dem Wasser ausgeliefert ist.

Der Hafen ist denn auch angefüllt mit Schiffen aller Typen. Von Manaus aus werden die Nebenflüsse bedient, und je nach Größe des Nebenflusses richtet sich auch die Größe des Schiffes. Die Hafenanlage selber ruht auf schwimmenden Tanks, um sich dem ändernden Wasserstand ohne Schwierigkeiten anzupassen. Auch wir legten an einem schwimmenden Dock an. Um in die Stadt zu kommen, brauchten wir jeweils ein Ruderboot. Das war kein Problem, hingegen die Rückkehr. Da schraubten die Ruderer ihre Preise hinauf; aber glücklicherweise waren sie am Abend jeweils so betrunken, dass wir die Schiffe mitsamt dem Besitzer, ohne dass dieser aufgewacht wäre, ans Dock hinüberruderten und dort das Schiff anbanden, damit der Ruderer in seinem Suff nicht flussabwärts trieb.

Man hat Manaus mit Hongkong verglichen, weil es auf dem Wasser lebt. Aber nicht die Wohnschiffe sind typisch, sondern Häuser, die auf Flöße gebaut werden. Bis vor Jahren gab es ein »Schwimmendes Viertel«. Von ihm ist heute nur noch eine Spur zu sehen: Die Pflöcke, welche den Hauptsteg trugen, zeichnen sich im Wasser ab. Die Häuser sind abgebrochen worden. Manaus geht vom Wasser aufs Land. Natürlich gibt es an den *igarapés* noch immer Häuser, die nicht nur im Wasser auf Pfählen stehen, sondern auf dem Wasser schwimmen, aber nur noch dem Ufer nach und nicht die Wasserfläche bedeckend, und da es viele Ufer gibt, gibt es genügend Gelegenheit, in diesen »unstabilen Niederlassungen« zu wohnen und sie aufzusuchen. So kommt auch heute der nicht zu kurz, der das viel fotografierte Manaus sehen will, ein Amphibium, das leichter rudert, als sich zu Fuß fortbewegt. Aber vieles, was zum »unerlässlichen Bild« von Manaus und Amazonas gehörte, verschwindet. Es war bezeichnend: Als wir einfuhren, sahen wir zum ersten Mal zwei Schaufelraddampfer, zwei *gaiolas,* ohne die man sich den Amazonas praktisch nicht vorstellen könnte. Aber diese beiden *gaiolas* hatten schon längst ausgedient, sie lagen als schwimmende Hotels am Quai, da in Manaus ein Kongress stattfand und die Stadt nur über vier bewohnbare Hotels verfügt. Eine einzige *gaiola* sah ich noch im Betrieb, als wir den Rio Madeira hinauffuhren; sie hatte Ware geladen, und wo einst Passagiere sich aufhielten, schaute eine einsame Kuh über die Reling.

Aber es gibt ja nicht nur das Manaus, das man sieht, sondern auch das Manaus, dessen Geschichte man kennt, jenes Manaus, das mit dem Gummi berühmt wurde, ein Manaus, dessen Gummi-Barone ihre Wäsche nach London zum Waschen schickten, die als Erste in Lateinamerika in ihrer Stadt eine Straßenbahn bauten, die ihre Kleider und Karossen für die Eröffnung der Oper aus Paris kommen ließen, die dann aber gar nicht genügend Straßen hatten, um auch stilecht in den Karossen herumzufahren, weswegen sie einige Runden um die Oper drehten, bevor sie ausstiegen. Dieses spekulierende, unsinnige, verhältnislose Manaus starb nicht ganz aus, obwohl Manaus lernte, nicht nur vom Gummi, sondern auch vom Kakao und von Tierhäuten, von Gewürzen, Holz und Essenzen zu leben, und kommt man flussaufwärts, dann erblickt man als Erstes die Erdölraffinerie. Manaus abenteuerte noch einmal, als es das fabulöse Hotel Amazonas baute, eine der teuersten Bauten des Landes, für welches das Zement mit dem Flugzeug eingeflogen wurde; dass das Unternehmen krachte, wird nicht überraschen. Sosehr die viktorianischen Lampen und Brunnen noch das Gesicht der Plätze bestimmen, teure Geschmacklosigkeiten, aus London und Paris importiert – das heutige Manaus baut seine Wolkenkratzer, anonym wie überall. Noch abenteuert es in der Stadt, der Ruhm ist noch groß genug, um viele zwielichtige Figuren anzuziehen und am Leben zu erhalten; aber seit drei Jahren ist auch der Hauptplatz hell erleuchtet, die Elektrizität erobert Straße um Straße; das Abenteuer zog sich in die Winkel zurück, auch wenn es noch viele Winkel gibt.

Kommt man nach Manaus, fragt man einen: Und wo

gehen Sie nachher hin? Das war das Gesellschaftsspiel auf dem Schiff – und die Antworten verrieten Lügen und Pläne, Hoffnungen und Arrangements durch ein Reisebüro. Ich für meinen Teil hatte mit den drei französischen Ingenieuren beschlossen, auf dem Schiff zu bleiben und an die 1600 Kilometer von Belém nach Manaus noch einmal 1000 Kilometer von Manaus nach Porto Velho anzuhängen. Wir deckten uns für diese Fahrt mit Rum ein, da es auf dem Schiff – brasilianischer Snobismus – nur Whisky zu trinken gab. Dieser Rum ermöglichte uns mit Coca-Cola die Cuba Libre. Einer der Ingenieure hatte sich auch noch mit einer Schlange eingedeckt; der Kobra waren allerdings die Zähne ausgerissen worden. Diese Schlange wand sich um Tisch und Stuhl, wenn wir Canasta spielten. Zum Fressen hatte man ihr auch zwei Singvögel mitgegeben; aber die Schlange fraß die Vögel nicht, so dass in uns der Verdacht hochkam, sie wolle singen lernen.

Es war die letzte Fahrt der »Augusto Montenegro«; das Wasser stand schon so tief, dass es nicht einmal sicher war, ob wir bis zum nächsten Hochsommer im Dezember überhaupt bis Porto Velho hinaufkämen.

Der Rio Madeira ist für seine Sandbänke gefürchtet. Das Schiff wurde so beladen, dass hinten sich praktisch keine Ladung befand; stieß das Schiff auf eine Sandbank, konnte es leichter rückwärts manövrieren, und wir stießen pro Tag auf eine bis zwei Sandbänke, und zwischendurch ruhten wir stundenlang, weil ein Schiffsoffizier mit Matrosen auf einem Motorboot auskundschaftete, welcher Weg einzuschlagen war. Mit Spannung wurde jeweils die Botschaft des Lotsen entgegengenommen, und kreuzte man mit einem Boot, das flussabwärts fuhr, dann gingen die beiden Schiffe Bug an Bug, und es wurden die Wasserstandsmeldungen von Kommandodeck zu Kommandodeck durchgegeben. Wenn man bedenkt, dass das Schiff mit 2,4 Meter ins Wasser reichte und der Wasserstand zuweilen 2,6 Meter war, begreift man, was für Manöver angestellt werden mussten, um dank zwanzig Zentimeter Wasser noch durchzukommen.

Das Schiff legte auch kaum mehr an. Für Manicoré allerdings hatte es Ladung. Der Landesteg lag auf Höhe unseres Decks, so musste mit Brettern und viel nautischer Kunst eine Möglichkeit geschaffen werden, um die Säcke auszuladen. Es war Mitternacht. Der ganze Ort stand an dem vom Wasser freigegebenen Hang. Als wir an Land gingen, wurden wir herzlichst begrüßt; wir wurden als amerikanische Missionare empfangen. Das Schiff brachte Säcke voll Nahrungsmittel, »eine Gabe des amerikanischen Volkes«. Aber der Mann, der die Säcke in Empfang nehmen sollte, war völlig verstört. Es fehlte eine Reihe von Säcken; auf ihnen war deutlich aufgedruckt, dass jeder Handel damit verboten sei; aber es stand nicht darauf, dass sie nicht gestohlen werden dürften.

Aber die Orte wurden seltener und auch seltener die einsamen Behausungen, dafür waren die Indianer zu sehen, die auf ihren Einbäumen den Urwald entlangruderten. Wir hatten den Eindruck, wir führen ans Ende der Welt, und als ein mögliches Ende der Welt entpuppte sich auch Porto Velho; mit 60 000 Einwohnern eine Hauptstadt, allerdings nicht eines Staates, sondern eines Territoriums, was bedeutet, dass der Gouverneur nicht gewählt wird, sondern in

Brasília ernannt. Vor dreißig Jahren war dieses Porto Velho noch eine reine Wildweststadt gewesen. Inzwischen war es zu einem Hotel gekommen, das alle Gegenstände, die der schlechte Geschmack je hervorgebracht hat, harmonisch vereinte. Inzwischen wurde auch eine Straße nach Zentral-Brasilien gebaut. Das bedeutete, dass die Preise aufs Normale fielen. Aber als wir am Abend durch die Stadt schlenderten, wurde uns klargemacht, es sei besser, wir trügen die Ausweispapiere auf uns. Als wir Mineralwasser verlangten, hieß es, es sei ausgegangen, das Schiff sei noch nicht ausgeladen. Ich hatte in der Stadt zwei typisch brasilianische Erlebnisse:

Es war unmöglich, bei der Staatsbank Dollar als Checks und als Noten zu wechseln; dafür gab mir der Angestellte der Staatsbank den Namen eines Privatmannes, der Dollar kaufte.

Und dann wollte ich zwei Buchpakete aufgeben. Als ich ins Postgebäude trat, fragte mich die junge Frau, wie schwer die Pakete seien. Ich wusste es nicht, aber ich schlug ihr vor, die Pakete zu wägen. Sie sagte, sie habe keine Waage, so gingen wir zusammen in den Spezereiladen nebenan. Nachdem wir wussten, dass das eine Paket vier und das andere fünf Kilo wog, begaben wir uns ins Postgebäude zurück. Die Frau kramte in einer Schublade und fragte mich dann, ob ich die Pakete nicht lieber per Luftpost aufgeben möchte. Nein, sagte ich. Da gestand die Angestellte: Sie finde die Tabelle für die Tarife nicht. Da ich schon einige Buchpakete in Brasilien aufgegeben hatte, kannte ich mehr oder weniger die Posttarife. Ich schlug für das eine Paket 2000 Cruzeiros und für das andere 3000 vor. Die Frau beriet sich mit dem

Vorsteher, der rief die anderen zu einem kurzen Rat zusammen, und sie suchten im Postgebäude ähnlich schwere Pakete. Ich zeigte Quittungen, aber auf ihnen war nur der Preis und nicht das Gewicht angegeben. Da einigten wir uns auf 2100 und 3100 Cruzeiros und gingen einen *cafézinho* trinken.

Aber jedes Ende der Welt hat auch noch sein Ende. In Porto Velho beginnt nämlich eine Eisenbahn, die nach Ostbolivien führt. Die Geschichte dieser Eisenbahn ist ein phantastisches Kapitel. Sie wurde Ende des letzten Jahrhunderts gebaut, weil Brasilien Bolivien Terrain abnahm und sich dafür verpflichtete, Bolivien einen Zugang zum Atlantik zu schaffen. So wurde die Eisenbahn gebaut, welche nach Porto Velho führt, wo die Ware aufs Schiff verladen wird. Dieses Porto Velho, das dreitausend Kilometer vom Atlantik entfernt liegt, ist der »atlantische Hafen Boliviens«. Und der Bau, so geht die Legende, hat pro Meter ein Menschenleben gekostet; auch wenn die Zahl nicht stimmt, hier haben Malaria und andere Krankheiten die Arbeiter fliegenweise getötet. Diese Eisenbahn führt direkt durch den Urwald, und wir wollten ein Stück weit mit ihr gegen die bolivianische Grenze zu fahren.

Als wir uns nach dem Fahrplan erkundigten, vernahmen wir, dass erst in einer Woche ein Zug fährt, was keinem von uns in den Zeitplan passte. Während wir noch enttäuscht dastanden, fragte uns der Bahnwärter, ob wir nicht einen Zug mieten wollten. Wir trauten unseren Ohren nicht: einen Zug mieten? Ja, das sei möglich, und er führte uns zur Halle, wo das stand, was man sich nicht besser erträumen konnte: Dampflokomotiven, aus den Jahren 1880 und 1890, mit richtigen Glocken zum Läuten. Wer je mit einer Eisenbahn gespielt hat, weiß, was das bedeutet, eine Lokomotive mieten. Es gelte, einen Pauschalpreis zu bezahlen, und wir könnten zu acht darauf: eine Dampflokomotive und ein Wägelchen hinten dran.

Wir mussten uns allerdings dafür an den Kommandanten der Genietruppe wenden, die hier Dienst hat. Das Militär hatte die Verwaltung der Eisenbahn übernommen. Der Grund wurde uns bald klargemacht: Die Eisenbahn rentiert schon längst nicht mehr. Sie soll ersetzt werden (wir mussten uns also beeilen). Es wurde dreißig Kilometer parallel zur Bahn eine Straße gebaut, um die vertraglichen Verpflichtungen gegenüber Bolivien einzuhalten; aber wenn diese Straße fertig erstellt ist, verschwindet die Eisenbahn, welche den Fluss Madeira mit Ostbolivien verbindet. Die Straße aber wird zum großen Teil durch die Soldaten gebaut.

So hatten wir zunächst einmal die Möglichkeit, mit einem Militärjeep bis zu jener Stelle zu fahren, wo die Bulldozer den Weg durch den Urwald bahnen. Einen Kilometer pro Tag machen diese Maschinen, reißen die Bäume aus, schieben sie mit ihren Wurzeln beiseite, so dass Mauern aus Erde und Baumstämmen zu beiden Seiten stehen. Fünfzig Kilometer sind die Maschinen schon in den Urwald vorgestoßen, dreißig Kilometer zurück wird die Straße planiert, und wenn das Geld bewilligt wird, soll mit der Asphaltierung begonnen werden. Wir hockten mit den Offizieren in einem Militärcamp. Es sind Berufsleute, die Uniform tragen. Mit ihnen hat die brasilianische Armee ihren besten Sinn und Zweck, sie vollbringt Arbeiten, die sonst nicht getan würden. Unter einem Zelt, in drückender Hitze, auf einer Hängematte schaukelnd, berichteten sie von ihrer Arbeit – Malaria? Oh, lachte der Offizier, ich habe sie bereits dreimal gehabt! Moskitos? Er sagte nicht einfach ja, sondern beschrieb gleich die drei Arten: Die einen stechen, die andern reißen die Haut auf, und die dritten rufen Schwellungen hervor.

Aber wir wollten ja eine Dampflokomotive. Die, welche in der Halle standen, waren in Reparatur, die andern waren alle im Einsatz. Wir berieten uns in der Hütte eines Wilddiebes, der uns Schildkröte kochte. Die Eingeweide, zerhackt, mit Reis als Vorspeise, und dann: dann hatte ich meine anatomischen Kenntnisse zu verbessern. Ich hatte immer gemeint, der Panzer der Schildkröte sei das Außenskelett, was schön blöd ist. Die Schildkröte hat innen ein richtiges Skelett, so dass es durchaus in Ordnung war, dass der Wilddieb ein Ragout auftrug. Er schenkte uns am Ende sogar den Schildkrötenpanzer, und als ich wissen wollte, was ich damit anfangen sollte, meinte er: Es gäbe daraus einen schönen Lampenschirm.

Wir kamen zu unserer Dampflokomotive. Wir müssten allerdings das eine Stück Weg mit einem Dienstzug zurücklegen. Morgens vier Uhr ging es los, zusammengepfercht mit den Arbeitern in einem hölzernen Waggon, dessen Boden leicht nachgab. Aber bei der vierten Station stiegen wir aus. Von da aus hatten wir eine Dampflokomotive für uns, und ein Wägelchen hinten dran. Die Lokomotive wurde mit Holz geheizt. Wo wir anhielten, trugen kleine Indianer und Mestizen Holzbündel an das Geleise, wir verluden den Brennstoff, durften sogar an der Glocke ziehen, und es ging weiter. Zum ersten Mal bereute ich es, nicht zu fotografieren. Nicht wegen der Bildchen. Aber ich hätte gerne wie die andern dem Lokomotivführer auf die Schulter geklopft, er solle anhalten. Und er tat es jeweils, wir hatten ja den Zug gemietet, obwohl er uns am Ende nicht einmal einen Cruzeiro kostete.

So fuhren wir im Ende der Welt herum, zurück bis Porto Velho. Dort lag immer noch unser Schiff am Ufer, es wartete auf einen Zug, der Waren aus Bolivien brachte. Wir aber nahmen das Flugzeug und legten in vier Stunden den Weg zurück, für den das Schiff fünf Tage gebraucht hatte.

Ein Katholik der Dritten Welt
Begegnung mit Dom Hélder Câmara
(1967)

Dom Hélder Câmara ist die profilierteste Figur des brasilianischen Katholizismus. Da Brasilien mit seinen über achtzig Millionen die größte katholische Nation darstellt, geht die Bedeutung dieses Mannes über sein Land hinaus, zumal er sich zu einem der leidenschaftlichsten Wortführer der Dritten Welt macht.

Als Erzbischof von Olinda und Recife steht Dom Hélder Câmara mit seiner revolutionären Haltung nicht allein da. Es gibt im brasilianischen Nordosten eine Reihe von kirchlichen Würdenträgern, die es mit der sozialen Mission ihrer Kirche ernst meinen; die Landreform ist eines der permanenten Themen an den Bischofskonferenzen dieser Region.

So sind im Staate Pernambuco ein Padre Antônio Melo Costa und ein Padre Paulo Crespo an die Syndikalisierung der Landarbeiter gegangen, unterstützt von den katholischen Jugendorganisationen wie der »Juventude Universitária Católica«.

Im Staate Rio Grande do Norte führt Monsenhor Emerson Negreiros einen eindeutigen Kampf gegen die Latifundien, wobei er auf den Bischof von Natal, Dom Eugénio Salas, zählen kann. Der Bischof von Teresina, Dom Avelar Brandão, setzte sich für die Landarbeiter des Staates Piauí ein und der Bischof von Aracaju, Dom José Távora, für diejenigen des Staates Sergipe; vom Bischof von Penedo, Dom José Terceiro, heißt es, er vergesse ob seiner sozialen Aktivitäten das Beten.

Unter all ihnen nimmt Dom Hélder Câmara vielleicht nicht die radikalste, aber die einflussreichste Stellung ein. Als ich bei meinem ersten Brasilienbesuch vor zwei Jahren den Namen von Dom Hélder Câmara aussprach, wich man in Rio und São Paulo aus; selbst unfromme Bankkonten-Träger bekreuzigten sich, als hätten sie den Namen des leibhaftigen Kommunisten gehört. Das hat sich geändert.

Es heißt jetzt immerhin schon von Dom Hélder Câmara, er sei »intelligent«, was anderseits in Brasilien nicht viel heißen will. Hier ist das hohe Lob, *vivo* zu sein. Lebendig und vif ist eben jener, der sich in allen Lagen zurechtfindet; schließlich ist das Wort »Experte« im brasilianischen Sprachgebrauch für jenen reserviert, der sich in sämtlichen Schlichen, Kniffen und Umwegen auskennt.

Wenn sich die Lage für einen Dom Hélder Câmara geändert hat, dann nicht zuletzt, weil inzwischen die Enzyklika *Populorum Progressio* erschienen ist. Da gilt es allerdings festzuhalten, dass diese katholischen Würdenträger alle ihre revolutionäre Haltung einnahmen, ehe die Enzyklika herausgegeben wurde. Die Enzyklika war für sie nur die Bestätigung dessen, was sie bisher machten.

Jedenfalls konnte ich am Tag, an dem ich Dom Hélder Câmara aufsuchte, in der Zeitung die Rede lesen, die er einige Tage zuvor in Brasília vor Abgeordneten gehalten hatte. Er hatte in dieser Rede ein Kulturabkommen mit den USA angegriffen, und er hatte sich dabei auf einen brasilianischen Nationalismus stützen können, der ihm Argumente lieferte.

Aber dass Dom Hélder Câmara vor Abgeordneten in der Hauptstadt sprechen konnte, das stellte eine Sensation dar, die man erstaunlicherweise nicht einmal so sehr als solche nahm. Natürlich wurde von Rechtskreisen gegeifert; aber man konnte Dom Hélder Câmara nicht einfach nur als *esquerdista festiva* abtun – als »Feiertags-Linken« oder, wie wir sagen würden, als »Salon-Kommunisten«.

Dom Hélder Câmara ist zu einer wichtigen brasilianischen Figur geworden, nachdem er im Nordosten schon längst eine der populärsten war. Die Art, wie mein Besuch bei ihm arrangiert wurde, spricht für das unkomplizierte Wesen dieses Kirchenfürsten. Ich saß mit Studenten, Schauspielern und Journalisten im Café, das zum »Teatro de Cultura Popular« gehört. Beiläufig erwähnte ich, dass ich am andern Morgen auf dem erzbischöflichen Sekretariat vorsprechen wolle. Da erhob sich eine Frau und sagte, sie wolle dem Erzbischof gleich telefonieren; es war abends halb elf.

Das Gespräch ging weiter über den israelisch-arabischen Konflikt und Transportmöglichkeiten auf dem Amazonas. Dann kam die Frau mit Bedauern zurück: Der Erzbischof sei leider nicht zu Hause, er schaue sich ein Gastspiel des *Oedipus* an. Man klärte mich auf, dass die Frau die Verbindung des Erzbischofs zum Theater bewache und in einer der nächsten Inszenierungen mitspielen werde. Aber morgen früh hätte ich im Hotel die Zusage.

Das erzbischöfliche Palais liegt zwischen herrlichen Residenzen, selber ist es ein bescheidener Bau, auch wenn ein Pfeil des Touringclub darauf weist. Da der Besuch auf zwei Uhr vereinbart war und ich etwas vorher dort war, fand ich alle Türen verschlossen. Endlich öffnete ein Mädchen. Es ließ mich in einen Wartsaal, wo billige Plastiksofas standen, an der Wand ein Riesenbild vom Eucharistischen Kongress in Recife 1939. Im anschließenden Konferenzsaal fanden sich alte Kolonialmöbel. Alles deutete auf ein Minimum von Aufwand hin.

»Zürich, das kenne ich – ein wenig«, sagte Dom Hélder Câmara. Er hatte an der Genfer Konferenz *Pacem in Terris* teilgenommen und danach in Zürich Station gemacht; er trug mir Grüße an gemeinsame Bekannte auf.

Der Mann, der sogleich lebhaft sprach und stets gestikulierte (was ihm den Übernamen »elektrische Fliege« eingebracht hatte), trug eine schwarze Soutane. Nichts verriet seinen Rang. In nichts unterschied er sich von einem gewöhnlichen Priester. Er war es ja auch gewesen, der in Rom am Konzil gesagt hatte, die Prälaten sollten angesichts des Elends die silbernen Schnallen von den Schuhen nehmen.

Es heißt, sein Einfluss auf Papst Paul VI. sei groß; er hatte ihn kennengelernt, als dieser noch Erzbischof von Mailand gewesen war. Und es heißt auch, dass Dom Hélder Câmara eine der treibenden Kräfte des Konzils gewesen sei. Nach seinem Verhältnis zu Rom gefragt, wehrt er aber sogleich ab; die Heftigkeit seiner Reaktion verriet, dass hier viel zu erzählen wäre, aber er ist Diener der Kirche und Organisation genug, um zu sagen, es gehe nicht um Personen, sondern um das Team. Ehe ich meine Frage anders formulieren konnte, hatte er schon selber das Thema gewählt.

»Einfluss? Was heißt Einfluss? Die Kirche hat präsent zu sein. Sie muss Dienste leisten.« Dabei verwendete er den

Ausdruck »Theologie der Entwicklung«: Er meine damit nicht nur Entwicklung im sozialen und wirtschaftlichen Bereich. Aber die Unterscheidung von »religiös« und »sozial« sei überholt wie jene von geistig und materiell, das eine durchdringe das andere. »Die früheren Missionare haben nach Rom berichtet, wie viele Seelen sie gewannen. Es gilt heute gleicherweise zu berichten, wie viele Körper man gewonnen hat.«

Da schrecken seine Hände zurück, und sie fahren in der Luft seinen Armen und seinem Körper entlang: »Die Armut hinterlässt schreckliche Spuren. Sie erniedrigt den Menschen, sie macht ihn apathisch. Aus dieser Gleichgültigkeit gilt es den Menschen zu befreien. Wir müssen ihm neues Selbstvertrauen geben. Das können wir aber nur, wenn wir die christliche Botschaft neu entdecken, wenn wir schauen, wie die Bibel uns in dieser Hinsicht weiterhilft. Entwickeln heißt nicht nur diese Massen humanisieren, sondern bedeutet auch, jene, die bereits alle Voraussetzungen materieller Art besitzen, zu humanisieren. Das Schlimmste, was die Armut mit sich bringt, ist der Fatalismus, und hier wurden den Armen Lügen gepredigt: Die Arbeitslosigkeit – sie ist nicht vom Himmel, die Dürre, die ist nicht vom Himmel. Die Arbeitslosigkeit, die Dürre, der Hunger, die sind von uns. Wir müssen selber zugreifen. Es geht auch nicht an, darauf zu warten, bis der Staat etwas unternimmt. Es ist an uns, jetzt und sogleich zu beginnen.«

Solche Worte geben eine vorzügliche Predigt, aber wie können sie jene erreichen, für die sie gemeint sind und die nicht in die Kirche kommen, weil sie von ihr nichts erwarten? Ein Gespräch über Gewerkschaften der Landarbeiter ist im Augenblick aussichtslos. Es hat keinen Sinn, dem Prälaten Antworten herauszulocken, die er im Augenblick nicht geben kann; denn jede Syndikalisierung ist im Moment noch ausgeschlossen, nicht einmal die rechtlichen Voraussetzungen dazu gibt es. Dom Hélder Câmara antwortet auf andere Weise. Er erwähnt die »Operação Esperança«: »Dieses ›Unternehmen Hoffnung‹ hat bei den letzten Überschwemmungen ...« Ich sah in Recife die Brücken, welche bei diesen Überschwemmungen eingestürzt waren, und ich sah auch bei meiner Fahrt nach Olinda die Pfahlbauhütten der Elendsviertel unter Wasser stehen. »Nach den letzten Überschwemmungen erhielt das ›Unternehmen Hoffnung‹ Material von der Regierung, um neue Häuser, neue Häuschen, neue Hütten aufzubauen. Wir taten es mit diesen Ärmsten: Für 15 000 Hütten war Material da, wir konnten die Hälfte errichten. Die Lethargie wird nur schrittweise überwunden. Man muss die Masse im buchstäblichen Sinne aus dem Dreck holen. Man muss ihnen beibringen, den Unrat, die Abfälle nicht nur vor die Türe zu werfen. Es gibt noch keinen Kollektivsinn, aber ohne ihn ist anderseits nichts zu machen.«

Da werden wir unterbrochen. Zwei junge Männer sind eingetreten, beide im offenen Hemd, kaum voneinander zu unterscheiden; der eine ist Priester, der andere Fotograf. Dom Hélder Câmara wehrt ab, er will nicht fotografiert werden – das sei künstlich; er liebe die Pose nicht, das entspreche ihm in keiner Weise. Es gibt eine Szene, wo christliche Demut und Publizität den Dialog führen; die Lösung findet draußen statt. Wie ich allein im Raum bin, sehe ich mich um: An der Wand hängt ein Bild des Letzten Abendmahles, auf den Kommoden stehen populäre Keramiken; der Raum ist nach allen Seiten offen – auf die Veranda, auf das Zimmer der Sekretärin, auf den Empfangsraum, wo in Vitrinen Gläser und Karaffen stehen.

Als Dom Hélder Câmara zurückkommt, knüpft er an das Gesagte an, als wären wir nicht unterbrochen worden. Ich sage ihm, dass ich in den Buchhandlungen nach seinen Büchern gefragt habe, aber in der katholischen Buchhandlung würden sie nur fromme Heiligenbiographien und Traktätchen verkaufen. »Ein Buch?«, lächelt er, »ich habe zu viel Respekt vor dem Buch, als dass ich eines schreiben würde.« Aber die gesammelten Schriften? »Ja, Vorträge halten, Artikel schreiben – etwas in einer Zeitschrift veröffentlichen, das liegt mir schon eher.« Er erzählt von den audiovisuellen Versuchen, in den Elendsvierteln selber allmählich die Leute für ein Gespräch vorzubereiten, und damit ist er bei einem seiner Lieblingswörter angelangt, das zwar nicht ihm allein, aber einer ganzen Tendenz gehört: dem Wort Dialog.

Plötzlich spricht er nicht mehr von der »Theologie der Entwicklung«, sondern vom »Krieg der Entwicklung«: »Lateinamerika muss sich befreien. Alle Hilfe, die man diesem Kontinent gewährt, ist eine Illusion. Man zwingt uns, unsere Rohstoffe zu abgemachten Preisen zu verkaufen, und dann kommt man und gibt uns Hilfe. Nicht die andern helfen uns, sondern wir helfen andern. Ich rede nicht für einen brasilianischen und lateinamerikanischen Nationalismus, sondern für eine Welt der gleichberechtigten Partner. Damit dies möglich ist, muss der Dialog auf drei Seiten stattfinden.«

Nun führt Dom Hélder Câmara aus, was er auch sonst an Vorträgen und in Artikeln sagt und womit er nicht nur sein Land erschreckt. Er ist für einen Dialog zwischen der christlichen und der sozialistischen Welt; damit dies möglich ist, müssen manche Mythen bekämpft werden: der Mythos, dass der Anti-Kommunismus der Kreuzzug unseres Jahrhunderts sei, die Unehrlichkeit, nur deswegen Russland Verständnis entgegenzubringen, weil es mit dem Aufstieg Chinas aus dem Feind Nummer 1 der Feind Nummer 2 geworden sei, und der Mythos, dass die USA zu großen Vorkämpfern und alleinigen Verteidigern der Freiheit emporgestiegen seien.

Auch der »liberale Kapitalismus« habe seine materialistischen Wurzeln, und es gelte auch im anderen Lager jene anzuerkennen, die sich gegen das Dogma des Marxismus wehrten. Es gebe einen Sozialismus, der auch für den Christen tief verpflichtend sei, und er fügt bei: »Wir können nicht damit weiterfahren, in unserem Kontinent Kuba wie eine exkommunizierte Schwester zu behandeln.«

Zu diesem Dialog zwischen der christlichen und der sozialistischen Welt gehört auch jener zwischen den entwickelten und den unterentwickelten Ländern. »Zwischen Extremen gibt es keinen Dialog«, und auf die Dauer sei es auch für die USA nur von Vorteil, ein kaufkräftiges und tauschfähiges Lateinamerika zu haben. Statt des Wettlaufs um Waffen sollte ein Wettlauf um Entwicklung stattfinden.

»Ein Traum? Ich weiß nicht – ein Traum, wie ich ihn auch für den Dialog zwischen den Religionen sehe – zwischen den christlichen, jüdischen, buddhistischen, islamitischen Religionen. Etwas, das zu verwirklichen ist, und wir sind auf dem Weg dazu. Da wiederholt sich auf religiösem Gebiet nur das, was sich auf politischem und ideologischem ebenfalls wiederholt: die Voraussetzungen schaffen für jene ›universelle Solidarität‹, von der Paul VI. gesprochen hat. Es geht nicht mehr an, jenen als subversiv und kommunistisch abzutun, der nur Gerechtigkeit und Frieden will und der sich weigert, die Welt auf die billige Alternative von Kommunismus und Kapitalismus zu reduzieren.«

Die Religion der Umbanda
(1970)

Wer durch die volkstümlichen Straßen von Rio de Janeiro geht, stößt unvermittelt auf einen Laden, der religiöse Gegenstände verkauft. Allerdings wird er nicht nur Kreuze und Heiligenstatuen finden, sondern auch Indianerköpfe oder die mannshohe Figur eines Schwarzen, der Pfeife raucht.

Oder wer je durch die Straßen von Salvador da Bahia ging, wird trotz aller Abgase zwei Gerüche nicht vergessen. Den süßen Geruch des Kokosöls von der Dendêpalme, mit dem die Bahianerinnen auf der Straße kochen, und den Geruch von einem Weihrauchgemisch; er steigt aus kleinen Schalen von Straßenständen und lockt die Käufer brennbarer Essenzen.

Oder wer im gedeckten Zentralmarkt von Recife flaniert, gerät in eine ganze Ladenstraße, die nichts als Kultobjekte feilbietet. Auch hier Indianer neben Heiligen, Nippfrauen neben Kreuzen, Kräutergeschäfte mit Grünzeug, getrocknete Blätter und Blüten für die Küche, die Hausmedizin und die Hauszauberei. Seifen, die entsprechend dem Tierkreiszeichen zusammengesetzt sind. Badeöle, die auf eine Gottheit wie Oxalá oder Oxóssi lauten. Pülverchen, in kleinen Portionen abgefüllt, die den bösen Blick abhalten, vor Neid bewahren, Manneskraft verleihen, einen anziehend machen oder, wie es auf einem Säckchen steht, »alles besiegen«.

Das sind Momente, bei denen man in Brasilien auf die Präsenz von Afrika stößt, nicht nur der Hautfarbe nach, sondern was das Weiterleben afrikanischer Riten und Vorstellungen anbelangt.

In welchem Maße dieses Afrika lebendig ist, darüber gibt der Brasilianer selber die widersprüchlichste Auskunft und besitzt auch die unterschiedlichste Kenntnis. Man kann von Ausländern, die jahrelang in Brasilien leben, den präzisesten Unsinn vernehmen. Man ist im Grunde geniert und möchte das Ganze als Aberglauben abtun, dem weiter keine Bedeutung zukommt.

Aber es gibt in Rio de Janeiro allein an die 22 000 Versammlungsorte, wo afro-brasilianische Kulte gefeiert werden; mit dieser Zahl sind nur die eingetragenen *terreiros,* wie die Kultstätten heißen, aufgeführt; darüber hinaus gibt es eine sehr schwer zu schätzende Dunkelziffer nicht eingetragener Versammlungsorte.

Für die afrikanische Präsenz in Brasilien verwendet man gewöhnlich das Wort *macumba.* Es ist ein Ausdruck für ein altes afrikanisches Instrument und wird ziemlich vage auf alles übertragen, was mit dem afrikanischen Erbe zusammenhängt.

Nun ist es allerdings nicht leicht, sich einige Klarheit zu verschaffen, auch wenn man die Fachliteratur konsultiert oder mit kompetenten Vertretern spricht. Zwar sagen sie alle, dass sie zur Religion der Umbanda gehören, aber sobald man sich genauer informieren möchte, stellt sich eine Verwirrung ein, der nicht ohne weiteres beizukommen ist.

Die Sache kompliziert sich dadurch, dass das afrikanische Erbe nicht ein geschlossenes ist. Denn die Sklaven, die nach Brasilien kamen, waren keine homogene Masse. Sie kamen aus den verschiedensten Regionen Afrikas, aus Angola, Mosambik, Dahomey, dem Sudan, der Goldküste, und entsprechend ihrer Herkunft und Stammeszugehörigkeit brachten sie die verschiedensten religiösen Vorstellungen mit. So unterscheidet man heute bei den afro-brasilianischen Kulten mindestens drei wichtige Hauptgruppen: Angola, Nagô und Jeje.

Und von diesen afrikanischen Erbschaften hat sich keine rein erhalten können. Denn die Sklaven, die eingeführt wurden, mussten innert nützlicher Seelenfrist getauft werden. Das geschah gewöhnlich ohne allzu große katechetische Anstrengung. Diese Taufereien erinnern daran, wie noch heute die Flugzeuge nach dem Landen mit DDT abgespritzt werden. Es ging um so etwas wie einen katholischen Einfuhrstempel.

Dabei kam die katholische Kirche mit ihrer Heiligenverehrung dem polytheistischen Denken der Schwarzen entgegen. Sie kombinierten ihre alten afrikanischen Götter mit den neuen katholischen Heiligen. Der Gott des Eisens und des Krieges konnte ohne weiteres in dem Ritter St. Georg wiedererkannt werden. Bei diesem Synkretismus gab es allerdings recht merkwürdige Kombinationen. Exu, an sich ein neutraler Gott im afrikanischen Himmel, wurde in fast allen Riten zum Teufel und Satan, doch konnte er sich auch als heiliger Bartholomäus etablieren.

Neben afrikanischem und katholischem Element findet sich aber noch ein drittes: das indianische. Nicht als Gottheit oder Heiliger, sondern als Erinnerung an die Ureinwohner Brasiliens. Dieses indianische Moment trifft man vor allem in den Riten des brasilianischen Nordens und Nordostens.

So wird neben den Gottheiten und Heiligen in der Umbanda eine Figur der Schwarzen und der Indianer verehrt: der *preto velho*, der »Schwarze Alte«, was so viel wie ein alter, weiser Schwarzer heißt, und der *caboclo*, was eigentlich Indianer-Mischling bedeutet, aber hier für den Indianer schlechthin steht.

Hieraus wird ersichtlich, dass die Umbanda bewusst auf religiöser Ebene etwas vollziehen möchte, was auf rassischer stattgefunden hat. Eine Vermischung und eine Demokratisierung religiöser Vorstellungen.

Dazu kam als – vorläufig – letzte Ausweitung der Spiritismus mit seinen Philosophemen. Der afrikanische Geisterglaube fand aber eine wissenschaftliche Sprache, die er bisher nicht besessen und auch nicht gesucht hatte. In gewisser Hinsicht kann man sagen, dass damit eine Intellektualisierung begann und ein Trend zu systematisieren.

Afrikanisches Erbe, katholischer Glaube, indianische Reminiszenz und spiritistischer Habitus stecken das Feld ab, innerhalb dessen nun sämtliche Varianten und Übergänge möglich sind. Dabei können die einzelnen Kulte recht einfach und ebenso raffiniert sein. Sie können, wie es im Amazonas geschieht, in nichts anderem beruhen als in einer Reunion, bei der man zusammensitzt und Cachaça trinkt, bis einer von der Seele eines toten Tieres befallen wird. Oder sie können so ausgesucht, traditionsreich und anspruchsvoll sein wie ein Candomblé.

Die wichtigste und am stärksten afrikaverbundene Kultart ist der Candomblé, wie er in Bahia praktiziert wird. Es ist eine sehr ausschließliche Form, die nicht auf Kompromisse oder noch mehr Vermischung aus ist. Es ist auch bezeichnend, dass der Candomblé nicht fotografiert werden kann. Das würde wie die Preisgabe eines Geheimnisses verstanden. Assistieren allerdings kann man, wenn auch nicht bei allen und noch lange nicht bei jeder Zeremonie. Aber man kann zur Polizei gehen, wo alle Candomblés angemeldet werden müssen, und mit einer der Adressen kann man Glück haben.

Das ändert sich in Rio. Hier ist es möglich, in einem Programm »Rio by Night« unter den Orten, die man aufsucht, auch eine *macumba* zu finden. Etwa in der *tenda* des Pai Jerônimo. Der Kult, nach dem dort getanzt und geopfert wird, nennt sich Omoclo. Und hier zeigt es sich, dass diese religiösen Kulte nicht mehr unbedingt die Grenzen zwischen Glauben und Folklore einhalten, obwohl sie sich wehren, als Folklore verstanden zu werden. Sie wollen eine Religion sein, und sie möchten unter dem Oberbegriff der »Umbanda« als vollwertige Religion anerkannt werden. Sosehr aber von den Umbanda-Priestern und -Schriftstellern diese Forderung aufgestellt wird, so sehr weigern sie sich anderseits, ihre verschiedenen Kulte auf einen gemeinsamen und definierbaren Nenner zu bringen.

Einer der führenden Umbanda-Schriftsteller Brasiliens ist José Ribeiro. Sein Zentrum liegt außerhalb von Rio de Janeiro und heißt »Iansã Egunitá«. Vor 18 Jahren ist der gebürtige Bahianer nach Rio gekommen. Er hat seither über zehn Bücher veröffentlicht, alle zum Thema des Candomblés und der Umbanda, darunter einen afrikanischen Dictionnaire für Umbanda. Er ist Spezialist der sudanesischen Sprache. Unter den Publikationen finden sich Werke über den »Herren der Friedhöfe: Omolú« und eine Zusammenstellung der Speisen und Opfergaben für die *orixás,* wie die Gottheiten der Umbanda heißen. Denn jede Gottheit hat ihre Lieblingsspeise und will den Stockfisch und das Huhn nicht zubereitet haben wie die andere, wie auch die einzelnen Gottheiten ihre Lieblingsgetränke haben. Denn zur Umbanda gehört nicht nur der Tanz, die Trommel, die Trance, die Ekstase, sondern auch die Küche. Und die Frau, die kocht, wurde eigens in ihr Amt eingeführt. Genau wie der Mann, der die Tiere tötet, ein Opferer ist, seinen Rang und seinen Titel hat.

Kaum sind wir bei ihm, kommt ein junger Abgeordneter aus Brasília; er war eben auf Hochzeitsreise in Europa. Als die Frau erfährt, dass wir von der Zeitung sind, bittet sie uns, ja nicht den Namen ihres Mannes zu nennen. Nachdem sich die beiden verabschiedet haben, trifft ein Kandidat für die nächsten Parlamentswahlen ein in Begleitung seiner Frau und eines Jus-Studenten. Man sitzt zusammen. Ein junger Sänger spielt zur Gitarre, er hat eben seine erste Schallplatte veröffentlicht. Bei der Gelegenheit wird erwähnt, dass eines der größten Sängeridole der brasilianischen Jugend als Junge in diesem Zentrum verkehrt hat. Unter den Zuhörern auch ein Boxer und ein Samba-Textdichter. Und zwischendurch schaut ein Polizist herein, nicht zur Kontrolle, sondern als ein Gläubiger.

Hinter dem Wohnhaus liegt der Fetischgarten, wo jedem afrikanischen Gott ein Baum gepflanzt wurde, zu dessen

Füßen die Fetische liegen. Und dahinter das Versammlungslokal. Der Himmel wie üblich ausstaffiert mit unendlich vielen bunten Fetzen von Seidenpapier. Der Boden mit Lorbeerblättern bestreut. Neben dem Altar die Trommeln. Die Frauen richten sich her. Sie werden die Kleider tragen, wie sie die Sklavinnen trugen. In den Schälchen wird das Gewürz gemischt, das der Hohepriester dann in die Luft blasen wird. Und die dicke Zigarre liegt bereit. Nicht nur zum Genießen, sondern um mit ihrem Rauch die bösen Geister zu vertreiben. Auf ein paar Tellern bereits die Opfergaben.

Weiter vorn aber, entfernt von der Versammlungsbaracke und dem Fetischgarten, ein kleines Häuschen. Als die Tür kurz aufgemacht wird, sehen wir, dass darin eine mannshohe Figur des Teufels steht, an der Wand ein schwarzroter Umhang, auf dem Boden Teller mit Nahrung und daneben gehäufelte Knochen, darunter Schädel von Ziegenböcken.

»Hier darf nicht fotografiert werden«, sagt José Ribeiro, und dann fügt er bei: »Im nächsten Jahr haben wir in Brasilien Volkszählung. Da werden sich die meisten als Katholiken eintragen. Aber dreißig Prozent stehen mit der Umbanda in irgendwelcher Verbindung.«

Die Seca – eine Katastrophe mit Tradition
(1970)

Im Zirkus gibt es nicht nur den artistischen Auftritt, das rachitische Mädchen, das am Trapez wirbelt, und den Mann, der sich auf dem gespannten Seil auszieht. Es gibt auch Theater. Eine Reihe von Einaktern, ohne dass der Souffleur müde wird. Und darunter ein besonderes Stück:

Ein reicher Mann will einen anderen reichen Mann umbringen. Er dingt dafür einen armen Mann, der mit Frau und Kind auftritt: »Ich bin so kräftig wie Ihr, gebt mir Arbeit.« Zwar bringt der reiche Mann mit Krawatte den andern reichen Mann mit Krawatte vor aller Augen um, doch die Polizei findet auf dem Armen einen Revolver, glaubt ihm nicht und führt ihn ab. Wenn die Frau und das Kind zum Schluss um Gnade bitten, stößt sie der Reiche mit dem Fuß: »Es gibt auf dieser Erde keine Gerechtigkeit.«

Applaus. Es ist ein Rührstück, ein komisches. Der Kellner ist schwerhörig, und wäre er nicht schwerhörig, würde er stottern oder hinken. Wenn schon keine Gerechtigkeit, dann wenigstens etwas zum Lachen. Der Applaus ist groß, nachdem der Vorhang niedergegangen ist.

Aber über dem, was dargestellt wird, geht kein Vorhang nieder. Darüber, dass es für den Armen kaum Gerechtigkeit gibt, ging auch nie ein Vorhang auf. Denn es ist kein Theater, sondern Wirklichkeit, und sie findet für diesmal im Nordosten Brasiliens statt. Wir befinden uns in Iguatu, einem kleinen Städtchen im Innern des Staates Ceará. Normalerweise treibt dieses Städtchen Handel mit der landwirtschaftlichen Produktion der Umgebung. Aber da ist im Augenblick wenig zu holen. Der Mais auf den Feldern verdorrt, die Baumwolle blüht kläglich. Es gäbe zwar eine Baumwollfabrik. Die Stadt ist Sitz eines Bischofs. Ein paar Straßenzüge mit komfortablen Häusern, zwei Kinos, ein Hotel, wo man abzusteigen wagt. Die asphaltierten Straßen hören bald auf. Wenn zweimal in der Woche Züge im Bahnhof ankommen, zieht das Zuschauer an. Es ist ein übliches brasilianisches Städtchen mit seinem Rotary Club und der Bordellstraße. Die Attraktion des Augenblicks ist der Zirkus.

Der Name Iguatu dürfte auch dem Durchschnittsbrasilianer kaum bekannt sein. Und wenn er davon hörte, dann zufällig aus der Zeitung, aus den kleinen Notizen. Dort war zum Beispiel zu lesen, dass der Klerus von Iguatu ein Schreiben an die Regierung richtete. Er macht darauf aufmerksam, dass es in der Nähe der Stadt Lager mit Lebensmitteln gibt, mit denen könnte der hungernden Bevölkerung geholfen werden.

Denn wir befinden uns mitten im Katastrophengebiet der Seca: Es regiert die Dürre. Im Städtchen selber merkt man nicht viel. Auf dem Markt fehlen Gemüse und Früchte. Die Preise steigen. Aber sonst ist es ruhig. Iguatu hatte Glück. Es braucht für den Augenblick nicht zu befürchten, dass die Landarbeiter in die Stadt eindringen, ihre Frauen und Kinder mitnehmen, durch die Straßen ziehen, drohend und jammernd, um Nahrung bettelnd und Arbeit fordernd.

Man nennt das eine *invasão*. Und wenn eine solche »Invasion« kommt, muss man die Geschäfte und Häuser schützen. Hungernde können überborden. Dann stellen sich die Männer vor der Präfektur an, hocken auf der Kirchentreppe, bilden vor den Läden eine Mauer und zeigen mit der Faust auf die Familie, die sie mitgebracht haben.

Iguatu hat die Invasion hinter sich. Nicht wie Senador Pompeu zum Beispiel, das weiter im Norden liegt: Dort sind schon wieder zweitausend hungernde Landarbeiter eingedrungen.

Iguatu hatte Glück, weil in seiner Nähe eine *frente do trabalho* errichtet wurde, eine Arbeitsfront. Wir fahren die achtzehn Kilometer hin. Auf einer Erdstraße, die vom Chauffeur Kunststücke verlangt. Der Weg geht an Feldern vorbei, auf denen abwechselnd in Reihen Mais und Baumwolle gepflanzt wurde; Mais wird kaum geerntet, und die Baumwolle nur spärlich.

Bevor wir an die eigentlichen Arbeitsstellen der *frente do trabalho* kommen, sehen wir die ersten Lager; sie ziehen sich in unterschiedlichsten Abständen kilometerweise der Straße entlang, an der gearbeitet wird.

Als Unterkunft kann ein Baum dienen, an den eine Hängematte angebracht wird. Die Hängematte ersetzt in dieser Region das Bett. Das ist praktisch für solche Notfälle, wenn es gilt, die Familie zu verlassen und bei einem Notstandsprogramm Straßenbau zu treiben.

Die meisten haben sich ein Laubdach über ein paar Stöcken errichtet. Das schützt gegen die Sonne; sie ist am Tag heiß, dafür kann es in der Nacht kühl und kalt werden. Unter einem Laubdach sind bis zu zwanzig Hängematten aufgehängt. Als Küche dienen Erdlöcher von Topfgröße.

Vor jeder Unterkunft steht eine kleine Laubhütte für eine Blechtonne, die ein Tankwagen regelmäßig mit Wasser füllt.

Ja, die Seca, sie sei dieses Jahr besonders übel gewesen. Da habe es zunächst geregnet, so dass man meinte, es würde wachsen: Aber dann hatte es aufgehört, dann sei die Seca gekommen, und alles sei verdorrt; da kam nochmals Regen, und sie hatten noch einmal angepflanzt, aber dann sei die Seca richtig gekommen. Die Bohnen seien schon lange hin, nun auch der Mais. Die Seca von 1958 sei auch schlimm gewesen. Ob wir jene gesehen hätten, die alles verkaufen und lastwagenweise nach dem Süden fahren? Die kämen wieder zurück. Am Ende kämen sie alle wieder, was erwartete sie schon anderswo …

Die Männer verdienen zwei Cruzeiros am Tag, das sind zwei Franken. Eine Flasche Bier würde anderthalb Cruzeiros kosten, und die Eier sind in den letzten beiden Monaten um hundert Prozent gestiegen. Fünf Tage arbeiten sie. Dann gibt es den Wochenlohn. Dann kehren sie zu ihrer Familie zurück. Manche per Lastwagen, manche zu Fuß. Einige haben Frau und Kinder an die Arbeitsfront mitgenommen.

Es sind Landarbeiter, welche die Seca arbeitslos machte. Ihr normales Leben verliefe sonst so, dass sie drei Franken am Tag verdienen. Das zahlt ihnen der Besitzer des Bodens. Dazu haben sie das Recht, auf einem kleinen Stück Land für sich selber zu pflanzen. Und nun verdienen sie zwei Franken am Tag und können nichts anpflanzen. Es sind Privilegierte, sie fanden einen Platz an einer Arbeitsfront.

An die viertausend Mann sind an dieser Front beschäftigt, es können bis zu sechstausend angestellt werden. Der

Bau der Straße wird fortlaufend projektiert. Die Improvisation ist mit dabei. Es ist ja ein Notstandsprogramm. Wenn der Regen einsetzt, der wirkliche, der Regen, der andauert, dann gehen die Arbeiter aufs Land zurück, dann bleibt die Arbeit hier liegen. Das bringt Zweifel mit sich an der Effektivität der Arbeit. Die beiden Ingenieure können auch keine genaue Auskunft geben. Aber der Regen wird ja auch kaum vor Oktober oder November kommen.

Und so wird zunächst einmal an dieser Straße gebaut, praktisch ohne Maschinen. Man hat Hände genug, das Leidige ist nur, dass jeweils zwei Hände mehr als einen Magen haben.

Allerdings sind diese Magen nicht verwöhnt. Bohnen und Reis, das ist bereits ein gutes Essen. Das Übliche ist Maniok-Mehl, in das man *rapadura* mischt; Rapadura ist Lompenzucker: Man kauft ihn in unappetitlichen dunklen Blöcken. Das Gemisch von Rapadura und Maniok ist nicht besonders gesund, nicht besonders bekömmlich, aber es hat eine vorzügliche Eigenschaft, es vermittelt ein Gefühl von Völle.

Am Abend sind wir wieder in Iguatu. Das Zirkusauto fährt durch die Straßen, und der Lautsprecher auf dem Dach verkündet das Programm: »Die drei Ave Maria meines Lebens – das katholischste Stück, das es gibt.« Aber an diesem Abend ist nicht nur der Zirkus Attraktion, sondern auch im Spielhaus ist Betrieb. Zwar sind diese Spiele verboten. Doch das Spielhaus liegt am Hauptplatz. Von außen hört es sich an, als träfe sich eine Sekte. Denn der Mann am Glücksrad singt die Gewinnzahlen in der Litanei-Monotonie. Jeder Spieler hat vor sich einen Karton, auf dem Felder gezeichnet sind mit verschiedenen Zahlen; man spielt auf eine Zahlenkombination hin. Als Spielsteine dienen Maiskörner – von jener Frucht, die auf den Feldern verdorrt.

Nicht nur Iguatu, auch die andern Städte und die ganze Region sind berühmt für die Spielleidenschaft. So lethargisch der Menschenschlag sein mag, so ergeben er im Grunde die Seca hinnimmt, er kennt eine Rebellion, und die heißt Glücksspiel.

Aber nicht nur mit dem Glücksspiel soll das Schicksal verändert werden, sondern auch mit dem Wunder.

Wir hatten unsere Fahrt durch den Staat Ceará im Süden begonnen. In Juazeiro do Norte. Dort wurde vor einem halben Jahr auf einem Hügel eine Monumentalstatue errichtet von Padre Cícero. Zu Füßen des Kolossalgebildes sind die Maße zu lesen, die Nase allein ist einen halben Meter groß. Die Fahrt auf den Hügel ist ein Gang auf einen Kalvarienberg, aber die Stationen der Passion machen nicht tote Kapellen, sondern lebende Bettler aus.

Vor gut dreißig Jahren ist Padre Cícero gestorben, dem Vatikan äußerst verdächtig und vom Volk verehrt. Es sah in ihm einen Wundertäter, einen, der die Sorgen der Leute aus Ceará dem Himmel so präsentierte, dass er zuweilen begriff. Er war von einer zwielichtigen Frömmigkeit, er betete mit gefalteten Händen und nicht mit der Faust.

Sein Sterbehaus wurde zu einem Museum und Wallfahrtsort. In einigen Räumen ist die zivile Abteilung untergebracht: Versteinerungen, das Prachtexemplar einer Kobra, indianisches Kunsthandwerk. Den Rest aber und den Hauptteil macht das religiöse Museum aus. Denn das Sterbehaus von Padre Cícero ist ein respektabler Bau.

Man kann in den Vitrinen die Geschenke sehen, welche die Gläubigen brachten. Die Attraktion ist das Sterbebett; auf dem Totenkissen das Porträt von Padre Cícero. Hier wird um das Wunder gebetet. In einer Ecke die Resultate. Ein Haufen Krücken, Exvotos in Form von Briefen und Fotos. Verglichen mit der Misere draußen eine bescheidene Ernte. Wir sollten später eine ähnlich klägliche Ernte sehen. Bei einem Bauern in der Lehmhütte; dort lag in einer Ecke das Ergebnis seiner Arbeit: kümmerliche Maiskolben, die zum Wachsen angesetzt hatten, aber nicht wuchsen.

Man wird auf jedem Markt die Statuen von Padre Cícero finden. Die Leute rechnen mit dem Himmel. Dabei war dieser Himmel in diesem Jahr sehr grausam. Man hat vom Hügel, auf dem die Kolossalstatue von Padre Cícero steht, einen weiten Blick in die verdorrten Felder hinein. Im Augenblick ist der Himmel sogar schwer verhangen; aber es hat den Anschein, als ob die Wolken nur das schlechte Gewissen der Sonne verdecken; regnen tun diese Wolken nicht.

Sosehr auch noch immer mit dem Himmel gerechnet wird, ein Teil des Klerus beginnt mit dem Jammertal dieser Welt zu rechnen. Aber man muss dabei vorsichtig sein. Als ein Padre auf der Kanzel sagte, ein gewöhnlicher Tagelöhner könne unter Umständen mehr beitragen als ein Militär, kam er für ein Jahr ins Gefängnis.

Wir lernen Padre Geraldo in Iguatu kennen. Er kam in die Stadt, um Medikamente zu holen. Er lädt uns in seine Gemeinde ein. Achtzig Kilometer in einer Richtung, in die kein Omnibus fährt.

Wir glauben, die schlechteste Straße kennenzulernen.

Wir haben noch nicht die Erfahrung gemacht, dass der Chauffeur plötzlich die männlichen Fahrgäste auffordert, den Wagen zu verlassen, weil sonst der Omnibus die Bergstraße nicht nimmt, so dass man einige Kilometer bergaufwärts hinter dem Omnibus hertrottet.

Die Fahrt zu Padre Geraldo bestätigt eine Überraschung. Als wir von Recife aus in den Nordosten einflogen, waren wir über das Flugbild erstaunt. Wir sahen immer wieder Seen, auch dort, wo wir eindeutig bereits über das Polygon der Trockengebiete flogen. Und nun auf der Fahrt zu Padre Geraldo wiederum diese Seen, die *açudes* heißen.

Wasser wäre da. Es müssten Brunnen gebohrt und Stauseen angelegt werden. Bei einem Straßenbau können sich unfreiwillige Stauseen bilden, da das Trassee wie eine Staumauer wirkt. Aber mit den Stauseen ist es nicht getan. Das Wasser muss auf die Felder hinaus. Was fehlt, sind die Irrigationssysteme. So ist es möglich, dass hinter einem riesigen Stausee gleich die verdorrten Felder beginnen.

Wir machen bei Padre João Halt fürs Mittagessen. Da begrüßt uns Padre Hans, ein Deutscher. Er lebt bald fünfzehn Jahre hier. Was sich in dieser Zeit verändert habe? Die Straße, wie schlecht auch immer, sie stellt eine Verbindung dar. Aber sonst, man müsse hier weit unten beginnen. Wenn die Leute doch ihre Pferde und Maultiere nicht nur zum Lastentragen und Reiten benutzen würden. Sie seien nicht dazu zu bringen, die Tiere vor den Pflug zu binden. Vor Jahren habe die Regierung einen Traktor zur Verfügung gestellt. Kein Mensch wisse, wo der hingekommen sei. Jedenfalls führen sie den Pflug immer noch zu Fuß. Anderseits wisse er, auch wenn rationalisiert werde, der Boden werde nie alle ernähren können. Das sei das Problem, sie hängen an ihrem Boden.

Bevor wir dann später mit Padre Geraldo in sein Dorf einfahren, machen wir noch einmal Halt, bei einem Schützling des Padre. Der Alte ist ein Mörder, auf dem Heimweg von einem Fest hat er seinen Nachbarn erstochen, in Notwehr, wie er ausführt. Er saß zwei Jahre im Gefängnis von Iguatu, ohne dass etwas geschah. Bei einer Kontrolle entdeckten sie ihn dann und schickten ihn ins Gefängnis seiner Gemeinde. Dort holte ihn der Padre heraus. Der Richter willigte ein; der wohnt gleich neben dem Padre und kommt regelmäßig zu ihm, um sich zu rasieren. Zunächst musste der Alte im Haus des Padre bleiben, bis dieser erwirkte, dass der Alte zu seiner Familie zurückkehren konnte. Dort wartet er nun auf seinen Prozess. Der wird nie stattfinden. Welcher Anwalt oder Richter sollte sich schon an die Gerechtigkeit machen bei der Armut dieses Alten. Und der andere war ja auch arm gewesen. So ist es möglich, dass ein ganz Armer und ein ganz Reicher in die gleiche Lage kommen können: Es gibt keinen Prozess.

Der Alte bittet uns in sein Haus. Es ist die übliche Lehmhütte des Nordostens. Aus Stöcken wird ein Gerüst errichtet, die Zwischenräume werden mit angefeuchteter Erde ausgefüllt und glattgestrichen. Über das Dachgerüst werden Palmblätter gelegt. Sollte es den Bewohnern einmal besser gehen, dann werden sie die Erdfarbe übertünchen, die Palmblätter mit Ziegelsteinen ersetzen, und sollte es ganz gut gehen, dann werden sie eine Mauer aus Backsteinen bauen. In jeder dieser Erdhütten gibt es eine Stelle an der Wand, die sorgfältiger gestrichen wird, wo ein Stück buntes Papier oder Tuch angeheftet wird: Es ist die Stelle, wo die Heiligenbildchen hinkommen.

Kaum sind wir mit Padre Geraldo in seinem Pfarrhaus angekommen, jammert seine Haushälterin voll Mitteilsamkeit: José sei gestorben, und dabei sei er doch schon blind gewesen. Sie hätten ihn eben begraben. Auf die Frage, ob er als Padre nicht beim Begräbnis dabei sein müsse ... »Wozu? Die Kirche sind alle.« Und er lacht. »Achtzehntausend Leute habe ich in der Gemeinde, dazu gehören einzelne Dörfer, wo man erst nach Stunden hinkommt und nur zu Pferd.« Und dann fragt er uns, ob wir wüssten, wie hier einer begraben wird?

Die Angehörigen tragen den Toten in der Hängematte in die Kirche. Dort legen sie ihn in einen richtigen Holzsarg, und in diesem Holzsarg bringen sie ihn auf den Friedhof. Dort wird er wieder aus dem Sarg genommen und in einem Tuch im Grab versenkt. Der Sarg kommt zurück in die Kirche für den nächsten Toten. Nur zwanzig Prozent in seiner Gemeinde kämen mit einem richtigen Holzsarg in den Friedhofboden.

Während er noch erzählt, kommt ein Mädchen; aufgeregt bittet es den Padre, er möge das Auto ausleihen. Sein Bruder sei schwer krank, sie möchten einen *rezador* holen – das ist eine Mischung von Gesundbeter und Kurpfuscher. Der Padre spricht auf das Mädchen ein: Er werde nachkommen und nachschauen, er werde eine Tablette oder eine Pille bringen. Aber das Mädchen insistiert: Ihre Schwester sei schon ganz verstört, sie habe die Möbel zusammengehauen, man müsse dem Bruder helfen, das könne nur der Rezador. Die Tablette nehme sie gleich mit.

Dabei ist Padre Geraldo stolz auf seine Apotheke, die er betreut. Er erhält jeden Monat von der Regierung ein Paket Medikamente. Dazu Medikamente von einer kirchlichen Hilfsstelle. Einen Arzt gibt es im Dorfe und in der ganzen Gemeinde nicht. Der nächste Arzt ist in Iguatu. Das hindert Padre Geraldo nicht, an den Ausbau eines Krankenhauses zu gehen. Als Niederländer spottet er über den deutschen Padre Hans. Der habe auch ein Krankenhaus. Ein fertiges Haus, aber nichts drin. Nächstes Jahr sollten deutsche Schwestern kommen, um wenigstens notdürftig Personal auszubilden. Da seien sie in Saboeira weiter. Zwar sei der Bürgermeister gegen den Ausbau des Krankenhauses. Aber er habe wenigstens eingewilligt, dass jeweils am Freitag in Iguatu ein Arzt und ein Zahnarzt abgeholt werden, die arbeiten dann am Samstag und gehen am gleichen Tag wieder nach Iguatu zurück.

Man kann beim Heilen nicht zimperlich sein. Flicken ist teuer, ob das ein Gliedmaß oder einen Zahn betrifft; es wird amputiert oder gezogen.

Als wir uns zum Essen hinsetzen, lässt sich ein Bursche mehrmals bitten; aber als er zusitzt, da schöpft er für drei. Er war ausgehungert, als ihn Padre Geraldo auflas. Nun kommt der Körper des Burschen nicht mehr draus; er setzt völlig willkürlich Muskeln an, Fettpolster neben Spindeldürre. Der Körper hat plötzlich zwei Probleme: das natürliche, dass dieser Bursche in der Pubertät ist, und das unnatürliche, dass dieser Bursche Nahrung aufnimmt.

Nach dem Essen zeigt uns Padre Geraldo sein Dorf. Saboeira hat eine Kolonialkirche, die eben weiß getüncht wurde, davor ein Platz, wo am Abend flaniert wird, zwei

gepflasterte Straßenzüge, der Rest sind die üblichen Lehm-
hütten.

In diesen Vierteln nennt er uns nicht nur die Namen der
Familien, er nennt auch die Krankheiten, die sich hinter den
einzelnen Türen verstecken: Da ist eine Frau, die verliert die
Haut, dort droht einer blind zu werden, dazwischen eine
Hütte, wo zwei Idiotinnen am Boden hocken, und während
er auf dem Platz steht, tummeln sich Kinder um ihn, und
aus den engen Hütten schauen noch mehr Kindergesichter.
Er holt ein Mädchen her und fährt ihm durchs Haar: lauter
Narben, es ist epileptisch, und Padre Geraldo ist stolz, dass
er eine Pille fand, die hilft.

Padre Geraldo zeigt aber auch etwas anderes. Der Fluss,
an dem Saboeira liegt, windet sich außerhalb des Ortes für
zwei Kilometer durch eine Schlucht, es ist ein Stück Landschaft von bizarrem Gebilde, pfannenartige Löcher im
Vulkangestein; wenn es regnet, stürzt hier ein Wasserfall
über den andern. Jetzt führt der Fluss nur wenig Wasser.
Man muss in die Schlucht hinunter, um baden zu können.
Und dort in der Schlucht steht eine Tafel »Perigo vidro« –
»Achtung Glas«. Aber die Tafel warnt nicht davor, dass sich
einer nicht Scherben in die Füße tritt – das Geheimnis ist
ein anderes. Unter einem Felsen im Wasser hat sich Padre
Geraldo eine Flasche mit Schnaps versteckt. Wenn er sich in
seine Bucht zurückzieht, liebt er es, einen zu heben.

Lachend gesteht er: Ohne diese Klause hätte er es schon
längst nicht mehr ausgehalten. Im Augenblick grassiert die
Grippe im Dorf, da sterben viele. Die unterernährten Körper wehren sich, aber sie haben keine Kraft. Es ist sonst
schon nicht so … und nun die Seca.

144

Wir sind dieser Seca nachgereist, indem wir durch den Staat Ceará fuhren. Ceará zeichnet sich dadurch aus, dass er der einzige brasilianische Staat des Nordostens ist, der gänzlich in der halbariden Trockenzone liegt. Und insofern ist er auch von der Seca am meisten betroffen. Aber es ist nicht der einzige Staat, der hier leidet, auch wenn er mit mindestens sechzigprozentigem Verlust der diesjährigen Produktion die Spitze hält. Die Orte hießen Crato und Juazeiro do Norte, Senador Pompeu und Iguatu oder Crateús, sie hätten anders heißen können und in einem anderen Staate liegen. Es wären nicht bekannte Orte gewesen, Städtchen und Dörfer. Es hätten andere Arbeitsfronten sein können als die, die wir in Quixelô und Crateús besuchten. Wir hätten die Armee nicht nur antreffen müssen, wie sie Maniok-Mehl und Reis und Zucker verteilt, sondern auch, wie sie die Geschäfte schützt und die hungernden Landarbeiter aus den Städten vertreibt. Aber überall hätten wir die gleiche Notlage angetroffen.

Die Notlage ist hier schon das Normale. Wären wir weiter nach Westen gezogen, dann hätten wir jene Landarbeiter angetroffen, die ständig unterwegs sind. Sie erhalten vom Grundbesitzer ein Stück Urwald, sie verpflichten sich, dieses Stück urbar zu machen. Dann pflanzen sie darauf Reis und Gras. Die Reisernte wird mit dem Besitzer des Bodens geteilt. Das Gras bleibt: Das Reisfeld wird eine Futterwiese für das Vieh des Grundbesitzers. Der Landarbeiter kann weiterziehen oder sich um ein neues Stück Urwald kümmern, es urbar machen und dann von neuem verlassen.

Mit der Seca kommt sogar die Notlage in Not, aber diese Seca ist eine Katastrophe besonderer Art.

Sie tritt nicht plötzlich auf wie ein Erdbeben. Sie nimmt sich Zeit, sie lässt noch etwas regnen und etwas pflanzen, sie lässt die Leute an den Vorrat gehen und kommt erst nachher.

Sie schwillt nicht an wie eine Überschwemmung. Sie nimmt sich alle Freiheiten. Vielleicht holt sie nur die Bohnen und den Mais. In diesem Jahr hat sie auch die Baumwolle geholt. Sie konnte ans Futter für das Vieh. Und selbst, wenn sie verschwindet, weiß man nicht, ob sie nicht nächstes Jahr zurückkommt.

Sie ist auch nicht so spektakulär wie ein Vulkanausbruch oder eine Sturmflut. Ohne Zweifel sind die Risse im Boden eindrücklich. Die horizontweit verdorrten Felder sehen wirkungsvoll aus. Aber es ist ein Bild, das sich so oft wiederholt, dass es monoton wirkt.

Sicherlich hat die Seca ihre sensationellen Nachrichten: dass einige buchstäblich Hungers sterben. Dass sich Familien tödlich vergiften, weil sie sich an veraastes Fleisch machten. Dass ganze Dörfer in die Wälder gehen und die Blätter von den Bäumen essen.

Aber im Grunde ist der Auftritt der Seca nicht sensationell, sie kommt schleichend daher, herrscht über mehr, als man meint, sie füllt die Friedhöfe langsam und erst hinterher.

Sie ist eine Katastrophe besonderer Art, sie hat Geschichte und Tradition.

Als sie 1877 kam, da bewirkte sie den großen Auszug. Die Cearensen wanderten nordwärts, sie begannen das Amazonasgebiet zu besiedeln, hinauf bis Acre. Als 1881 der erste Stausee gebaut wurde, meinte der damalige Kaiser, er werde den letzten Brillanten seiner Krone geben, damit es nie mehr zur Seca käme. Es kam 1900 wieder zur Seca. Damals wurde ein Inspektorat für die Werke gegen die Seca gegründet, eine Organisation, die heute »Nationales Departement für die Werke gegen die Seca« (DNOCS) heißt. Und die Seca von 1915 gab Anlass zu einem Roman der Schriftstellerin Raquel de Queiroz. Denn das muss man der Seca lassen: Sie vergaß nie die Dichter und verhalf Brasilien zu einer guten Literatur.

So stellte sie sich auch in den beiden letzten Jahren mit einer Treue ein, die nicht überraschen konnte. Nach der Seca von 1950 wurde die »Banco do Nordeste« gegründet, die Bank für den Nordosten; es schien überhaupt, man meine es ernst: Es wurde ein breiter Plan ausgearbeitet. Aber dann regnete es während sechs Jahren, und als die Seca 1958 kam, konnte sie ungeniert regieren. Und einmal mehr wurde etwas gegen die Seca und im Namen des Nordostens unternommen.

Aber jetzt, zehn Jahre nachdem die »Superintendanz für wirtschaftliche Entwicklung des Nordostens« tätig war und die Seca wieder einmal vorbeikam, stellt man fest, dass im Grunde nichts geschehen ist. Diese Superintendanz, die SUDENE, war daran gegangen, zu industrialisieren. Es gibt heute den Industriepark von Salvador da Bahia und Recife. Aber für das Land wurde nichts getan. Man nimmt zur Kenntnis, dass zwar bis 1968 an die zweihundertfünfzig Stauseen errichtet worden sind, aber Irrigationssysteme wurden keine gebaut, weshalb die Stauseen nutzlos sind.

Es gibt zwar Leute, die die Seca ganz gut kennen. Zum Beispiel Celso Furtado, ein Nationalökonom, ein Experte für Wirtschaftsfragen unterentwickelter Länder. Er gehörte einst zu den führenden Köpfen der SUDENE. Oder Josué de Castro, Ernährungswissenschaftler und Humangeograph, er hat im Nordosten das Material für sein Buch *Geographie des Hungers* gesammelt. Als die Seca dieses Jahr vorbeikam, fand sie keinen von beiden mehr im Land. Beide waren ins Exil gegangen, denn die Militärregierung plant eine andere Demokratie.

Die Verantwortlichen der SUDENE behaupten, man könne nicht alles auf einmal machen. Gleichzeitig die Landwirtschaft reformieren und industrialisieren. Das trifft zu. Aber im Nordosten leben fünfzig Prozent von der Landwirtschaft. Für diese wurde nichts Entscheidendes getan. Es sind gerade die Ärmsten, die einmal mehr vernachlässigt wurden. Und wenn man meint, dass die Industrialisierung in den Städten des Nordostens mehr Gerechtigkeit gebracht habe, dann ist das ein Irrtum. Vor kurzem wurde ein Bericht veröffentlicht, daraus geht hervor, dass in diesen Städten das Einkommen der untersten Klasse während der letzten zehn Jahre gesunken ist, das Einkommen der obersten Klassen hingegen gestiegen. Und dieser Bericht stammt nicht von einem subversiven Unternehmen, sondern von der »Banco do Nordeste«.

Die Seca konnte also einmal mehr kommen. Es muss für sie spannend sein zu verfolgen, wie die jeweilige Regierung auf sie reagiert.

In diesem Jahr war der Staatspräsident im Notstandsgebiet, und er sprach in aller Öffentlichkeit vom Notstand. Es wurden auch Maßnahmen getroffen. Das Wasser wurde chlorifiziert, um Epidemien zu vermeiden. Es gab Massenimpfungen, vor allem gegen den Typhus. Und dann wurden die Arbeitsfronten errichtet. Diese Arbeitsfronten sind ein Notbehelf. Damit wurde die ärgste Explosion vermieden. Sie bringen keine Lösung, sondern sie hindern einfach das Verhungern. Und dabei gibt es nicht einmal genügend solche Verhinderungsstellen.

Es wurde allerdings ein gewaltiges Projekt ausgearbeitet: der Bau der Transamazônica, einer Straße, die sich vom Atlantik bis zum Oberlauf des Amazonas erstrecken soll. Ein erstaunliches Unternehmen. Dadurch würde der Nordosten auf neue Weise erschlossen. Die Landwirtschaft käme zu einer neuen Infrastruktur, und der Bau der Straße brächte Arbeitsplätze für jene, die in der Landwirtschaft sonst nicht unterkommen.

Aber die Seca hat schon manches Projekt überstanden. Sie weiß, dass sie nicht ein Problem des Klimas, sondern der sozialen Verhältnisse ist. Und insofern muss sie nicht allzu sehr beunruhigt sein.

Jedenfalls hat sie zunächst die Sache in der Hand und kann Bilanz ziehen: an die zwei Millionen betroffene Familien, das macht, mal fünf, die stattliche Zahl von zehn Millionen Brasilianern. Das ist für eine Saison eine beachtliche Leistung. Da man einige Sofortmaßnahmen ergriff und ein großes Projekt plant, spricht man nicht mehr von der Katastrophe. Aber da kennt sich die Seca besser aus. Die staatlichen Hilfsgelder sind limitiert. Was gewährt wurde, trifft nur eine kleine Zahl, und die auch nur am allernotwendigsten. Noch dauert die Seca an. Saatgut wird keines da sein. Oder wenn, sehr teuer. Die Unterernährung hält an. Die Seca wirkt, ohne dass man sie gleich behaften könnte. Sie hat Erfahrungen gesammelt. Es ist, als hätte sie in ihrer langen Geschichte vom Menschen gelernt, wie man mit dem Menschen umspringt.

In der brasilianischen Goldprovinz

(1970)

»Die Mine blieb, das Gold ist weg«, lapidar fasst das Mädchen die Geschichte des Hauses zusammen, in dem es wohnt.

Wir hatten angeklopft, weil wir die Mine von Chico Rei suchten. Man hatte uns auf ein Haus gewiesen, das wir selbst mit aufwendiger Phantasie nicht als einstige Goldmine erkennen konnten. Aber das Mädchen führte uns hin, hinters Haus zum Hühnerhof: dort im Felsen ein Loch. Das Mädchen gab jedem eine Kerze, bückte sich und ging uns voran in den Stollen, der sich bald teilte. Der eine ist eingestürzt, im anderen gehen wir weiter, indem wir uns einer Fallgrube entlangdrücken. »Es geht endlos in den Berg hinein«, leuchtet das Mädchen die feuchten Wände ab. Als wir wieder draußen sind, legt das Mädchen ein Gatter vor das Loch, damit sich die Enten und Hühner nicht im Stollen verirren. Die Goldmine im Hühnerhof illustriert auf drastische Weise die Geschichte einer Stadt, die alles dem Gold verdankt. Sie hatte zunächst schlicht und deutlich »Vila Rica« geheißen, »reiche Stadt«, bis sie sich nach dem »schwarzen Gold« nannte, das man hier fand: Ouro Preto.

Man erzählt, der, welcher zuerst im Fluss Gold fand, sei eigentlich auf Indianerfang ausgezogen; er sei mit einem schwarzen Stein zurückgekehrt; an ihm habe der portugiesische Gouverneur gekratzt und entdeckt, dass er Gold enthalte.

Wie immer sich auch die Nachricht verbreitete, dass der Fluss Tripuí am Fuß des Berges Itacolomi Gold führe, die Nachricht war Anlass, dass die *bandeirantes,* wie die brasilianischen Pioniere heißen, in Massen und mit Hysterie aufbrachen. Die Besessenheit war so ausschließlich, dass als erstes historisches Ereignis die Hungersnot aus den Jahren 1700 und 1701 zu verzeichnen ist. Zwei Jahre lang hatten die Pioniere nur Gold gewaschen, und keiner hatte sich Zeit genommen, etwas anzupflanzen. So wären sie, die Taschen voll Gold, beinahe Hungers gestorben.

Wir hatten die Mine von Chico Rei aufgesucht, weil Chico Rei eine der erstaunlichen Figuren ist, die zur *comédie humaine* dieser Goldstadt gehören. Ein afrikanischer König, der in Gefangenschaft geriet und als Sklave nach Brasilien kam, brachte es hier zu einer eigenen Mine, baute sich einen Palast und führte Hof – barbarisch, unbekümmert und solidarisch mit seiner Rasse.

Zu seinem Palast führt keine Straße. Wir haben von der Mine aus einen Treppenweg zu nehmen, bis wir auf eine Umfassungsmauer stoßen, die eine imposante Vergangenheit verrät. Der Palast ist zerfallen, die Dächer eingestürzt, einige Grundmauern markieren noch die frühere Raumaufteilung. Mitten im Palastgelände hat eine Familie ihr Haus eingerichtet; ein Bastard von Hund verteidigt den Besitz gegen die Eindringlinge, die von der Mauer klettern.

Vom früheren Innenhof sieht man über die Mauerreste hinweg auf dem Gegenhügel die Kirche Santa Ifigênia. Sie wurde nach jener nubischen Prinzessin genannt, die zum

Christentum übergetreten war; in ihr verehren die schwarzen Katholiken eine der wenigen Heiligen, welche die gleiche Hautfarbe tragen. Die Kirche Santa Ifigênia war auch von einer schwarzen Bruderschaft gebaut worden; diese bildeten eine Art Syndikate für die Seele, über den Körper konnten sie ja nicht verfügen.

Es heißt, Chico Rei habe sich namentlich am Bau dieser Kirche beteiligt. Und es heißt, an den Festtagen hätten sich die schwarzen Frauen ihr Haar mit Gold bestäubt und es in den Weihwasserbecken vom Kopf gewaschen.

Eine erschöpfte Goldmine, von der heute das Geflügel geschützt wird, ein Palast, der als Ruine keine große Pracht mehr zeigt, und eine Kirche, die blieb – das ist eine Art, Spuren zu hinterlassen, wie es Chico Rei entspricht. Er wird in der Geschichte dieser Stadt nur am Rande erwähnt; aber er hat einen nicht minder wichtigen Platz als in der Geschichte gefunden, nämlich im Karneval: Dann tanzt er auf den Straßen von Rio, Salvador da Bahia und Recife mit seinem ganzen Hof Samba.

Seine Kirche Santa Ifigênia liegt auf dem höchsten Hügel von Ouro Preto. Als wir hinauffahren, hat der Wagen eine Steigung von 42 Prozent zu nehmen, und dann geht es erst noch einmal vierzig Stufen höher. Der Standort macht aus, dass man von der Terrasse dieser Kirche aus den weitesten Blick auf die Stadt hat, über die anderen Hügel und die anderen Terrassen hinweg, auf die andern Kirchen, die einen andern Blick in die Hügellandschaft bieten, über die vielstufige Topographie der Stadt hinunter bis zum Fluss, der einst Gold führte und wo heute ein Bahnhof für eine Schmalspurbahn steht.

Der Blick macht offensichtlich, dass nie jemand so in die Hügel hinein eine Stadt gebaut hätte. Sie war zufällig mit diesem Haus und an jenem Hang entstanden, häusergruppenweise und Quartier um Quartier, die man eines Tages verband und dem Ganzen einen Hauptplatz gab. Urbanistische Unlogik und Improvisation stehen am Anfang von Ouro Preto, das heute eine der geschlossensten Barockstädte nicht nur Brasiliens, sondern Lateinamerikas ist. Denn das 18. Jahrhundert war für Ouro Preto nicht nur eine Epoche des Goldes, sondern auch des Barocks.

Ouro Preto wurde keine Geisterstadt, die aufhörte zu existieren, als der Fluss und die Minen kein Gold mehr hergaben. Die Goldsucher und Goldfinder steckten das Gold nicht nur in die Taschen, sondern auch in die Architektur, und zwar buchstäblich: Sie vergoldeten das Innere ihrer Kirchen, wie es ihre Frömmigkeit und ihre Wichtigtuerei wünschten, wie es ihre Phantasie erlaubte, parvenuhaft, raffiniert und mit Kunst.

Der Hochaltar der Kirche Nossa Senhora do Pilar ist dafür wohl das einleuchtendste Beispiel, es ist eine einzige Goldschmiedearbeit aus Holz. Wenn die andern Kirchen auch nicht in gleicher Weise Gold verschwendeten und verschwenden konnten, so weisen auch sie Goldspuren auf: indirekt, indem das Gold ermöglichte, beste Baumeister und große Künstler zu beschäftigen, und direkt, indem sie das Holz vergolden ließen. An die dreizehn Kirchen wurden gebaut, die Kapellen nicht mitgerechnet, darunter Kolonialbauten erster Qualität. Dieses kunst- und budgetreiche Innere kontrastiert mit den Fassaden. Nicht dass diese sich asketisch gäben; sie haben ihre Portale, ihre Tympanons und Medaillons. Aber ein stilistischer Unterschied der europäischen Kolonialländer wiederholt sich in den Kolonien: Der portugiesische Barock war in den Fassaden immer ein Stück zurückhaltender als der spanische, und so ist auch der brasilianische Barock im Gegensatz etwa zum mexikanischen darauf bedacht, die Pracht und die tropische Phantasie in den Innenraum zu verlegen.

Nun hatte Ouro Preto Glück. Mit dem Goldrausch fiel eine künstlerische Konjunktur zusammen, für die ein Name wie Antônio Francisco Lisboa steht. Ein Mulatte, der Aleijadinho genannt wird, das »Krüppelchen«, weil eine Krankheit seine äußeren Gliedmaßen verkümmern ließ. Eine Figur ebenso für die Kunstgeschichte wie für die *biographie romancée*. In ihm verehren die Brasilianer einen ihrer ersten originären Künstler.

Sein Hauptwerk, die zwölf Propheten vor der Kirche Bom Jesus de Matosinhos, steht allerdings nicht in Ouro Preto, sondern hundert Kilometer weiter in Congonhas. Es wurde über eine weite Region Gold gefunden, und so wurden auch in einem weiten Umkreis Kirchen gebaut. Nun war Aleijadinho nicht nur Bildhauer, er war Baumeister, Schnitzer, Zeichner, Stuckateur, ein Handwerker so vieler Fähigkeiten, dass sich alle Kirchen in Ouro Preto darum streiten, zumindest ein Werk von ihm zu haben. Sein Name wird auch gleich genannt, als wir auf der Praça Tiradentes, dem Hauptplatz, parkieren. Junge Burschen, zum Teil in Uniformhemden, auf die »Cicerone« gestickt ist, drängen sich um den Wagen, wollen Führer spielen, flüstern Aleijadinho, São Francisco de Paula, Nossa Senhora da Conceição – sie waschen nicht mehr Gold, sondern Touristen.

Denn Ouro Preto wurde entthront. Bis Ende des letzten Jahrhunderts war es Hauptstadt des Staates Minas Gerais gewesen. Als die Minen kein Gold mehr lieferten, da zeigte es sich, dass dieses Ouro Preto zu abgelegen war für ein Verwaltungszentrum; an seiner Stelle wurde Belo Horizonte Hauptstadt.

Belo Horizonte, das vor dreißig Jahren nicht 400 000 Einwohner hatte, hat heute, 1970, 1 300 000. Es ist mit São Paulo die Stadt in Brasilien, die am raschesten wächst, es ist eine Stadt, die arbeitet und produziert, ihr Charakter ist Emsigkeit; und wenn man von ihr etwas sagen muss, dann einfach das, dass man dort gewesen ist. An persönlicher Erinnerung stellen sich zwei Dinge ein: ein Flug über die wachsenden Felder der Wolkenkratzer, und eine Menükarte, auf der Gürteltier und Krokodil zu finden waren.

Achthundert Kilometer liegt dieses Belo Horizonte von der Atlantikküste entfernt. Das hinderte einen Gouverneur nicht, als Wahlslogan zu versprechen, er hole das Meer nach Belo Horizonte. Es wurde auch tatsächlich ein See gestaut, und der junge Oscar Niemeyer baute an diesen künstlichen Ufern in Pampulha eine Kirche und ein Kasino. Er hatte zwar mit beiden Bauten Pech. Die Kirche war zu modern, nicht zuletzt wegen der Gemälde eines Cândido Portinari, so dass sie lange nicht eingeweiht wurde. Und als das Glücksspiel verboten wurde, verlor das Kasino seine Funktion, worauf man daraus ein Museum für brasilianische Kunst machte. Beide Bauten stellen eine Etappe dar in der Geschichte der modernen brasilianischen Architektur. In dem geschwungenen Dach der Kirche von Pampulha aber kommt die Erinnerung an den Barock hoch.

Das entthronte Ouro Preto hat heute, 1970, kaum 20 000 Einwohner. Nun ist die Konkurrenz unter den Städten in dieser Gegend nichts Neues. Eine Konkurrenzstadt aus den Anfängen ist Mariana, das nur acht Kilometer von Ouro Preto liegt. Es wäre beinahe an dessen Stelle Hauptstadt geworden. Als es um diese Chance geprellt war, wurde es zur Bischofsstadt erklärt, und es rächte sich insofern, als es mit seinem Seminar das bedeutendste intellektuelle Zentrum dieser Region bildete.

Als wir zu einem Abstecher dorthin fahren, sind die Hügel verhangen. Der Nebel gehört zu diesen tausend Meter Höhe wie die Wolken, die kaum jemals den Himmel freigeben. Die Nächte können sehr kühl sein. Aber kaum kommt die Sonne durch, wird es heiß. Das Bier hat auch seinen Namen vom Gold: Feines Gold, Weißes Gold, Dunkles Gold.

Nach den verhangenen Hügeln von Ouro Preto finden wir ein Mariana, das in der Mittagshitze döst. Es langweilt sich der Polizist; er hockt mit einem Zivilisten zum Brettspiel zusammen am Straßenrand. Hinter ihm im Gefängnis langweilt sich ein Gefangener. Er drängt sich sogleich ans Gitter. Er hat sich eine eigene Form des Tourismus ausgedacht, schließlich haust er in einer der schönsten Zivilbauten; die Goldsucher gaben sich auch architektonische Mühe für die Gefängnisse. Der Gefangene hält uns gleich einen Brief durchs Gitter entgegen; er hat Zahnweh und nennt den Betrag fürs Fotografiertwerden. Im Brief ist die Geschichte seines Vergehens zu lesen; er selber hat ihn nicht verfasst, er kann nicht lesen und schreiben. Aber zählen kann er: Er sitzt bereits drei Jahre und hat noch so viele zu

sitzen, wie man eine abwehrende Handbewegung inter-
pretieren kann.

Es gibt Kenner des brasilianischen Barocks, welche den
Kirchen von Mariana vor jenen von Ouro Preto den Vorzug
geben. Sicherlich ist die Kathedrale eine der reichsten Kirchen Brasiliens, und unter den vielen Kunstgegenständen
gibt es Einzigartiges wie den portugiesischen Windfang.
Und die beiden Franziskuskirchen in Mariana wird jedermann aufsuchen, der ein vollständiges und verbindliches
Bild des brasilianischen Barock haben will. Aber die Stadt
bemüht sich umsonst, zur Konkurrenz von Ouro Preto zu
werden. Sie ist verbrieftermaßen die älteste Stadt in Minas
Gerais; doch Ouro Preto hat ihr einmal mehr den Rang ab-
gelaufen.

Seit über dreißig Jahren ist Ouro Preto »Nationalmo-
nument«, aber es hat erst in jüngster Zeit begonnen, seine
Vergangenheit systematischer auszuwerten. In dem Haus,
wo früher der Goldstaub gewogen, geschmolzen und in
Goldbarren gepresst wurde, in der »Casa dos Contos«, war
bis vor kurzem die Post untergebracht; seit diesem Jahr befindet sich darin eine Gesellschaft, die sich der Konserva-
tion und Restaurierung der Barockbauten von Minas Gerais annimmt. Dieses Jahr wurde auch im Juli zum vierten
Mal ein Festival durchgeführt, mit Theateraufführungen,
Konzerten, Seminaren für Schauspieler, Künstlern, Tän-
zern. Es kamen viele Hippies, und es kam viel Hippieähn-
liches nach Ouro Preto, so dass es streckenweise war, als ob
das Amsterdamer Hippie-Treffen und die Salzburger Fest-
spiele gleichzeitig und am gleichen Ort stattfänden.

Sosehr auch diesem Ouro Preto nicht viel anderes übrig-

bleibt, als seine Vergangenheit auszuwerten, das Straßenbild kontrastiert dazu. Hier herrscht die Jugend vor, fast
ausschließlich eine männliche, so männlich, dass sie vor
kurzem in einer Frauenzeitschrift protestierte, sie müsse
ihre ganze Schulzeit ohne Mädchen verbringen; es sind die
Studenten der Bergbau-Akademie und der Pharmazeutik-
Fakultät, beides Schulen aus dem letzten Jahrhundert, die
einen ersten Ruf genießen.

So abgelegen Ouro Preto sein mag, es ist heute von Belo
Horizonte aus in einer guten Stunde zu erreichen, nachdem
die Straße asphaltiert wurde. Aber es gibt noch eine andere
Möglichkeit hinzukommen, auf einem Seitenweg, über die
Minenstadt Nova Lima, dem Goldwäscherfluss Rio das
Velhas entlang. Wir wählten diese Erdstraße, sie fügt sich
direkter in die Landschaft und gleitet nicht darüber hinweg
und daran vorbei wie die asphaltierte.

Auf einer solchen Erdstraße fuhren wir auch hinüber zu
den zwölf Propheten des Krüppelchens, nach Congonhas.
In ein Gebiet, wo Seifenstein gewonnen wird, jenes Material, das hier die Künstler für ihre Reliefs und Portale verwendeten und das wegen seiner Weichheit geradezu Zise-
lierarbeit ermöglicht.

Die Fahrt geht durch die Hügellandschaft von Minas
Gerais, durch eine Weite, wie sie für diesen Kontinent be-
zeichnend ist; und wenn ein Stück an Europa erinnert, es
ist die Dimension, die sogleich die Erinnerung auslöscht.
Ein scheinbar unbewohntes Gebiet; nur gelegentlich lassen
Bambushaine oder ein Bananengarten eine menschliche Be-
hausung vermuten. Man trifft auf Frauen und Kinder, die
Brennholz tragen, und man fragt sich, wohin sie gehen. Die

Hügel erstrecken sich von neuem, die Straße zieht sich als Band bis an den Horizont, ein roter Streifen von aufgerissener Erde. Ein stehengebliebenes Stück Urwald, die Bizarrerie der Luftwurzeln und die Dekoration der Lianen.

Bei einer solchen Fahrt wird einem demonstriert, mit welchem Recht dieser Staat seinen Namen trägt: Minas Gerais – Allgemeine Minen. Stößt man auf ein Dorf oder ein Städtchen, gruppiert es sich bestimmt um eine Mine oder lebt sonst mit dem Bergbau. So unbewohnt die Hügellandschaft scheint, plötzlich kommt eine Stelle, wo geschürft und abgebaut wird. Zu diesem Landschaftsbild gehört nicht nur der Rauch, der überall aufsteigt, wo Urwald urbar gemacht wird, sondern es gehören dazu auch die Schlote der Minen.

»Wir mögen Zeitungsleute nicht«, erklärt der Angestellte der »Mineração Morro Velho«, »die sind immer auf Sensation aus.«

Nun ist die Mine Nova Lima mindestens insofern eine Sensation, als es die tiefste Mine Lateinamerikas ist; sie geht ihre 2454 Meter in den Boden, das ist immerhin 1600 Meter unter Meeresniveau. Wir hatten den Wunsch ausgesprochen, nicht nur an der Oberfläche die Mine zu besuchen, sondern auch einzufahren. Wenn der Angestellte Befürchtungen hatte wegen Sensationalismus, dann betraf dies die Arbeitsbedingungen und die Sicherheitsvorschriften.

135 Jahre alt ist die Mine. Es waren die Engländer, die sie eröffneten; nach einem kurzen Zwischenspiel ist sie vor zehn Jahren in den Besitz Brasiliens übergegangen. Wir hatten am Abend zuvor, als wir in den Talkessel von Nova Lima hinunterfuhren, den englischen Friedhof entdeckt.

Auf einem einsamen Hügelvorsprung liegt er, längst unbenutzt, wie es schien. Aber es gab Rechtecke neueren Datums. Nur dass darauf der Text nicht mehr auf Englisch stand; es war nicht mehr zu lesen »we will meet again«, sondern auf Portugiesisch Sehnsucht: *saudade.*

Achthundert Meter tief in eine Mine einzufahren hat etwas Abstraktes. Es könnten auch ein paar hundert Meter mehr oder weniger sein. Fünf Meter pro Sekunde in einem Gondellift, der den Partnerlift hochzieht, indem er sinkt. Das Gefühl, dass man in irgendeinem Schacht und dass es belanglos sei, wie tief der ist, verstärkt sich noch dadurch, dass die Temperatur im Lift gleich bleibt. Dies ist dank einer Luftkühlung möglich. Denn wir wissen, dass es am Eingang der Mine fünf Grad ist und dass der letzte Arbeitsplatz, fast vier Kilometer von der Einfahrt entfernt, eine Temperatur von zweiundvierzig Grad aufweist.

Und nach den ersten achthundert Metern in die Tiefe zu Fuß auf einer horizontalen Straße, einer *avenida,* wie es heißt, achtgebend auf die Karren, die das Erz führen, und sich ja nicht in der Höhe haltend, da die elektrischen Leitungen frei liegen. Bis zum nächsten Lift, der wieder neunzig Meter tiefer fährt, ein kleinerer und engerer Liftkorb. Bis wir im elften Distrikt sind, durch eine Luftausgleichskammer in den Stollen, in dem gearbeitet wird, bis zu einer Rampe, die schräg hinaufführt und wohin man nur noch über Geröll und eine abgebrochene Leiter klettert. Ein Ort, wo sich knapp ein paar bewegen können, heiß und voll Staub, das Rattern des Pressluftbohrers, das Ganze von den Scheinwerfern auf dem Helm beleuchtet.

450 Kilo Gold werden im Monat produziert, dazu kom-

men 80 Kilo Silber und 30 Tonnen Arsen. Eine Tonne Gestein muss ans Licht befördert werden, damit 12 Gramm Gold gewonnen werden. Wir hätten natürlich gerne auch Gold gesehen. Aber es wird nur alle vierzehn Tage geschmolzen. Nun wird es zu einem Drittel mechanisch aus dem Erz geholt, nachdem dieses zerkleinert und zertrümmert worden ist; vom Zitterband fallen die kleinen Teile des »freien Goldes« in rostige Kübel, als würden diese Abfälle aufnehmen; aber diese Abfallkübel stehen hinter verschlossenen Gittertüren. Und da der Rest chemisch gewonnen wird, sehen wir Becken mit Schmutzwasser, so trüb wie das Scheidungswasser. Das Gold sehen wir als einen Barren beim Pförtner.

Das nächste Gold aber im Museum, und zwar im Goldmuseum von Sabará. Es ist, wie die meisten brasilianischen Museen, augenblicklich im Umbau. Und was uns der Betreuer zeigt, sind vor allem Silbersachen und alte Möbel. Allerdings auch einige Gegenstände aus der Kolonialzeit und dem letzten Jahrhundert, die für die Goldgewinnung wichtig waren. In diesem Museum steht auch ein kolonialer Kassenschrank, und darin liegt ein Goldbarren: eine Fälschung aus dem Anfang des 18. Jahrhunderts. Die Vorfahren rücken näher.

Sabará ist eine weitere alte Goldstadt in Minas Gerais. Es lebt heute noch von den Minen; aber es wird nicht Gold, sondern Eisen produziert. In Sabará und acht Gemeinden der Umgebung wird ein Eisenerzvorkommen von 25 Milliarden Tonnen geschätzt. Das Gold ist nur Erinnerung.

In Sabará sahen wir auch einen der letzten Goldwäscher. Im Fluss Rio das Velhas. Vor zwanzig Jahren, ja, da sei das noch anders gewesen. Da seien im Fluss einer neben dem andern gestanden. Jetzt sei er allein. Weiter oben gebe es noch einen. Er hatte in den letzten beiden Tagen Glück: zwei Gramm Gold.

Auf der Brücke stehen die Gaffer und schauen ihm zu: »Nichts als Arbeit.« Der Goldwäscher hat sich ein Rechteck mit Steinen abgesteckt, eine Art Gärtchen aus Wasser und goldhaltigem Schlamm. Zu denen, die ihm zuschauen, gesellt sich ein Straßenkehrer. Der verweilt ein wenig, ruht am Geländer aus, dann wirft er den Abfall vom Karren in den Fluss, wo weiter unten einer Gold wäscht.

Brasília und die Gegenstadt
(1971)

»Wenn Sie einen Wagen brauchen, ich biete einen Freundschaftspreis.« Der Taxichauffeur hat uns unschwer als Fremde erkannt und zweifelt nicht daran, dass wir hierhergekommen sind, um die Stadt anzuschauen, und für ein solches Sightseeing braucht es wegen der Distanzen einen Wagen.

Kommt man nach São Paulo, dann mag das wegen der Geschäfte sein, kommt man nach Rio de Janeiro, dann kann das wegen des Vergnügens sein, aber kommt man nach Brasília, dann ist man hierhergereist, um die Stadt anzuschauen: Wie ein Museum, man geht durch und fährt nachher wieder weg.

Denn Brasília ist eine Stadt, die von vornherein als architektonische und urbanistische Demonstration geplant und gebaut worden war. Somit liegt das Sightseeing drin, seitdem auf dem Reißbrett der erste Strich gezogen wurde. Und dieses Brasília ist zugleich eine Mustermesse im Betrieb: Man hat zuweilen beim Aufenthalt das Gefühl, man verstoße gegen eine übliche Ausstellungsregel: »Bitte nicht berühren.«

Ja, man ist hierhergereist, um die Stadt anzuschauen. Hierher: Das ist der Planalto, eine Hochebene, achthundert Kilometer von den großen Städten am Atlantik entfernt.

In was für eine Einöde Brasília gebaut wurde, wird auf der Hinfahrt klar, aus welcher Richtung man auch immer kommt und mit welchem Transportmittel. Man fährt mit dem Wagen am Ende einen halben Tag durch unbewohntes Gebiet und fällt plötzlich auf die modernste Stadt Lateinamerikas. Oder man fliegt stundenlang über dichtbewachsene Hügel, durch die sich, von Horizont zu Horizont, das Gerinnsel von einer Straße schlängelt, das in eines der durchdachtesten Verkehrsnetze einmündet.

Die Wahl dieses Ortes für eine moderne Großstadt als Kapitale war verwegen und unbekümmert. Die Geographie von Brasília hat eine unverfrorene Allüre und einen größenwahnsinnigen Mut: die Inbesitznahme unbewohnten Bodens für eine neue Landschaft aus Zement, Stahl und Glas inmitten eines Territoriums von Einsamkeit.

Einer der stärksten Eindrücke in Brasília ist denn auch der Blick vom »Platz der drei Gewalten«, dem Hauptplatz im Regierungsviertel – aber nicht auf die vielfotografierten Schalendächer des Kongressgebäudes hin, sondern auf die Steppe des Planalto hinaus. Man hat die Steppe mit ihrem niedrigen Buschwerk in ihrer ursprünglichen Form belassen: Es ist der Blick in jenes Nichts, auf das Brasília gebaut worden ist.

Fährt man nach Brasília, meint man, man fahre ans Ende der Welt. Und westlich von Brasília beginnt auch bald einmal der Urwald, wo Indianerstämme abseits der Zivilisation leben, ein Urwald, wohin der Jäger und der Diamantensucher, der Spekulant und Abenteurer, Pioniere privater Gesetzlichkeit, aufbrechen.

Aber der Kilometerzahl nach fährt man in ein Zentrum.

Von Brasília ist es im Nordwesten nicht viel weiter nach der einstigen Gummimetropole Manaus am Amazonas als nach der Stadt der brasilianischen Cowboys, Porto Alegre, im Südosten. Nimmt man diese Entfernungen und die Lage der Hauptstadt, werden einem die amerikanischen Verhältnisse bewusst: die Weite des Raumes.

Nun hat man diesen Ort gewählt, um dem psychologischen, wirtschaftlichen und traditionellen Trend, sich an der Küste niederzulassen, entgegenzuwirken. Die Sorge stammt schon aus der Zeit der Entdeckung und Kolonisierung. Die Eroberung des Hinterlandes, die Erschließung des Interiors ging in dem Maße vor sich, als man auf Mineralien stieß und inwiefern man neuen Boden für den Anbau brauchte. Kein solches wirtschaftliches Motiv war der Anlass für die Errichtung von Brasília: Es ist der bewussteste und folgenreichste Akt einer Kolonisierung an sich.

Man hoffte, dass sich von Brasília aus ein Netz von Straßen durch das Hinter- und Zwischenland ziehen werde. Diese Hoffnung hat Brasília in seiner zehnjährigen Existenz erfüllt, es ist Anlass, Notwendigkeit und Vorwand für eine Infrastruktur, die sich trotz aller Finanzierungsschwierigkeiten ausdehnt.

Als ich vor fünf Jahren zum ersten Mal nach Brasília fuhr, wurde diskutiert, ob die Stadt lebensfähig sei. Man erzählte, wie einzelne Ministerien Kisten mit Akten verloren, um sie in Rio de Janeiro suchen zu können. Man wusste im diplomatischen Dienst nicht, was besser ist: Konsul in Rio zu sein oder Botschafter in Brasília. Die Flugzeuge nach der Atlantikküste waren über das Wochenende regelmäßig ausgebucht. Es wurden höhere Löhne als anderswo bezahlt.

Und wenn es hieß, Brasília habe die höchste Geburtenrate der Nation, nickte man nur, was sollte man sonst anderes machen als Kinder.

Aber das Artefakt Brasília erwies sich als lebenstüchtig, sogar auf unerwartete Weise. Es stellt heute Probleme, an die man vor fünf Jahren nicht gedacht hat, und schon gar nicht bei der Gründung.

Brasília ist heute, 1971, eine Stadt von über fünfhunderttausend Einwohnern. Man diskutiert nicht mehr, ob Brasília heute Leute anzieht, sondern was man mit jenen macht, die hierherkommen und nicht vorgesehen waren – weder urbanistisch noch menschlich.

Brasília kennt wie alle großen Städte die »Favelisierung«. Auch um die Hauptstadt zieht sich ein Gürtel von Slums, die hier nicht *favelas* heißen wie in Rio, sondern *invasões:* Invasionen.

Der frühere Bürgermeister Paulo de Tarso hat Zahlen genannt: Fünfundzwanzigtausend Familien leben nicht in den Luxusappartements der Quaderbauten, nicht in den Mehrfamilien- und Einfamilienhäusern, sondern in Hütten und Baracken. Brasília kann der Favelisierung so wenig entgehen wie andere Städte, solange die Lage auf dem Lande misslich und alarmierend ist – ein Leben ohne Arbeit, ohne Schule und ohne medizinische Betreuung. Da gibt es nur eines: hin zur großen Stadt, auch wenn man dort zunächst ein genauso elendes Leben führt. Wenigstens ist das, was man haben möchte, für das Auge erreichbar. Man hat Brasília »die Hauptstadt der Hoffnung« genannt, also kommen jene, die hoffen.

Nun hat die Favelisierung Brasílias ihre besondere Ironie: Sie wurde als perfekte Stadt geplant. Aber es gibt keine solche perfekte Stadt, solange die sozialen Verhältnisse nicht danach sind. Daran erinnern die Invasionen, und sie beschämen Brasília, das einige der schönsten Bauten der modernen Architektur aufweist. Aber von den Slums aus nimmt sich die Großartigkeit Brasílias wie Hochmut und Hochstapelei aus.

»Eine Stadt, zu geordneter und erfolgreicher Arbeit geplant, aber gleichzeitig voll Leben und Anmut, wie geschaffen zur Träumerei und intellektuellen Überlegung«, mit diesen Worten gab der eigentliche Planer Brasílias, Lúcio Costa, seine Vision der modernen Kapitale wieder. Aber die Sätze lesen sich, als seien sie für eine andere Stadt verfasst worden, und so muss man sie mit den Sätzen von Oscar Niemeyer, dem Stararchitekten Brasílias, konfrontieren, der festhielt: »Brasília war am Ende eine Stadt wie die andern, eine Stadt der Reichen und der Armen, ungerecht und diskriminierend.«

Es wurde errechnet, dass bis 1974, bei gleichem Zuzug und bei gleichem Geburtenzuwachs, zwischen 750 000 und 850 000 Menschen in Brasília leben werden. Das sind auf alle Fälle dreißig Prozent mehr, als die Stadt wirtschaftlich verkraften kann. Die geographische Lage Brasílias ist zu exzentrisch, als dass man an ein größeres Industrialisierungsprojekt denken könnte. Man muss nach andern Möglichkeiten Ausschau halten. Es soll um die Stadt ein landwirtschaftlicher Gürtel gelegt werden, so wird die Verwaltungsstadt auch eine Agrar-Hauptstadt; auf diese Weise könnten für jene, die unerwartet hinzukamen, Arbeitsplätze geschaffen werden.

Allerdings – von den Elendsvierteln sieht man nichts; sie sind nicht präsent wie in Rio. Stattet man Brasília einen Besuch ab, wie das Sightseeing es will und wie es die Architekten und Städteplaner mögen, wird man kaum etwas von der Favelisierung merken. Die Stadt hat ihre urbanistischen Verpflichtungen. Was nicht in dieses Bild passt, kann nicht zur Stadt gehören. Die Invasionen liegen außerhalb in einem *terrain vague*. Sie sind von der eigentlichen Stadt durch Grünzonen getrennt, auch wenn diese nur die nackte Erde zeigen, es sind Slum-Satelliten.

Auf den ersten Blick merkt man nichts von den Sorgen Brasílias. Als wir dieses Jahr hinfuhren, hatte ich zunächst den Eindruck, es habe sich nicht allzu viel geändert. Sicherlich – inzwischen ist die Kathedrale vollendet worden. Das Außenministerium ist bezogen. Die Universität stellt einen imposanten Bauplatz dar. Grünflächen tragen tatsächlich Rasen, und die Bäume sind gewachsen. Das Bauland für die ausländischen Botschaften ist streckenweise unbenutzt. Und wenn es am Parlamentsgebäude Zerfallserscheinungen gibt, dann nicht, weil unter dem jetzigen Militärregime das Parlament nicht normal tagt, sondern weil beim Bau Brasílias zum Teil rasch gearbeitet und zum Teil gepfuscht worden war.

Aber auch beim zweiten Besuch derselbe Eindruck: die Leere oder das Gefühl, Raum zu haben. Und es ist ein mehrwertiger Eindruck: Bewunderung, Interesse, Skepsis, Betroffenheit, Bedenken, Zweifel und Staunen.

Diese Erfahrungsmischung ergibt sich zum Beispiel, weil zwischen den einzelnen Bauten und Gebäudekomplexen Grünflächen in einer Größenordnung angelegt sind, die ein

Vakuum bietet, das nicht durch Betrieb und nicht durch Leben angefüllt ist. Der Blick vom Hotelzimmer aus, wenn es in den oberen Stockwerken liegt, ist überwältigend: die Hauptachse, die vom Busbahnhof zum Regierungsviertel führt, das Quaderspiel des Banken- und Geschäftsviertels und die sauberen Linien der Ministerien, ein Ensemble von Klötzen, die Ordnung verraten, auch wenn dazwischen Bauten fehlen. Und die Bewunderung wiederholt sich im Detail: die Dachkonstruktion der Kathedrale, überhaupt ihre Kelchform, die geschwungenen Betonpfeiler der Regierungspaläste, die stumpfe Pyramidenform des National-theaters. Da gibt es nichts dagegen vorzubringen, ebenso wenig wie gegen vieles andere. Aber wie kommt man von der Totalen zum Detail? Dazwischen liegt ein Niemands-land. Wenn es große Städte gibt, in denen man meint, man ertrinke in den Häuserschluchten, dann gibt es hier Grün-flächen, auf denen man im Freien erstickt.

Man ertappt sich beim Gedanken, ob man wohl einer modernen Stadt gegenüber noch nicht richtig empfinde, ob man allzu sehr von den Häuserwinkeln und Gässchen ge-prägt ist, ob man sich nicht von den kleinen Verhältnissen lösen kann, ob man an einem *milieu juste* hängt, das es längst nicht mehr gibt …

Das Gefühl der Leere stellt sich unausweichlich ein, wenn man auf dem »Platz der drei Gewalten« steht. Man hat vor sich die Kongresshalle, links den Obersten Ge-richtshof und rechts den Sitz des Staatschefs. Wir sind auf diesem Platz allein. Zusammen mit einem Eisverkäufer, und was Bewegung ins Bild bringt, sind die Tauben. Gelegent-lich hält ein Mietwagen, es entsteigen ihm Touristen, sie fotografieren, sie steigen wieder ein und fahren zum nächsten Sightseeing-Punkt. Von Zeit zu Zeit hält ein Omnibus. Schüler klettern heraus. Lärm und vaterländisches Anstellen, um zu bewundern. Aber dann geht auch für sie das Programm weiter: der Wohnsitz des Staatspräsidenten, der künstliche See, das Freilichttheater …

Man bewundert den großzügigen Raum und fragt unentwegt, wo das Leben sei. Nicht nur auf diesem Platz. Auch dort, wo die Wohnblöcke stehen. Und vor allem beim Nationaltheater. Man ist überrascht, einen Theaterzettel zu finden, auch wenn es nur der eines Gastspiels ist. Das Theater steht für sich allein, weit und breit kein anderes Gebäude.

Nun war vorgesehen, dass dieses Nationaltheater zu einem Komplex gehört, der bis heute allerdings nicht gebaut wurde. Mitten in der Stadt, um den Busbahnhof, der das Verkehrszentrum bildet, sollte ein Kultur- und Vergnügungszentrum entstehen: mit Opern, Cafés, Arkaden und Terrassen, mit einem Kino- und Theatersektor. Ein Zentrum, das alle Vorteile der Champs-Elysées, von Piccadilly Circus und Times Square verbinden sollte. Aber von diesem Zentrum steht nichts. So fehlt der Stadt das Herz und der Kopf.

Dieses Zentrum fehlt umso mehr, als die Stadt rein funktionell gebaut ist: Kommt man ins Hotelviertel, findet man nur Hotels. Verlässt man sein Hotel, stößt man auf eine Grünfläche, die zum nächsten Hotelkasten führt.

Kommt man ins Regierungsviertel, sucht man umsonst ein Café, ein Restaurant, einen Kiosk; hier wird regiert und verwaltet, und was außerhalb dieser Funktion liegt, hat keine Daseinsberechtigung. Möchte man etwas konsumieren, dann muss man an eine der Ladenstraßen, die sich zum Teil kilometerweise hinziehen. Es sind zweistöckige *lojas,* Ladengeschäfte, die keineswegs einladen, sie abzuspazieren.

Es gibt in dieser Stadt nicht die Möglichkeit des Flanierens. Und damit ist nicht nur gemeint, das ziellose und vage gesteuerte Herumgehen. Sondern mit Flanieren ist ein Sichbewegen gemeint, das sich noch alle Freiheiten offenhält, das sich noch nicht für das oder jenes entschieden hat, das zwischen den Möglichkeiten spaziert. Das ist hier nicht möglich. Man muss sich entscheiden, was man will, man muss sich für die Funktion entscheiden, und dann wird man den entsprechenden Platz und Raum finden.

Die Industriegesellschaft hat sich nun allerdings auch dadurch charakterisiert, dass sie die verschiedenen Funktionen wie Wohnen und Arbeiten immer konsequent trennte. Als der italienische Architekt Sartoris 1932 in einem Buch zum ersten Mal von der »funktionellen Architektur« sprach und als ein Jahr darauf die Charta von Athen entstand, wurde mit dem deklarierten Funktionalismus der Beginn der Moderne im Städtebau gefeiert: »Wohnen, arbeiten, sich erholen (in der Freizeit), sich bewegen« – in diese Funktionen wurde der Mensch aufgeteilt und entsprechend diesen Funktionen sollte auch seine Umgebung, die Stadt, errichtet werden.

Heute liegen die ersten Erfahrungen einer solchen funktionalen Architektur vor. Und es sind Psychologen wie Soziologen und nicht nur Architekten und Städteplaner, die ihre Bedenken melden. In diesem Zusammenhang sei an eine Publikation wie *Architektur als Ideologie* von Heide

Berndt, Alfred Lorenzer und Klaus Horn erinnert. Dazu aber muss man auch die Kritik der jungen amerikanischen Architekten nehmen, die aus der Pop-Mentalität heraus eine Stadt wie San Francisco für ihr Durcheinander, ihre Buntheit und ihre zufälligen Erscheinungsformen feiern.

Brasília ist auf eine eigene Weise Kritik erstanden. Sowohl sozial wie intellektuell und ästhetisch. Durch eine Satellitenstadt wie Núcleo Bandeirante – ein Name, der geradezu Sarkasmus verrät: »Pionier-Kern« heißt diese Satellitenstadt, und dies angesichts einer Stadt wie Brasília, die eine Pioniertat war. Die Pionierstadt Núcleo Bandeirante ist eine reine Wildwest-Stadt, genauso alt wie Brasília, eine ungeplante Schwester, das Produkt urbanistischer Promiskuität.

Rasch hingezimmerte zweistöckige Bretthäuser, bemalt wie der Geschmack, der Vorrat im Laden und das Geld gerade erlaubten. Hinter den Häusern die nächste Abfallgrube, Läden in Räumen von Wellblech und Dachpappe. Ein längeres Gebilde, das sich mit Werkstätten und einem Kino um den Platz streitet. Häuserzeilen, an denen mit vorfabrizierten Stücken gebastelt wird. Und in dieser Stadt des Durcheinanders ein Viertel der Slums. Achtzigtausend Einwohner. Dort steht die älteste Kirche Brasílias, mehr ein Holzschopf als ein Gotteshaus. Alles gebaut und errichtet, wie der Zufall es wollte, wie es die Ankunft nötig machte, marktschreierisch und mit sorgloser Hygiene, stößig und ohne Pillenkummer: Man kam an, man ist da, hat sich eingerichtet, und nun will man einmal schauen.

Fünfzehn Kilometer von Brasília entfernt wird alles, was Brasília ausmacht, auf jedem Quadratmeter und in jeder

Minute zuschanden gemacht. Nicht aus Hohn. Man bewundert hier Brasília und hat Respekt vor ihr. Nur eben – man will leben, und dafür gab es nur die Möglichkeit, sich auf diese improvisierte Weise einzurichten, und wenn kein Haus auf einen wartete, dann hat man zwei Hände, die Bretter zu einer Wand und einem Dach nageln können.

Daher gehört zu einem Brasília-Besuch eine Fahrt in den Núcleo Bandeirante. Nicht um die Bewegung und den Betrieb dieser Satellitenstadt gegen Brasília auszuspielen, das sich daneben ausgestorben vorkommen muss. Das geplante Brasília hebt sich anderseits noch einmal ab, wenn man aus dem Núcleo Bandeirante in die Stadt zurückkommt. Aber man muss beide Orte vor Augen haben, wenn es um die Frage geht, wie der Mensch sich einrichten und wohnen will. Der Núcleo Bandeirante ist eine wilde und nicht formulierte Kritik an jenem Funktionalismus, der den Menschen zu geradlinig versteht. Denn es scheint, dass wir in unseren Funktionen nicht so linear ausgerichtet sind, wir sind mit unseren Funktionen komplexer und vielschichtiger – das Auge sieht ja auch immer mehr als nur das, worauf es seinen Blick richtet; um das, was wir anvisieren, gibt es einen Kreis von Möglichkeiten, zu dem die Phantasie und die Improvisation wie das Verrechnen gehören, es ist ein Kreis, der immer noch weiter weist, nach vorn und nach rückwärts, uns ein Stück totaler macht, als es das Ziel selber wahrhaben möchte – es ist jener Hof von Freiheit, der über jede Funktion hinausgeht.

Ein Mystiker unter den Huren
(1971)

Er wohne im »Haus der Toten«. Der Mann, der diese Adresse nennt, ist Padre Alfredo. Er hätte den Ort nicht genauer bezeichnen können. Denn das Haus liegt in einem Viertel, wo die Straßen bald aufhören und wo die Häuser keine Nummern haben.

Das Wort »Haus« ist übertrieben. Es ist eine jener Hütten, wie sie für diese Region typisch sind: gestampfte Erde und unverputzte Wände aus Lehm; wenn der Besitzer hochgreift, legt er statt Palmblätter Ziegel aufs Dach.

Padre Alfredo nennt sein Domizil »Haus der Toten«, in Erinnerung an eine Prostituierte, die vor ihm darin wohnte. Er besuchte sie regelmäßig, als sie an ihrer Tuberkulose dahinsiechte. Die Tuberkulose ist eine der gängigen Krankheiten, an denen man in diesem Quartier stirbt. Nach dem Tode der Prostituierten hatte Padre Alfredo das Haus übernommen.

Eine Brettertür führt zu den beiden Räumen, in denen er wohnt. In dem ersten, ohne Fenster, eine Herdstelle; eine Kiste, darauf einiges Geschirr, auf der Erde eine Strohmatte, auf die sich Padre Alfredo zu setzen pflegt; für Leute, die kommen, steht ein Stuhl bereit. Im andern Raum auf dem gestampften Erdboden eine Matratze, sonst keine Möbel. In einer Ecke ein Rucksack: sein Koffer und sein Schrank.

Ein anderer Eingang in diesem Haus führt in das Zimmer einer Prostituierten. Auf einem Kanister eine flache Kiste: der Toilettentisch. Darauf die fraulichen Utensilien: ein Spiegel, Cremen, Wattebäusche. An einem Nagel an der Wand das zweite Kleid des Mädchens. Das wichtigste Möbelstück: ein Bett. Das ist ein Luxus. Die meisten in dieser Gegend schlafen in der Hängematte. Aber das Bett hier ist Arbeitsplatz.

Zwei andere Eingänge führen zu einer Art Bar. Jedenfalls gibt es eine Theke, dahinter ein Gestell mit ein paar Flaschen. Die Flaschen sind leer. Sollte ein Kunde kommen, schickt die Betreuerin nach einem Laden in der Nähe. An den Wänden moralische Sprüche und Heiligenbildchen. Unter den Sprüchen auch jener: »Reichtum allein macht nicht glücklich.«

Unter einem Dach vereint findet man die beiden Räume von Padre Alfredo, eine Art Bar und das Zimmer, wo eine Prostituierte ihrer Arbeit nachgeht.

Die Hütte liegt im *puteiro,* im Hurenviertel. Jeder brasilianische Ort, so klein er sein mag, hat sein Hurenviertel, und wenn dies auch nur aus einem Haus oder ein paar Hütten bestehen mag. Crateús hat ein ganzes Quartier. Crateús ist eine kleine Stadt im Norden Brasiliens. Sie lebt zur Hauptsache von der Landwirtschaft, von der Baumwolle. Industrie gibt es keine. Sie ist auch Bischofssitz. Und Crateús hat einen Bahnhof; sie ist mit der Hauptstadt des Staates Ceará, Fortaleza, verbunden.

Und in diesem Hurenviertel eine Straße, wo sich die teureren Etablissements befinden: Lupanare, Dancings, Bars. Immer im Hintergrund die privateren Räume, manchmal nur durch einen Vorhang getrennt. Die Armseligkeit der teureren Etablissements wird mit Neon und Plakaten überspielt. Die Hütten abseits der Straße, wohin keine Nebenstraßen führen, zeigen die Kläglichkeit direkter. Ohne elektrisches Licht tappt man im Dunkeln, manchmal steht eine Kerze im Fenster, wenn es Abend und Nacht wird und sich Betrieb einstellen sollte. Unter den simplen Hütten das »Haus der Toten«, das Padre Alfredo gehört.

Padre Alfredo lebt noch nicht lange in Crateús. Er kam aus Kanada, wo er als Arbeiterpriester mit den Proletariern in deren Wohnblöcken hauste. Zum Priester wurde er in Frankreich ausgebildet, unmittelbar nach dem Zweiten Weltkrieg, er übte vorher einen zivilen Beruf aus. Geboren wurde er in Biel, vor fünfzig Jahren. Zu seinen Kindheitserinnerungen gehört der Jura, der schweizerische wie der französische. Durch Zufall war ich auf seinen Namen gestoßen. Auf dem Hauptplatz, wo ein öffentlicher Fernsehapparat spielte und wie ein Marktschreier vor allem junges Volk um sich versammelte. Ein Fremder. Die Frage, woher ich komme. Meine Antwort »Schweizer« löst Überraschung aus. Ob ich den andern Schweizer auch kenne, Padre Alfredo? Als ich wissen will, was er macht und wo er zu finden sei, Gesichter, die grinsen, aber doch ehrfürchtig.

Wir, der Fotograf und ich, treffen Padre Alfredo zuerst im Bischofspalais. Wir hatten uns ohne Erfolg im *puteiro* nach ihm durchgefragt, bis wir endlich eine zuständige Antwort erhielten: Er liest die Messe in der Bischofskirche. Das ist eine Ausnahme. Gewöhnlich erfüllt er seine priesterliche Pflicht in einem anderen Gotteshaus. Nicht im Hurenviertel, das hat keine Kirche, aber in jener Kirche, die diesem Viertel am nächsten liegt. In der Bischofskirche zelebriert er die Messe vor einer anderen sozialen Schicht, hauptsächlich Frauen.

Das bischöfliche Palais, wo wir Padre Alfredo treffen, gilt als subversiver Ort. So sehen es jedenfalls der Gouverneur und die Militärs. Der Bischof von Crateús gilt als eine der progressiven Kräfte der katholischen Kirche in Brasilien. Vor einem Jahr hieß es, er sei verhaftet worden; doch erwies sich die Nachricht als Irrtum. So weit wagte das Militär nicht zu gehen. Aber die Regierung klagt ihn an, er sei Kommunist. Sein Vergehen besteht darin, dass er Dinge nennt, die es gibt: Armut, Arbeitslosigkeit; er fordert für die breiten Schichten ärztliche Betreuung und Schulen.

Padre Alfredo erklärt, weshalb er sich im Hurenviertel eingerichtet hat; er erfülle damit lediglich eine Aufgabe der christlichen Nächstenliebe; es gelte, mit den Armen unter den Armen zu partizipieren; die Kirche müsse gerade dort präsent sein, wo sie bisher vernachlässigt habe.

Damit kommt er darauf zu reden, weshalb er Kanada verlassen hat und sich nach Brasilien begab. Und warum er hier eine Region auswählte, die in diesem unterentwickelten Lande noch einen besonderen sozialen Tiefstand kennt. Die Frage von Liebe und Religion würde hier brennender und verpflichtender gestellt als anderswo. Hier werde die Kirche mit sich selber konfrontiert, mit dem, was sie sein könnte, und mit dem, was sie nicht war. Hier gälte es, alles zu überprüfen. Die christlichen und auch die theologischen Probleme ergäben sich nicht in der Bibliothek oder im Seminar, sondern auf der Straße, an jeder Ecke, in den Hütten, in dem Viertel, in dem er wohne.

Er entschuldigt sich plötzlich dafür, dass er isst. Dafür, dass er an einem Tisch sitzt und sich schöpfen lässt. Das sei nicht üblich, aber seine Schwestern und Brüder hätten ihn dazu gezwungen. Eine Frau, die den Haushalt besorgt, schöpft noch einmal: Er solle das Nachtessen als Gabe nehmen. Padre Alfredo lebt von der Mildtätigkeit, und er lobt, wie seine Nachbarn, seine Nachbarinnen vor allem, bereit seien zu teilen.

Er fährt fort im Lob des Quartiers, in dem er sich eingerichtet hat. Wie dankbar die Frauen seien, dass ihnen jemand zuhört. Einer, von dem sie annehmen, dass er nicht ohne weiteres zu ihnen gehört. Ohne ihn hätten sie keine priesterliche Betreuung. Aber darauf komme es nicht an. Er könne letzten Endes auch nicht mehr bieten als Aufmerksamkeit. Und wie zärtlich sie mit ihren Kindern seien – mit ihren Kindern, von denen sie möchten, dass sie aus dem Viertel herauskommen.

Wir begleiten ihn durch das nächtliche Crateús. Je mehr wir uns seinem Viertel nähern, umso häufiger kommt von seiner Hand der beiläufige Segen, mit dem er eine Begrüßung beantwortet. Er trägt den Rucksack, ein ungewohntes Stück persönlicher Ausrüstung. In Hemd und Hosen, mit Sandalen und einem Hut, nichts verrät den Padre. Sieht man ihn seinen Rucksack tragen, dann meint man, da sei einer unterwegs; aber er geht nach Hause in seine Hütte.

Er hat uns einen Tee offeriert; die Kräuter, die er braut, findet man auf dem offenen Land. Er hockt am Boden, die Beine gekreuzt, im Schein einer Kerze, die er lange suchte. Hinter seinem Rücken flattert das Holzskelett der Lehmwand.

Die Kirche dürfe um keinen Grad reicher sein als der Ärmste ihrer Gemeinde. Er spricht vom Geheimnis der Armut. Er erinnert mich an Simone Weil, die während des Zweiten Weltkrieges in ihrem englischen Exil auf der nackten Erde schlief und nicht mehr aß, als was in den Konzentrationslagern ihren jüdischen Brüdern und Schwestern verabreicht wurde; er erinnert an jenen anti-bürgerlichen Christus, der mit Magdalena zusammen aß. Und dann macht er einen zornig: weswegen er nicht auf den Tisch haue, angesichts dieser Not. Doch er erklärt, er habe eine andere Funktion. Es gelte, die Kirche glaubwürdig zu machen, indem sie die Bedingungen der Armut ihrer Gläubigen teilt. Das schließe das andere nicht aus.

Wir sind längst keine Gesprächspartner mehr, wir sind Anlass dafür, dass er formuliert. Er spricht von einem Manuskript. Dazwischen Fetzen von Musik, die daran erinnern, dass draußen und in den andern Hütten an der Liebe gearbeitet wird.

Wir verabreden uns auf den nächsten Tag. Padre Alfredo will uns zum Mittagessen einladen; wir nehmen an, sofern wir das Essen mitbringen dürfen: Reis, Öl, einige Konservendosen, Früchte. Und als wir es Padre Alfredo übergeben, rechnet er strahlend aus: Wie lange das für ihn und erst noch für die Leute in der Nachbarschaft reiche. Und wir sehen beschämt auf die paar Pakete. Während er kocht, strolchen wir durch das Quartier, das unter einer Mittagshitze liegt, die jeden in den Schatten vertreibt. Nur ein paar streunende Hunde, ein paar Schweine auf Futtersuche und zwei Fremde, die neugierig sind.

Wir stoßen auf ein Haus, einen Neubau, eine Schule, sie

ist geschlossen; in ihr unterrichtet eine Entwicklungshelferin die Frauen und Mädchen des Quartiers in handwerklicher Arbeit. Und daneben ein breites Tor, das zu einem Hof führt; auf dem Tor von Hand hingekritzelt: »Hier ist kein *casino* (Bordell) mehr, hier haben sich Familien eingerichtet.«

Wir unterhalten uns in der Bar, die unter Padre Alfredos Dach liegt. Eine ältliche Betreuerin und ein junges Mädchen. Beide stammen aus einer anderen Region, aber auch aus dem Nordosten. Und was sie erzählen, entspricht den üblichen Lebensläufen: Sie stammen aus dem Innern des Landes, wollen an die sozial höher entwickelte Küste und dort in die größeren Städte, und aus ihnen kehren sie dann eines Tages, verbraucht und oft mit Kindern, wieder ins Innere des Landes zurück. Die Ältliche war schon an der Küste, die Jüngere möchte hin.

Padre Alfredo hält für uns zwei Teller bereit, er hat sie ausgeliehen, nicht zuletzt, da wir Schweizer seien. Er isst den Reiseintopf aus einer großen flach-runden Konservendose. Konservenbüchsen sind hier übliche Küchengegenstände; man muss den Rand nur etwas hämmern, damit man sich nicht daran schneidet, und man hat Tassen, Teller und Schüsseln, Geschirr, das nicht zerbricht und rasch ersetzt werden muss. Man kann um Konservenbüchsen streiten, genau wie um leere Kanister. Diese geben einen Teil für ein Möbel ab oder können ganz sicher fürs Wassertragen verwendet werden.

Doch das Essen findet nicht zwischen uns dreien statt. Fortlaufend rufen Frauen mit ihren Kindern nach Padre Alfredo, sei es nur, um zu grüßen, doch in den meisten Fällen, um sich einen raschen Rat zu holen oder ein Stück Konversation zu erhalten. Dazu kommt, dass wir zwei Fremde eine Attraktion sind. Nicht nur das, sondern auch mögliche Kunden. Doch das Augenzwinkern und Fingerdeuten spielt sich im Rücken des Padre ab.

Wie wir für einen Augenblick allein sind, sagt Padre Alfredo plötzlich: Er habe aus Europa etwas mitgenommen, genauer: aus der Schweiz, nach Kanada und von dort hierher in den Norden von Brasilien – eine Erinnerung. Er sucht seinen Begleiter. Es sieht nach einem Geständnis aus. Nach Entschuldigung dafür, dass er etwas besitzt. Und dann zeigt er den Gegenstand: eine Rösti-Raffel. Aber die Rösti-Raffel ist in seiner Hand kein Küchengegenstand, sondern der Padre klammert sich an einen irdischen Erdenrest.

Bahia und die Elektrizität

(1971)

Die Imagination ist weg, dafür beginnt die Wirtschaft zu blühen – auf eine knappere und herausforderndere Formel lässt sich das heutige Salvador da Bahia kaum bringen.

Bahia, die brasilianische Hauptstadt aus den Anfängen der Kolonialzeit, das »Rom der Schwarzen« und die »Mutter aller brasilianischen Städte«; ein Ort, der wie keiner in Brasilien das afrikanische Erbe bewahrt und entwickelt hat; von der Natur verwöhnt, mit den schönsten Barockbauten ausstaffiert, sozial misshandelt – dieses Bahia ist in Bewegung geraten.

Das brachte eine unerwartete Erfahrung mit sich. Ich wollte für meinen Begleiter, den Fotografen, Reiseführer spielen; aber immer wieder begann ich meine Sätze: »Vor drei Jahren noch ... und vor vier, fünf Jahren war das anders.«

Man fährt noch immer vom Flughafen aus an der Küstenstraße entlang; es ist die erste Begegnung mit jenen Kokosstränden, für die Bahia berühmt ist. Nur wenige Karren und Stände mit Kokosnüssen; wir vernehmen später, dass diese jetzt direkt von den Farmen an die Fabriken für die industrielle Verwertung verkauft werden, dabei gehören sie mit ihrem Fruchtfleisch und ihrer Milch unveräußerlich zur bahianischen Küche.

Und biegt das Taxi in die Stadt ein, fährt es über eine Auffahrtsrampe. Erst seit ein paar Monaten ist der Komplex dieser modernen Verkehrswege mit Schnellstraßen, Unterführungen und Tunnels in Betrieb. Und die Ufer des Dique, eines Stausees aus dem portugiesisch-niederländischen Kolonialkrieg, dessen Ufer ich als völlig vernachlässigt in Erinnerung hatte, bieten Rasenplätze, und Wächter patrouillieren, um die Pflanzungen zu schützen.

Was sich beim ersten Moment dieser Wiederbegegnung einstellt, wiederholt sich als Erfahrung, zur Überraschung und Irritation: es wird geplant, gebaut und saniert.

Wir fahren auf die Landzunge hinaus, von wo man den schönsten Blick auf die Stadt und die Allerheiligenbucht hat. Das Fort Monte Serrat liegt auf einem grünen Hügel, früher gruppierten sich darum die Wellblechhütten eines Slumquartiers. Und die Kinder der Dona Maria, durch deren Küchenfenster einst die Hühner vom Hinterhof direkt in die Pfanne spazierten, servieren nun ihre Mahlzeiten im obersten Stockwerk eines Hochhauses.

Moderne Wohnblöcke, Bürohäuser, ein Verkehrschaos in der Oberstadt, alles Anzeichen dafür, dass nach Bahia mehr als ein Hauch von Konjunktur gekommen ist. Am offensichtlichsten zeigt sich der Wandel beim Straßenbau; der konnte nicht zuletzt großzügig angelegt werden, weil die Portugiesen schon nicht kleinlich geplant hatten.

Das heißt nun allerdings nicht, dass es nicht mehr die Slums gebe; die »Invasionen«, die auf Pfählen in die Bucht hinausgebaut werden, das Wasser als Niemandsland okkupierend; die Hütten, die an den Hügeln kleben; die alten Paläste, die ohne jegliche sanitäre Einrichtungen von den

Ärmsten bewohnt werden und direkt hinter dem Hauptplatz, dem Terreiro do Jesus, ein ganzes Viertel an Prostitution bieten. Und das heißt des Fernern nicht, dass man nicht mehr jenes Bahia fände, das ein wohlbekanntes Bild entworfen hat: die Barockfassaden, die unzählige Male mit unzähligen Farben übertünchten Hauswände, die Bahianerinnen mit ihren Turbanen und den weiten, steifen Röcken, die Garküchen und die Steilstraßen, der Geruch des Dendê-Öls und einer Weihrauchmischung. Jenes Bahia, in dessen Vororten an gewissen Abenden die afrikanischen Trommeln zu hören sind.

Nein – dieses Bahia ist erst recht da. Denn es befindet sich in der Verteidigung. Nicht, dass es gegen das Neue wäre, aber es weiß noch nicht recht, was es mit diesem Neuen beginnen soll. Es wurde aus einer Rolle aufgescheucht. Es beginnt seine Vergangenheit zu mobilisieren und hat nun das Problem, inwiefern es sie noch weiterführen kann und wie weit daraus Folklore wird.

Im Teatro Castro Alves, einem der modernsten Theaterbauten Brasiliens, wo zwar kaum Theater gespielt wird, treten die verschiedensten Ensembles auf. Wir sahen jenes der Emília Biancardi Ferreira: »Viva Bahia«. Und wir hätten an einem anderen Abend ähnliche Programme von andern Volksgruppen sehen können: der Samba, zu dem man auf der Straße marschiert, der Messer-Samba, das Lied, das man beim Einziehen der Netze singt, die Tänze des Candomblés und die Musik der Capoeira, des angolanischen Kampfspiels.

Natürlich ist dieses alte Bahia immer noch aktiv. Jorge Amado schreibt nach wie vor seine Romane über die Mulattinnen und ihre Liebestüchtigkeit. Nach wie vor illustriert Carybé, der Argentinier, der aus Liebe ein Überbahianer wurde, das Thema dieser Stadt; aber bei seinen neuesten Bildern weiß man nie, ob man sie nicht schon früher gesehen hat. Und nach wie vor besingt Caymi die Lagune, deren Wasser schwarz und deren Ufersand weiß ist und an der zur Ehre der afrikanischen »Mutter des Wassers« getanzt wird. Aber es bestehen bereits Pläne, an diesen Ufern eine Wohnsiedlung zu errichten.

Als wir den Blauen Engel aussuchten, ein Lokal, das lange den Künstlern, Schriftstellern, Journalisten und Professoren als Treffpunkt diente und das eine Zentrale des intellektuellen Lebens in Bahia gebildet hatte, kamen wir in einen Nightclub, wo eine gleiche Jugend zu gleicher Musik die gleichen Bewegungen aus gleichen Gründen wie überall ausführt. Der intellektuelle Treffpunkt ist vorbei. Es gibt keinen Ersatz. Jenes Bahia, das einst Künstler und Schriftsteller inspiriert hat, ist erschöpft und hat ausgedient.

Nun geschahen nicht alle Veränderungen freiwillig: Der alte Markt, der Mercado Modelo, ist vor ein paar Jahren abgebrannt. Es ist schwer, sich Bahia ohne diesen Markt vorzustellen. Er lag zu Füßen jenes Lifts, der die Ober- und die Unterstadt verbindet. Dieser Markt war eine Mischung von Orient, Afrika, Portugal und Südamerika. Hier fand man, was zu der Region von Bahia und den Gebieten nordwärts gehört: Schlangenhäute und Hängematten, die geflochtene Ware der Caboclos und die Lederkleider des nordbrasilianischen Cowboys, Kultgegenstände aus Silber und dunklem Holz, die schwarzen Würste der Tabakrollen, afrikanische Instrumente und Schildpatt. Und im ersten

Stock befand sich eines der schmuddligsten Restaurants, das eines der exquisitesten war.

Der Mercado Modelo hatte einen bestimmten urbanistischen Akzent gesetzt. Nun, da er nicht mehr steht und die Brandruinen weggeschafft wurden, hat auch der Hafen dahinter keine Funktion mehr. Dort drängten sich früher die Schiffe voll von Tropenfrüchten und Tropengemüse, so dass nur wenige Flecken Wasser frei blieben, wo die Buben nach den beim Transport verlorenen Früchten tauchten. Für den Moment ist der Markt aufgeteilt und zum Teil buchtaufwärts verlagert worden. Er soll später wieder in der Nähe seines ursprünglichen Standortes erstehen, und zwar im einstigen kaiserlichen Zollhaus. Aber inzwischen hat sich der Platz verändert. Er wurde für Parkplätze asphaltiert. Wo einst die Markthalle stand, erhebt sich ein Monumentalbrunnen; seine runden Formen, obwohl abstrakt konzipiert, geben Anlass zu allerlei anzüglichen Bemerkungen.

Der Schöpfer des Monumentalbrunnens, Mário Cravo, ist einer der führenden Künstler Bahias. Er hat im Solar do Unhão das Museum für Volkskunst geschaffen und in der dazugehörenden Kirche die permanente Ausstellung zeitgenössischer Künstler aus Bahia eingerichtet. Als wir ihn aufsuchten, verwirrte das Atelier zunächst. Da sein ältester Sohn Rennwagen fährt, weiß man nicht genau, ob die Schweißapparate und Werkzeuge dem Sohn für die Reparaturen und das Frisieren dienen oder dem Vater für seine Eisenplastiken und Kunststoffgebilde.

»Waren Sie schon in Aratu?«, fragte Mário Cravo. Damit wiederholt er eine Frage, die uns auch sonst immer gestellt wurde. Das Überraschende ist nur, dass uns in ihm ein

Mann diese Frage stellt, der zu jenem Bahia gehört, das durch Aratu aufgescheucht wurde. Aber der Skulpteur spricht mit Bewunderung von Aratu: Wenn das alte Bahia dran glauben muss, ist es seine eigene Schuld, es hat zu lange geschlummert; ein anderes Bahia meldet sich nun zu Wort. Und plötzlich erweist sich seine Monumentalplastik, die mit ihrem fallenden Wasser in ein farbiges Lichterspiel getaucht werden soll und die sich nur schwer in das herkömmliche Stadtbild fügt, als Demonstration für das Bahia von morgen.

Aratu – das ist nicht nur eine geographische Bezeichnung für einen Ort, sondern der Name steht für ein wirtschaftliches Entwicklungsprogramm. Denn in Aratu, an die zwanzig Kilometer außerhalb der Stadt, entsteht das CIA, das »Centro Industrial de Aratu«, ein Industriepark, wie man ihn sonst nirgends im Nordosten Brasiliens finden kann. Bis anhin hatte Bahia kaum Industrie gekannt; es hatte von Tabak und Kakao gelebt, von Sisal, Gummi, Zucker und Rizinuspflanzen. Der petrochemische Park der Petrobras, der staatlichen Erdölgesellschaft in Camaçari, war der erste Schritt für die Industrialisierung des Recôncavo, jenes Gebiets, das sich direkt an die Allerheiligenbucht anschließt. Aber mit Aratu beginnt Bahia in ganz anderem Ausmaß zu planen.

Vierundvierzigtausend Hektaren umfasst dieser Industriepark; es gibt Zonen für die Schwerindustrie, die Leicht- und Mittelindustrie, den Hafen, die Wohn- und Geschäftshäuser, wobei über ein Drittel für Grünflächen vorgesehen ist. Fährt man durch den Industriepark, kommen einem die einzelnen Fabriken noch verloren vor. Es produzieren aber bereits einundzwanzig Unternehmungen, über dreißig sind im Bau, und im Ganzen haben sich 116 Firmen mit ihren Plänen gemeldet. Das ergäbe am Ende eine Industriestadt mit Arbeitsplätzen für einundzwanzigtausend Bewohner.

Der Industriepark von Aratu ist der wichtigste Programmpunkt der SUDENE. Nun gehört der Staat Bahia im strengen geographischen Sinne nicht zum Nordosten, jedoch der sozialen Struktur nach zu jenem Nordosten, der ein soziales Notstandsgebiet ist, wo das jährliche Durchschnittseinkommen zweihundert Dollar beträgt, ein Gebiet, das in den sechziger Jahren sich sogar rückwärts entwickelt hat. Die SUDENE sah die Lösung für die wirtschaftliche Entwicklung in der Industrialisierung, und der große Favorit dafür ist Aratu; fast vierzig Prozent der vorgesehenen Gelder werden für Aratu verwendet.

Diese entschiedene Ausrichtung auf die Industrialisierung hat in diesem Jahr zu Kritik an der SUDENE geführt, nachdem der Nordosten einmal mehr von der Seca heimgesucht worden war. Aber wie umstritten auch die Gesamtrolle der SUDENE sein mag, was die Stadt Bahia anbelangt, gehört sie zu den Privilegierten. Natürlich werden auch Bedenken anderer Art vorgetragen: Es entständen hier Industrien, die gar keine Notwendigkeit seien und die nur wegen der Steuererleichterungen aus spekulativen Gründen gebaut würden; es entständen Industrien, für deren Produkte gar kein Markt vorhanden sei. Aber trotz allen diesen Bedenken hat die Stadt Bahia einen Anstoß erlebt, der ihr eine neue wirtschaftliche Möglichkeit und ein neues wirtschaftliches Tempo brachte. Daher wird von Aratu gesprochen, wo immer man sich über Bahia unterhalten möchte. Und daher gehört heute zu Bahia ein Besuch dieses Industrieparks.

Sosehr aber Aratu die Veränderung herbeiführte, der Anfang hat woanders stattgefunden – nicht erst vor ein paar Jahren, sondern schon vor fünfzehn Jahren, und nicht vor den Toren der Stadt, sondern vierhundertfünfzig Kilometer landeinwärts: in Paulo Afonso. Und wer das alte Bahia liebte, und wer feststellt, wie sich dieses Bahia ändert, wird daher dorthin gehen, wo alles seinen Anfang nahm.

Die kleine Maschine der CHESF, der »Companhia Hidroelétrica do São Francisco«, torkelt durch die Wolken. Das üble Wetter entpuppt sich als vorzügliche Regie: Wie die Maschine zur Landung ansetzt, öffnet sich der verhangene Himmel, und unter uns schlängelt sich in einem Canyon der Rio São Francisco, einer der Hauptströme Brasiliens, tief eingefressen, mit unfreundlichen Ufern, großzügig in seiner Linienführung.

Dieser Fluss des heiligen Franz war bereits für die Portugiesen eine wichtige Wasserstraße; auf ihm drangen die Kolonisatoren und Missionare ins Landesinnere ein. So unwirtlich er sich bei Paulo Afonso bietet – er ist in seinem Oberlauf über tausenddreihundert Kilometer schiffbar, es sind alte Raddampfer, die noch heute auf ihm verkehren. So wichtig er einst war, so wichtig ist er wieder geworden – mit seinem Wasser für die Elektrizität.

In Paulo Afonso liegt einer der spektakulärsten Wasserfälle Südamerikas. Er ist nicht so berühmt wie diejenigen von Iguaçu im Süden des Landes, die zum üblichen touristischen Programm Brasiliens gehören. Nun sind die Wasserfälle von Paulo Afonso auch viel schwieriger zu erreichen. Der Felsenbrocken zwischen den beiden Fällen, die Ilha do Urubu, wurde zwar zu einer Aussichtsrampe ausgebaut, zu der eine Luftseilbahn fährt. Aber die Attraktion des Wasserfalles ist nicht eine touristische, sondern eine wirtschaftliche; denn hier liegt das Elektrizitätswerk der CHESF, der »Hydroelektrischen Gesellschaft des São Francisco«.

1955 hatte das Elektrizitätswerk Strom zu liefern begonnen, und zu den ersten Bezügern hatte Bahia gehört. 615 000 kW liefert das Werk heute; aber bereits ist die dritte Zentrale im Bau, mit ihren vier Generatoren wird sie die Leistung auf 1 215 000 kW steigern. Und für die vierte Zentrale sind die Pläne fertig. Mit den 10 000 km Leitungen ist es das Elektrizitätswerk mit dem größten Verteilernetz der Welt.

Es ist der merkwürdigste Bauplatz, den wir antreffen, und das Werk selber mit der dazugehörenden Stadt ist eine Überraschung: Wir finden eine totale Gartenanlage. Zwar nennt sich die Stadt mit den Wohnhäusern, den Verwaltungsgebäuden, den Schulen, Kirchen und Klubs »*acampamento*«; aber sie hat überhaupt nichts mit einem Camp zu tun. Die Bäume, die Rasenstücke, die Blumenrabatten, die Gärten und Parkanlagen, sie treten mit einer Verschwendung auf, die sich unbekümmert und parvenuhaft grün und blühend gibt. Und der Bauplatz selber und die Anlagen des Elektrizitätswerks sind nicht minder in Gärten und Parks angelegt. Das erzürnt manchen ausländischen Techniker und Monteur, die lieber einen freien Platz zum Arbeiten hätten als ein Blumenbeet neben der Montage. Aber dieses Paulo Afonso ist nun einmal ein Elektrizitätswerk in einem

Park, und es nimmt sich geradezu selbstverständlich aus, dass dazu auch ein Zoologischer Garten gehört.

Das Wasser des São Francisco wird an dieser Stelle doppelt gebraucht, nicht nur für die Erzeugung von Strom, sondern auch für die Bewässerung der Gartenanlagen. So kontrastiert das Acampamento mit der Umgebung: sozial mit dem eigentlichen Paulo Afonso, einer Gemeinde, die als Ergänzung zum Unternehmen der CHESF entstand. Dieses Paulo Afonso verdankt seine Existenzgrundlage dem Bau der Elektrizitätswerke; an die dreitausend Arbeiter werden bei der Konstruktion beschäftigt; davon wohnt ein Drittel im Acampamento selber. Wie überall in diesem unterentwickelten Norden Brasiliens zieht jede Arbeitsmöglichkeit mehr Leute an, als beschäftigt werden können.

Das Acampamento kontrastiert aber auch mit der Natur. Denn Paulo Afonso liegt in der Caatinga; nur hundert Meter vom Acampamento entfernt beginnt diese halb-aride Zone mit ihrem niedrigen Buschwerk, den steinigen Ödstellen und den ausgewaschenen Flussbetten. In der ausgetrockneten Caatinga herrscht der Kaktus vor, und eine Kaktusart wie die Pauma wird als Futter für das Vieh angepflanzt.

Was aber vorerst auf diesem unterernährten Boden am besten gedeiht, sind die Maste des Elektrizitätswerkes; in dieser Industrieoase am São Francisco hatte ja auch das begonnen, was eines Tages ermöglichte, dass in Bahia ein Schalter betätigt werden konnte.

Altamira – Hauptstadt der Transamazônica
(1972)

Erklärte man vor ein paar Jahren in Rio de Janeiro oder São Paulo, man fahre an den Amazonas, galt eine solche Absicht als reines Abenteuer. Nach Amazonien, da fuhren im guten Falle Missionare oder Ethnologen hin, Vogelkundige und Gummisucher, und warum nicht auch hin und wieder ein Journalist. Amazonien lag weit weg, nicht nur geographisch. Die Luftlinie von Rio nach Manaus, der Hauptstadt des Staates Amazonas, beträgt 3000 Kilometer, das ist, auf europäische Verhältnisse umgerechnet, die Distanz von Gibraltar nach Warschau.

Sagt man heute in den gleichen brasilianischen Großstädten, man fahre an den Amazonas, dann leuchtet das jedermann sogleich ein; denn jeder hat schon immer gesagt, dass … Amazonien ist »in«, wirtschaftlich und politisch. Sind Sie *investment man*? Arbeiten Sie für Minen oder eine Erdölgesellschaft? Agronom oder Straßenbautechniker? Amazonien ist Zukunft, die begonnen hat, brasilianische Zukunft spektakulär und spekulativ.

Dieses Amazonien lag bisher am Rande des Bewusstseins und der Wirtschaft. Was bis anhin den Pionieren, Einzelgängern und Abenteurern überlassen worden war, sollen nun Planung und Technik in den Griff bekommen.

»Amazônia legal« macht 56 Prozent des brasilianischen

Territoriums aus, auf denen von über neunzig Millionen Einwohnern knapp eine Million leben. Solange Amazonien seinen Gummiboom hatte, besaß es auch eine nationale Funktion. Aber als der Engländer Henry Wirkham 1876, wie man sagt, in ausgestopften Krokodilen Samen des Gummibaumes außer Landes schmuggelte und nachdem diese Samen über die Kew Gardens in London nach Hinterindien, Malaysia und Java gelangten, wo der Gummibaum in Plantagen gezogen wurde, folgte dem Boom ein Ruin, der nicht weniger aufsehenerregend war.

Seither hat man im Grunde nicht recht gewusst, was man mit diesem Riesenterritorium anfangen sollte. Sicherlich, Ford versuchte in den dreißiger Jahren auch hier Gummibäume in Plantagen zu züchten, ein gigantisches Unternehmen, das misslang. Ohne Zweifel, es wurde mit den Paranüssen und der Jute eine neue Wirtschaftlichkeit Amazoniens entdeckt. Aber Amazonien war in erster Linie etwas, das man auf der Landkarte hatte und es auch dort behalten wollte, was gar nicht so selbstverständlich war.

Denn Amazonien verführte immer wieder dazu, als eine Art internationales *no man's land* betrachtet zu werden. Schon bald nach der Unabhängigkeit wurde die Internationalisierung der Amazonasgewässer gefordert. Bis Brasilien nachgab. Die Internationalisierung blieb ein lockendes Thema; 1918 forderte sie Woodrow Wilson an den Pariser Friedensverhandlungen. Der wirkliche und noch mehr der vermutete Reichtum hat immer wieder das Ausland verführt. Zur Zeit des Gummibooms wurde das »Bolivian Syndicate« gegründet, welches mit der Rückendeckung amerikanischer Firmen territoriale Ansprüche erhob. Wenn es nicht mehr der Gummi war, warum sollte es heute nicht das Erdöl sein, sofern man einmal an der richtigen Stelle bohrt? In den zwanziger Jahren diskutierten gewisse Kreise in den USA, ob man nicht einen Teil der schwarzen Bevölkerung in das tropische Amazonien verpflanzen solle. Und was für die Schwarzen der USA gut genug war, konnte auch nicht schlecht für die Deutschen sein. Der französische Politiker Paul Reynaud war bereit, dem »Volk ohne Raum« zu Raum in Amazonien zu verhelfen.

Zum letzten Mal wurde Brasilien aufgescheucht, als das Hudson Institute 1970 seine Prognosen für Lateinamerika veröffentlichte und als der Starwissenschafter dieses Institutes, Herman Kahn, Brasilien jene aussichtslose Zukunft prophezeite, die er dann später widerrief. Gemäß dem Hudson Institute sollte im Amazonasgebiet dank immensen Staudämmen ein immenses Territorium großer Seen entstehen, eine Art kontinentales Energiereservat. Der Gedanke war nicht einmal so neu, doch war Brasilien nicht allzu sehr begeistert ob dieser Anteilnahme ausländischer Institute.

Jedenfalls hat Amazonien das Ausland mindestens so sehr interessiert wie das restliche Brasilien, wenn nicht noch mehr. So lautet auch die Publikation *Amazonien und die internationale Gier;* darin wehrt sich Artur Cézar Ferreira Reis gegen den »Ausverkauf der Heimat« an Ausländer. Die »Brazil Land Cattle Packing« zum Beispiel besitzt mit 2 881 053 Hektaren Ländereien, die fast so groß wie Belgien sind, und diese Firma führt eine beachtliche Liste anderer ausländischer Firmen an. Man hat sich in Amazonien zuweilen so sehr vom übrigen Brasilien vernachlässigt gefühlt, dass es gelegentlich zu separatistischen Strömungen kam, denen jedoch jede realistische Grundlage gefehlt hätte. Aber auf diesem allgemeinen politischen und wirtschaftlichen Hintergrund muss man den Satz verstehen: »Amazonien ist brasilianisch.«

Dieses Amazonien, das so lange von Brasilien lediglich auf der Landkarte besessen worden war, soll nun zum zweiten Mal entdeckt werden. Und wenn Amazonien in den Vordergrund des brasilianischen Interesses getreten ist, dann wegen des Baus der Transamazônica.

Die Transamazônica soll die Querverbindung vom Atlantik zum Pazifik durch den lateinamerikanischen Kontinent herstellen, und zwar dort, wo der Kontinent am breitesten ist, wo er als unzugänglich und undurchdringlich galt. Von João Pessoa und Recife, den Hauptstädten der Staaten Paraíba und Pernambuco, soll die Straße bis nach Boa Esperança an der peruanische Grenze führen, wo die Transamazônica in die Transandina übergehen soll, welche dann die Anden bis zur pazifischen Küste bei Lima überquert. Auf brasilianischer Seite hofft man, bis zum Herbst 1973, spätestens im Sommer 1974 fertig zu sein. Bei dieser Kalkulation ist zu bedenken, dass man wegen der tropischen Regenfälle im Jahr jeweils nur sechs Monate lang arbeiten kann. Auf brasilianischem Territorium wird die Straße eine Strecke von 5500 Kilometern aufweisen.

Die Transamazônica beginnt aber nicht nur geographisch im Nordosten Brasiliens, sondern auch sozial und wirtschaftlich. Sie beginnt in jenem Notstandsgebiet, das bei aller Unterentwicklung noch regelmäßig von der Dürre heimgesucht wird.

Um dieser Dürrekatastrophe wenigstens teilweise Herr zu werden, schuf man damals die Arbeitsfronten, die *frentes de trabalho*. Das war Arbeitsbeschaffung im Notstand, zum Teil in völlig improvisierter Planung. Aber diese Arbeitsfronten gaben das Modell ab für die Arbeitsbeschaffung in größerem und geplanterem Rahmen. Schon zwei Monate, nachdem der brasilianische Staatschef Garrastazu Medici den Nordosten besucht hatte, lag das erste Projekt für die Transamazônica vor, in den Augen mancher viel zu rasch. Aber es blieb nicht nur beim Projekt, sondern man machte sich sogleich an die Verwirklichung.

Nun war Amazonien schon immer ein Ausweichgebiet für den Nordosten gewesen. Mit jeder Dürrekatastrophe hatte eine Auswanderung nach Amazonien stattgefunden. Die Stoßrichtung der Binnenwanderung ging nicht nur südwärts zu den großen Industriezentren oder küstenwärts zu den Städten, sondern eben auch nordwärts, den Amazonas hinauf.

Zwei Jahre jedenfalls, nachdem man an die Verwirklichung der Transamazônica gegangen war, ist bereits das erste Teilstück fertig: die Strecke Estreito–Altamira–Itaituba (1245 Kilometer); dieses Teilstück schließt im Osten an bereits bestehende Straßen an. Beim Bau dieses ersten Teilstückes spielte Altamira eine entscheidende Rolle. Es nennt sich daher mit unbescheidener, doch verständlicher Usurpation »die Hauptstadt der Transamazônica«. Diesem Ort galt unser Besuch. Nicht dem eigentlichen Bau der Straße, sondern den ersten Erfahrungen; man kann bereits die allererste Bilanz ziehen.

Bis vor zwei Jahren führte Altamira das träge Leben einer

Amazonasgemeinde. Sie lebte vom Urwald. Hierher brachten die *seringueiros,* die Gummisucher, ihre Ballen. Hier wurden Paranüsse verschifft. Hier wurde Holz geschlagen. Gummi, Nüsse, Holz und Felle, das macht die klassische Amazonaswirtschaft aus.

Die einzige Verbindung zur Außenwelt während zweihundert Jahren war der Fluss. Außenwelt, das heißt in erster Linie Belém, der Atlantikhafen des Amazonas. Die Fahrt auf dem Wasser dauerte eine Woche, und die regelmäßigen Verbindungen waren alles andere denn regelmäßig. Das Flugzeug, das seit ein paar Jahren Altamira einmal die Woche anflog, erleichterte zwar den Passagier- und Postverkehr. Aber Altamira ließ sich nicht aus der Ruhe bringen. Es hatte auch keinen Anlass dazu.

Es liegt am Xingu, einem der wichtigen Nebenflüsse des Amazonas. An der Stelle, bis wohin der Fluss mit größeren Schiffen befahrbar ist. Von da ab verästelt sich der Xingu; Stromschnellen, Inseln, Felsen und Wasserfälle erlauben nur noch kleineren Booten oder Kanus die Weiterfahrt. Dieser Xingu ist nicht zuletzt wegen der Indianerreservate bekannt geworden, welche die Brüder Villas-Bôas, Orlando, Cláudio und Leonardo, am Oberlauf errichtet haben. 1968 wurde der »Parque Nacional do Xingu« auf 30 000 Quadratkilometer erweitert. Diese drei Brüder sind ohne Zweifel die ehrlichsten Kämpfer für den Indianerschutz und haben die ursprüngliche Idee dieser Einrichtung wie wenige hochgehalten.

Die FUNAL, die »Nationale Stiftung des Indianerschutzes«, unterhält auch in Altamira einen Posten. Als wir ihn aufsuchten, da befolgte der Leiter eine strikte Politik des

»no comment«. Wir hätten gerne gewusst, welche Probleme sich stellten, als man an den Bau der Transamazônica ging. Denn der Bau dieser Querstraße geht durch Gebiete, in denen man Indianer vermutet hatte und wo man wusste, dass es welche gab. Und Probleme hatten sich gestellt. Diese Indios mussten umgesiedelt werden. Mit einzelnen Stämmen war es leicht zu verhandeln. Mit andern nicht. Man benutzte als Mittelsmänner bereits zivilisierte Indios. Ohne Zweifel ein Gesprächsthema. Es gab *»no comment«.* Die Acurini sollen bald umgesiedelt werden. Den Tapirapé wurden bereits neue Gebiete zugewiesen. Man hat zum Teil Stämme, die traditionelle Feinde sind, nebeneinander angesiedelt. Ohne Zweifel mehr als ein Thema.

Als wir von Belém nach Altamira fliegen wollten, hatten wir alle Schwierigkeiten, einen Platz zu buchen. Als wir endlich in die Maschine stiegen, wurde uns der Grund für die Überbeanspruchung drastisch vor Augen geführt. Von den 28 Plätzen der Maschine belegte eine einzige Familie mehr als die Hälfte. Ein Nordestino, ein Familienvater aus dem Nordosten, hatte aus dem Staat Ceará seine Familie geholt, und der Bauer war buchstäblich mit Sack und Pack an den Abfertigungsschalter gekommen.

Die Transamazônica ist zwar vorerst zur Arbeitsbeschaffung gedacht, aber eines ihrer Hauptziele ist die Kolonisierung. Jenen Bewohnern des Nordostens, welchen der Boden oder auch die Verhältnisse kein Auskommen geben, soll hier eine neue Existenz geboten werden.

Von Altamira aus hat sich denn auch die INCRA, das »Nationale Institut für Agrarreform und Kolonisierung«, eingerichtet. Bis jetzt wurden 1200 Familien angesiedelt. Für dieses Kolonisierungsprogramm stehen nur ein paar Monate zur Verfügung, da dies vor der Regenperiode abgewickelt werden muss. Von jenen, die hierher kamen, haben bis jetzt etwa fünf Prozent Schwierigkeiten gemacht. Die Umstellung ist enorm. Denn es geht tatsächlich um Kolonisierung, um Urbarmachung. Jedes Jahr, so verpflichtet sich der *colono,* muss er vier Hektaren roden. Hundert Hektaren stehen ihm zur Verfügung, von denen nur die Hälfte urbar gemacht werden darf. Bis zu diesem Sommer wurden an die viertausend Hektaren gerodet. Wer seinen Verpflichtungen nicht nachkommt, geht der finanziellen Vorteile verlustig.

Mit dieser Kolonisierung wird zunächst einmal eine Diversifizierung der Amazonas-Landwirtschaft erreicht – also nicht mehr nur Paranüsse, Gummi oder Felle und dazu nichts als Konserven. Es sollen Mais, Reis und Bohnen angepflanzt werden. Und die erste Ernte mit ihren 150 000 Sack (zu 70 Kilo) ist auch vielversprechend. Dass eine solche Diversifizierung möglich ist, dass hier Gemüse und Früchte angebaut werden können, das haben Japaner vorgemacht. Japaner haben nicht nur im Süden die Landwirtschaft revolutioniert, indem sie zum Beispiel dafür sorgten, dass eine Metropole wie São Paulo zu Gemüse kam. Sie revolutionierten auch die Landwirtschaft in Amazonien. Einmal dadurch, dass sie Pfefferschoten anpflanzten und damit dem Boden ein neues Produkt abgewannen; sie waren es auch, welche die Jute eingeführt haben. Dann aber haben sie angefangen, Gemüse zu pflanzen, und dies mit großem Erfolg. Daher gehört zu einem Aufenthalt in Altamira auch der Besuch des »Sítio japonês«, des »Japanischen Gutes«. Und in allen Reportagen über die Transamazônica kommt ein

Foto der Gemüsebeete dieser japanischen Landwirtschaft in Amazonien vor. Nur hat dies einen kleinen Schönheitsfehler. Der betreffende Japaner hat schon vor neun Jahren begonnen, und was er zu bieten hat, hat nichts mit der Transamazônica zu tun. Was zum Teil als Ergebnis ausgegeben wird, ist ein Vorbild, ein Ansporn und eine Hoffnung.

Nicht nur eine Diversifizierung der Landwirtschaft wird mit diesem Kolonisierungsprogramm angestrebt, sondern auch die Schaffung eines lebenstüchtigen Kleinbauernstandes. Das dürfte dort, wo es bis anhin keine Latifundien gab, auch keine Probleme schaffen. Aber wenn das Siedlungsprojekt einmal im Ganzen durchgeführt wird, dann wird es unvermeidlich zum Konflikt mit den Latifundienbesitzern kommen. Denn ein solcher Stand der Kleinbauern wird ja die Taglöhner und landlosen Landarbeiter ablösen und somit zur empfindlichen Konkurrenz der Großgrundbesitzer werden, was die Arbeitskraft anbelangt. Nicht in Altamira, aber in anderen Regionen von Amazonien ist es bereits zu Auseinandersetzungen gekommen.

Bis zum Jahre 1980 möchte man an die 100 000 Familien angesiedelt haben, das sind immerhin eine halbe Million Menschen. Das mag einem phantastisch vorkommen. Aber der Skepsis begegnen die brasilianischen Behörden mit dem optimistischen Hinweis, dass an der 2000 Kilometer langen Straße von Belém nach Brasília innerhalb von zehn Jahren die Bevölkerung von 100 000 auf zwei Millionen gestiegen sei.

Nun ist Altamira selber ein Beweis dafür, wie ein Ort in Bewegung geraten kann. Die Bevölkerung hat sich in den letzten zwei Jahren auf 15 000 verdreifacht. Wo vor zwei

Jahren ganze drei Fahrzeuge fuhren, verkehren 1972 über fünfhundert, ohne dass die Straßen darauf gefasst wären. Hier, wo die normalen Häuser sich schon wie Slums ausnehmen, entstehen plötzlich tatsächliche Slums. In jeder Baracke wird ein Geschäft eröffnet, Holzhütten stocken auf, aus ein paar Brettern wird ein neuer Verschlag, der als Wohnhaus oder Werkstatt dienen mag. Wo man vor zwei Jahren für sechs Cruzeiros wohnte, zählt man jetzt für den schlechteren Service fünfzig und erhält erst noch keinen Platz. Und Altamira ist zu jenem Nachtleben gekommen, das einen brasilianischen Barometer für den Boom darstellt. Zwar sind die fünftausend Mann, welche den Weg durch den Urwald schlugen und die Straße bauten, schon gute sechshundert Kilometer weiter nach Westen vorgedrungen, und mit ihnen ein beachtlicher Trupp von Prostituierten; aber ein nicht minder beachtlicher Trupp ist geblieben. Die Etablissements sprießen wie die Erwartungen jener, welche hier arbeiten und auf Arbeit hoffen. Eines der Lokale trägt, unbekümmert ob des Amazonas, den herausfordernden Namen »An der blauen Donau«.

In diesem Altamira spricht man in erster Linie von Landwirtschaft und Kolonisierung; aber damit ist ja nur ein Ziel der Transamazônica genannt, das andere betrifft die Bodenschätze, und die sind für die brasilianische Wirtschaft von noch größerer Tragweite. Allerdings stellen sich hier auch andere Probleme der Finanzierung und der Konzessionserteilung. Es wird heute in Amapá bereits Mangan gewonnen; in Manaus steht ein Stahlwerk, welches das Eisenerz vom Fluss Jatapu bezieht, als Kohle dient Holzkohle, was täglich 400 Kubikmeter Holzkohle bedeutet und ein kontinuierliches Aufforstungsprogramm nötig macht. Dank Amazonien ist Brasilien aus einem Zinn importierenden Land zu einem Zinn-Exporteur geworden. Zwischen dem Xingu und dem Fluss Tapajós werden die größten Eisenerzvorkommen der Welt vermutet. Die Liste der Bodenschätze ist gewaltig: Kupfer, Blei (Projekt Xingu), Gold, Zinn (Projekt Tapajós), Mangan (Projekt Sucunduri), Zinn (Projekt Porto Velho), Kohle (Projekt Cruzeiro do Sul).

Da die Transamazônica mithilft, diese Bodenschätze zu erschließen, musste die Straße geradezu eine missionarische Funktion erhalten. Sie wurde zu einem kleinen Mythos. Dazu kommt, dass alles, was mit dem Amazonas zusammenhängt, nach Abenteuer, verwegenem Pioniertum und waghalsiger Absicht ausschaut. Moskitos, Schlangen, Gelbfieber, Malaria – das sind die unausweichlichen Stichworte. Zehn Prozent der Arbeitsequipe sind denn auch durchschnittlich nicht einsatzfähig. Erschließung des Unbekannten und Ungewohnten, mühsam sich, trotz Bulldozern, Meter um Meter durchfressend, einem Klima ausgeliefert, das zehrt und lähmt.

Nun bietet die Straße auch nach der Erstellung ihre Probleme. In Altamira ist ein Posten der DNER, des Departements für Straßenbau. Schon während des Baus waren oft unerwartet ganze Teilstücke wieder eingestürzt. Niemand wusste, wie die Straße die Probe des ersten Winters, der sechsmonatigen tropischen Regenfälle, überstehen würde. Sie litt mehr Schaden, als geahnt wurde; als wir Altamira besuchten, da war die Straße unterbrochen. Aber sie litt vor allem dort Schaden, wo man es nicht erwartet hätte. Plötzlich tauchte ein Nebenarm des Xingu auf. Die Hydrographie von Amazonien ist noch ein weites und unbekanntes Feld.

All das trug dazu bei, dass die Transamazônica zu einem Mythos werden konnte. Einem wohlgezielten Mythos; denn für die brasilianische Militärregierung ist die Transamazônica nicht nur irgendeine Straße, sondern ein Schaustück, ein Beweis für ihre Leistungsfähigkeit. Nicht zufällig vergleicht man immer wieder den Bau der Transamazônica mit dem Bau von Brasília. Die propagandistische Absicht ist eindeutig. Solange man von der Transamazônica spricht, spricht man von nichts anderem. Sie ist zugleich ihr eigenes Denkmal.

Nimmt man der Transamazônica alle Abenteueratmosphäre und alle Repräsentationswürde, alle Spekulationen, wie, sie sei letzten Endes nur aus militärischen Gründen gebaut worden, und alle politischen Ab- und Nebenabsichten, stellt sie immer noch einen gewaltigen Schritt dar, aber einen, den man nicht ohne die andern bewerten kann. Es ist ein Schritt mehr, seitdem Brasília zur Hauptstadt wurde. Man hat gegen die Hauptstadt alles und jedes vorgebracht. Dabei hat man immer wieder übersehen, dass ihre Hauptfunktion nicht in erster Linie eine architektonische oder urbanistische war. Ja, vielleicht gerade in der Hinsicht ist sie am fraglichsten. Und ihre wichtigste Funktion ist es auch nicht, Verwaltungsstadt zu sein. Das ergibt sich von alleine und notgedrungen. Wenn Brasília von nationaler und zentraler Bedeutung wurde, dann deswegen, weil von hier aus eine Infrastruktur aufgebaut worden ist. So waren die beiden Längsstraßen, die von Porto Velho nach Brasília und diejenige von Belém nach Brasília, bereits revolutionäre Taten, ohne dass diese Straßen, die ebenfalls durch den amazonischen Urwald führten, es zu irgendwelcher Berühmtheit gebracht hätten. Und so wird auch die dritte Längsstraße von Santarém über Altamira nach Cuiabá einen entscheidenden Schritt darstellen. Zu diesen Längsstraßen stellt die Transamazônica die wichtige Querverbindung dar. Sie ist nicht für sich allein zu sehen, sondern innerhalb eines gewaltigen Netzes, einer Infrastruktur von äußerster Konsequenz: Bis anhin lag das Gewicht der brasilianischen Geschichte an der Küste, und der Trend ging zur Küste, von nun an verlagert sich das Gewicht ins Innere, und der Trend gilt nun auch dem amazonischen Hinterland.

Abseits vom Wunder der Transamazônica
(1972)

Das Ziel war klar, die Frage war nur: Wie kommt man hin? Wie kommt man von Belém nach Ponta de Pedras, das nur dreißig Kilometer entfernt ist, aber auf einer Insel im Amazonas liegt?

Wir fragten auf den Docks nach, wo die großen Passagierdampfer anhalten, die bis in das kolumbianische und peruanische Amazonasgebiet hinauffahren. Man schickte uns von Dock zu Dock. Als wir alle Docks kannten, erfuhren wir, dass es einen zweiten Hafen gibt, Porto Santo Antônio. Aber der war auch nicht der richtige. Der richtige war dann der dritte, Porto Paysandu.

Es war auch stilistisch der richtige: ein Amazonashafen. Die Stege, Lagerhäuser, Schuppen, Bars, Privathäuser, alles auf Holzpfählen, die oft nur kärgliche Stöcke sind. Alles aus Holz, Pfahlbauerdasein und Amphibienleben. Das Wort »Hafen« ist schon zu anspruchsvoll, und doch befindet man sich nur ein paar Straßenzüge hinter dem großen Platz der Kathedrale. Ein Verladeort für Leute und Ware. Die Schiffe legen auch nicht unbedingt am Steg an, zuweilen lediglich entlang anderer Schiffe. Das bedeutet, dass man über einige Schiffe klettern muss, will man aussteigen. Das Klettern und Turnen variiert aber noch aus einem andern Grund. Der Amazonas macht dreißig bis vierzig Kilometer flussaufwärts die Gesetze des Meeres von Ebbe und Flut mit. So heißt das unter Umständen, nicht nur von Schiff zu Schiff zu klettern, sondern auch noch an den Landestegen hinauf und hinunter, je nachdem, wie der jeweilige Wasserstand es will.

Als wir im Hafen Paysandu nachfragten, da war gerade Ebbe. Im Schlamm tummelten sich Kinder, Schweine und Hühner. So widersprüchlich auch die Auskunft war, eines war sicher: Das Schiff war gestern abgefahren. Und ebenso eindeutig war auch die Neugierde, was wir eigentlich da drüben wollten, auf der Ilha de Marajó ...

Die Insel Marajó, im Mündungsgebiet des Amazonas gelegen, ist fast so groß wie die Schweiz; es ist die größte Flussinsel. Diese Insel gibt zunächst ein archäologisches Rätsel auf. Man hat Spuren einer Kultur gefunden, welche die gängigen Vorstellungen der präkolumbischen Kulturen in Südamerika korrigierten. Danach lebten im Amazonasgebiet und am Atlantik nur Stämme niedriger und niedrigster Entwicklungsstufen; dies im Gegensatz zu den Anden und subandinen Regionen. Die Keramik aber, die man im Nordosten dieser Insel gefunden hat, beweist, dass auch im Amazonasgebiet Stämme lebten, die bereits eine gewisse Entwicklungsstufe kannten.

Als Erklärung dafür nimmt man heute an, dass es sich kaum um selbständige Kulturen handelte, sondern um Gruppen, die sich von einer größeren Stammeseinheit in den Anden lösten und amazonasabwärts zogen, bis sie sich auf der Ilha de Marajó niederließen. Die Loslösung von der Mutterkultur kam einer Enthauptung gleich, so dass sie sich kaum weiterentwickelten, sondern mit ihrer Niederlassung hier bereits der Verfall begann. Jedenfalls war diese Kultur bereits ausgelöscht, als sich die Portugiesen der Insel bemächtigten und als die Jesuiten begannen, hier Viehzucht und Mission zu treiben.

Aber unser Interesse war nicht ein archäologisches. Und es war auch kein touristisches. Denn wenn man in Belém fragt, wie man auf die Ilha de Marajó hinüberkäme, wird man gleich in ein Reisebüro geschickt. Da werden bei genügend Interesse Reisen organisiert. Die wichtigste Attraktion ist eine Büffeljagd. Es heißt, von einem Schiff, das unterging, seien vor langer Zeit einige Büffel auf die Insel geschwommen und hätten sich dort sorglos vermehrt. Jedenfalls findet man wilde Wasserbüffel, und sie werden gejagt. Es gibt sie allerdings nicht nur wild, sondern sie werden auch gezüchtet. Sie dienen zum Teil auch als Zugtiere, wobei sie keinen Wagen, sondern ein Schiff hinter sich herziehen, dann, wenn Trockenzeit ist. Da Büffel gezüchtet werden, gibt es einige riesige Fazendas. Auf einer solchen kann man als Tourist übernachten. Es wird einem zudem ein Krokodil in seinem natürlichen Habitat versprochen, ebenso die buntesten Vögel, und ein Sonnenaufgang, wie man ihn noch nie gesehen hat. Wer nicht jagen will, kann an den Ararisee fischen gehen, einen der fischreichsten Seen, wo jede Rute idiotensicher ist.

Uns interessierte ein anderer Teil der Insel, wo es keine Attraktionen gibt, wo es nur Urwald, Sumpf und ein paar gottverlassene Siedlungen gibt. Am Ende nehmen wir ein Lufttaxi; die Maschine fliegt in gut zwanzig Minuten hinüber. Vom Flugzeug aus sehen wir das Flugfeld, es liegt nicht weit vom Städtchen – Städtchen, es ist jenes Zwischending, wo »Dorf« zu wenig und »Städtchen« zu viel ist. Im Notfall können wir zu Fuß nach Ponta de Pedras. Man weiß zwar, dass wir kommen, aber nicht wann. Dabei vergessen wir, dass man an einem solchen Ort Ausschau hält. Taucht ein Flugzeug auf, wird gleich registriert, ob es zum Landen ansetzt. Kaum haben wir uns vom Piloten verabschiedet, kommt ein weißer Kastenwagen; er dient als fahrbares Spital. Es begrüßt uns Nella; sie gehört zu den ersten Laien-Missionaren, die vor kurzem nach Brasilien geschickt wurden.

Ankunft ist hier nichts Selbstverständliches. Das sollten wir am nächsten Samstag erleben, als das Schiff von Belém ankam. Schon längst vor der Ankunftszeit traf sich alles am Steg. Das Schiff, das ist das Wochenendvergnügen, das bedeutet Freunde und Bekannte, das heißt Nachricht und Waren. Das bringt auch fürs Weekend ein paar Mondäne. Von nun an gebe es wieder Klassen-Zigaretten, meint der Händler, bei dem ich eine bestimmte Marke verlangte. Und auch Mineralwasser ist eingetroffen.

Wir beschließen bei unserer Ankunft, zu Fuß nach Ponta de Pedras zu gehen. Das ist eine gute Einführung. An den Holzhütten vorbei, die auf ihren Steckenbeinen stehen, zwei Öffnungen die Türe. Und in allen Öffnungen Kindergesichter. Wie wir uns einem *igarapé* nähern, einer Wasserstelle, die nur bei Flut Wasser führt und die dann ebenso einen Kanal wie einen kleinen Teich bilden kann, bei einem solchen Igarapé stürzt sich ein dunkelhäutiges Mädchen ins Wasser, ein scheues Tier mit langem schwarzem Haar, das am Ufer aufgescheucht wurde und nun im Wasser Zuflucht sucht, irgendwo unter Lianen taucht es wieder auf, mit den

Palmen und den blühenden Sträuchern im Hintergrund ein Zauberbild.

Aber zu diesem Zauberbild muss man wissen: Das Wasser, in dem dieses Mädchen badet, ist breiig von aufgeschwemmter Erde; das Wasser dient zum Kochen und Waschen, und in das gleiche Wasser werden die Bedürfnisse verrichtet. Zu dieser Zauberformel gehört Krankheit, gehören Amöben und Würmer. Ich erinnere mich an den berühmten Film *Orfeu Negro* aus den Slums von Rio, wie herrlich nahmen sich dort die Favelas aus, und sie konnten das, weil man im Kino nicht riechen muss.

So weit Ponta de Pedras von Belém und der Welt liegt, man kennt hier zwei Wörter wie »Küsnacht« und »Herrliberg«, auch wenn diese Wörter hier zu einer eigenen Aussprache kamen. Aber Küsnacht und Herrliberg haben nicht nur phonetisch einen besonderen Klang, sondern aus einem ganz anderen Grund. Wenn Ponta de Pedras und die Gemeinden, die dazugehören, zu einer möglichen Veränderung ihrer sozialen Verhältnisse kommen, dann deswegen, weil ein Industrieller aus Herrliberg Geld für eine Sägerei in Ponta de Pedras gab und weil die katholische Kirchgemeinde von Küsnacht-Erlenbach Geld zur Verfügung stellte, um eine Genossenschaft für Viehzucht zu errichten. Diese Sägerei und ein gerodetes Stück Urwald, das sind unsere Attraktionen.

Die Sägerei beschäftigt an die achtzig Männer, davon sind über fünfzig im »Wald«, wo sie Holz schlagen und für Nachschub sorgen. Mit dieser Sägerei hängt eine Schreinerei zusammen, und zu beiden gehört eine Schreinerschule. Die Sägerei ist ein erster Schritt. Aber diese kleinen Betriebe

können kaum gegen die größeren Sägereien und Holzver-
arbeitungsbetriebe aufkommen. So musste die Sägerei für
eine gewisse Zeit geschlossen werden, weil man nicht genügend Holz nachliefern konnte. Dafür aber brauchte es
Schiffe. Dazu fehlt aber wieder das Kapital. Die Sägerei ist
ein erster Schritt. Aber es muss ihr ein zweiter folgen. Helfen scheint manchmal mit dem Teufel etwas gemeinsam zu
haben, man kann nicht nur den kleinen Finger geben, es
verpflichtet zum Ganzen. Jeder Helfer ruft einen zweiten.

Die zweite Attraktion neben der Sägerei ist das »Campos
Irmãos Unidos«, das »Feld der vereinten Brüder«. So heißt
ein Stück gerodetes Land, hundert Hektaren. Man kann an
die Aussaat von Elefantengras gehen. Damit ist auch hier
ein weiterer Schritt getan, um einen Weideplatz für fünfzig
Kühe und zwei Stiere zu erhalten. Als wir das Feld besuchten, wurde eben der Brunnen fertiggestellt.

Holz, Nachschub, elektrisches Licht für die Sägerei, Lehr-
lingsausbildung, Viehzucht, Grasart, Tierrasse – das sind
die gängigen Stichworte, und der Katechismus kommt erst
hinterher. Evangelisierung, Gesundheit, Ausbildung und
wirtschaftliche Fragen lassen sich hier nicht trennen. Der
Mann, der seine *prelacia,* das ist eine Diözese, die im Entstehen begriffen ist, so verwaltet, ist Dom Ângelo Rivato.

Dom Ângelo ist Veroneser, der als Weltpriester nach Brasilien kam, wo er dem Jesuitenorden beitrat. 1965 kam er
nach Belém, wo er bald Superior wurde. Seit drei Jahren
lebt er in Ponta de Pedras. Als wir dort ankamen, nahm er
eben an einer Bischofskonferenz im Staate São Paulo teil.
Wir trafen ihn, als er in Belém einen Zwischenhalt machte,
um an eine regionale Vereinigung der Amazonas-Bischöfe

zu fahren. Es waren beide Male Tagungen, die sich mit unmittelbarsten sozialen Fragen beschäftigen. Er gehört zu jener Kirche, die sich ihrer sozialen Mission bewusst geworden ist.

Das erste Ziel ist die Erweckung aus der Lethargie. Es wurden fünfundzwanzig *comunidades* gegründet, »Gemeinschaften«. Ihnen steht eine Kirchen-Schule oder eine Schul-Kirche zur Verfügung, ein Versammlungslokal, wo sich jene treffen, die bisher nebeneinander und weit auseinander lebten. Und es ist erstaunlich, wie rasch die, denen man traditionsgemäß eine naturgegebene Passivität andichtet, ihre Passivität überwinden.

Wir nehmen am Gottesdienst einer solchen *comunidade* teil in Vila Nova, einem Gottesdienst, der von den Gläubigen selber organisiert wird, wo die Diskussion wichtiger ist als die Verkündigung oder die Predigt. Die sonntägliche Zusammenkunft dient zugleich der Besprechung hängiger Probleme. Evangelisieren heißt für Dom Ângelo und seine fünf Mitpadres Apathie überwinden, heißt jemanden, der bis anhin alles als Schicksal und Gotteswille hinnahm, zu Selbstbewusstsein und Selbstwürde führen.

Kein größerer Gegensatz ist denkbar als zu dem, was wir in Altamira erlebten, in jener Boom-Stadt, die dank der Transamazônica aus ihrem Dösen aufgeweckt wurde. Auch hier in Ponta de Pedras ist Amazonien. Ein verlassenes Amazonien. Schon Ponta de Pedras scheint ab der Welt zu liegen. Aber dann fährt man in eine der nächsten Gemeinden – vier Stunden auf dem Boot »Moses«. Die meisten Gemeinden sind nur auf der Wasserstraße erreichbar, vorbei an geschichtslosen Ufern.

Die Prelacia Ponta de Pedras, zu der etwa ein Drittel der Insel Marajó gehört und wo an die neunzigtausend Menschen leben, ist in kein größeres Entwicklungsprogramm integriert. Natürlich gewährt die Regierung einmal hier eine Hilfe und einmal dort. Wenn Dom Ângelo ein Gymnasium, eine Sekundarschule baut, dann ist der Staat bereit, für die Löhne der Lehrer aufzukommen. Aber ohne die private Initiative geschähe kaum etwas. Wenn Ponta de Pedras zu einer medizinischen Betreuungsstelle kam, dann nur dank den Mitteln, die ihr von privater Seite zufließen. Sonst bliebe es bei der gewohnten Trägheit. Hier, wo die Verhältnisse noch ärmer und kläglicher sind und dafür die Preise höher, da alles per Schiff kommt. Monoton wie der Alltag ist die Nahrung, Maniok und Açaí, das aus einer Palmenart gewonnen wird; ereignislos das Ganze, mit dem üblichen Katalog von Arbeitslosigkeit, Unterernährung und Analphabetentum. Die Sägerei könnte Arbeit bringen. Die Genossenschaft wird aus Taglöhnern Bauern machen, sofern etwas geschieht, dank der Initiative eines Einzelnen oder einiger weniger. Man spricht von der Transamazônica wie von einem Wunder, das weit weg in einem andern Amazonien stattfindet.

Der Missionar als Drogenhändler
(1974)

Die einen heilt er, den andern bringt er den Tod. Aber was immer er macht, es geschieht mit dem Willen Gottes. Manchmal heilt er nur kurzfristig; dafür ist der Tod, den er den andern bringt, umso endgültiger. Wenn er Messe liest, kann es geschehen, dass ein Stummer plötzlich zu sprechen anfängt. Das passierte diesen Juni einmal mehr in einer kleinen Stadt im Nordosten Brasiliens. Der Name tut nichts zur Sache, das Gleiche hätte sich auch in einem anderen Städtchen und zu einem anderen Zeitpunkt ereignen können. Der Stumme redete allerdings nur kurze Zeit. Als die Messe zu Ende war, verstummte er wieder. Aber es gibt Zeugen, die haben ihn gehört. In der gleichen Messe starb eine Frau; sie hatte sich so aufgeregt, dass ihr Herz aussetzte. Auch dafür gibt es Zeugen und einen Totenschein. Nicht zum ersten Mal setzte ein Herz unter solchen Umständen aus. Der Tod vollzog sich angesichts eines außergewöhnlichen Mannes:

»ER« ist der liebe Gott; »er« ist Frei Damião. Wer der liebe Gott ist, das dürfte man auch hierzulande wissen. Hingegen kaum, wer Frei Damião ist, sein Abgesandter. »Frei«, das ist der Titel, den die Kapuziner tragen, und Damião ist die portugiesische Version von Damianus.

Gewöhnlich tritt der Name Damian nicht allein auf, sondern zusammen mit dem seines Zwillingsbruders Kosmas. Kosmas und Damian aus Ägea waren Märtyrer der diokletianischen Christenverfolgung. Die erste Kirche Brasiliens hatte dieses heilige Bruderpaar, zwei Ärzte, zu Schutzpatronen.

Damião aber tritt allein auf. Er vereinigt alle Attribute, die zu Kosmas und Damian gehören, in einer Person; auch wenn man diese Attribute nicht sieht, geistig sind sie spürbar: Salbenbüchse, Flasche, Uringlas, Mörser, Eimer und gelegentlich ein Apothekerkästchen mit Schubladen, wie die christliche Ikonographie (Heiligendarstellung) es will.

Diesem Damião wollten wir nachgehen. Es war nicht so leicht herauszufinden, wo er sich gerade aufhielt. Dass er unterwegs war, wussten wir aus der Zeitung: von einer Stadt zur andern auf Mission. Wir erkundigten uns bei den Kapuzinern in Recife. Aber beim ersten Vorsprechen konnte man uns keine Auskunft geben. Beim zweiten Mal war Damiãos Sekretär zufällig da; er reist dem Meister jeweils voraus, um die entsprechenden Arrangements zu treffen. Er machte uns auch gleich klar, dass Frei Damião bis Februar ausgebucht sei; aber wir wollten ihn ja gar nicht engagieren, sondern ihm bei der Arbeit zuschauen.

Also schön. Der Sekretär ließ es uns wissen. Er besaß unter der Tonsur jenen stechenden Blick des Rechtgläubigen, der durch jedermanns Brust direkt ins sündige Herz trifft. Doch würdigte er uns glücklicherweise keines Blickes; er sah in die Ferne, die gekreuzten Hände hatte er in den weiten Ärmeln der Kutte versteckt, und er legte los mit einem Tempo, als läse er Brevier.

So viel jedenfalls brachte ich heraus, dass sich Frei Damião dieses Wochenende in Maceió aufhält. Maceió ist die ärmliche Hauptstadt des ärmlichen Bundesstaates Sergipe, fünf Stunden Busfahrt von Recife entfernt. Aber andere legen noch ganz andere Distanzen zurück, um Frei Damião zu sehen. Also fuhren wir los.

Die Verachtung, die der Sekretär uns gegenüber an den Tag legte, hatten wir im Zusammenhang mit Frei Damião schon ein paar Tage früher zu spüren bekommen. Allerdings von der Gegenseite. Wir hatten uns auf dem bischöflichen Sekretariat für den Staat Pernambuco nach Frei Damião erkundigt. Dort wollte man vorerst nichts wissen. Immerhin gab uns dann ein junger Theologe einen halblauten Tipp: Wir sollten bei den Kapuzinern nachfragen; es war, als hätte er uns eine schmutzige Adresse genannt.

Denn so gottgefällig Frei Damião sein mag, der Kirche selber ist er nicht nur gefällig. In den Diözesen Floresta dos Navios, Afogados da Ingazeira, Palmeira dos Índios und Campina Grande ist ihm das Auftreten verboten. Aber was bedeuten diese Diözesen schon gegenüber den vierhundert Orten, die sich auf seiner Bedienungsliste bis Februar 1976 finden.

Als Frei Damião letztes Jahr das fünfzigjährige Jubiläum seiner Weihen feierte, nahmen dreiundzwanzig Priester und Bischöfe daran teil. Der Kapuziner füllte ein Fußballstadion mit sechstausend Gläubigen. Ohne Zweifel, es gibt Klubs, die mehr Leute ins Stadion locken. Aber es gibt kaum einen Missionar, dessentwegen sich so viele auf den Rasen des runden Leders begeben.

Schließlich ist Frei Damião der erfolgreichste Missionar des brasilianischen Nordostens, seit zweiundvierzig Jahren durchläuft er dieses Riesenterritorium vom Staate Bahia bis zum Staate Piauí – das heißt, er durchfährt es mit seinem Jeep, auf den Lautsprecher montiert sind, um das Wort Gottes weiter hinauszutragen, als es die menschliche Stimme vermöchte.

Es war gut, dass wir gleich losgefahren waren. So konnten wir Frei Damião noch am gleichen Abend im Großeinsatz erleben: beim Beichteabnehmen. Wir waren durch das Städtchen geschlendert und hatten gehofft, in Erfahrung zu bringen, wann es am andern Morgen losgehe. Es war schon sechs Uhr abends, und wir fürchteten, bei den Kapuzinern alles geschlossen zu finden. Im Gegenteil: Die Kirche war hell erleuchtet. Vor dem Portal drängten sich viele, und im Innern mussten wir uns durchkämpfen, bis wir zu jener Stelle kamen, wo eine rote Kordel eine Grenze zog; dahinter saß er: Ein untersetzter Mann mit kurzem weißem Haar und wallendem Bart, den Kopf etwas geneigt, mit einem kleinen Buckel, die eine Hand auf seinem Embonpoint, in selbstherrlicher Stellvertretung eines leidenden Gottes.

Vor Frei Damião kniete das, wovon er lebt, ein Sünder. Ein Mann, und hinter diesem Mann standen Männer Schlange, Männer verschiedenen Alters, zwischen den armselig Gekleideten manchmal ein Anzug mit Krawatte, aber die meisten Gesichter ausgemergelt, aufgescheuchte und neugierige Figuren, den Hut verlegen in der Hand. Es beichteten die Männer und nur die Männer. Die Frauen standen abseits in der Ecke oder knieten in den Bänken oder unterhielten sich vor dem Kirchenportal. Es wurde nach Geschlechtern getrennt gebeichtet, wie man auch nach Geschlechtern getrennt badet, es ging um die Reinigung der Seele. Bis spät in die Nacht hinein, bis Mitternacht, hörte Frei Damião Beichte. Man nimmt einen Tagesschnitt von dreihundert Beichten bei ihm an. Rechnet man auf eine Beichte fünf Sünden, kommt man auf einen Durchschnitt von tausendfünfhundert Sünden pro Tag, die Frei Damião aus der Welt schafft. Aber das Beichtenhören ist nur eine seiner Beschäftigungen. An die hundert Briefe und Karten, Gesuche und Bitten erreichen ihn täglich. Wie dringend die Bitten sein können, zeigt folgendes Beispiel: »Heiliger Frei Damião, segne mein Haupt, damit ich aufhöre zu trinken, denn wenn ich betrunken bin, überkommt mich die Lust, meine Eltern und meinen Bruder totzuschlagen.« Dreihundert Beichten pro Tag und hundert schriftliche Äußerungen ergeben kein schlechtes Pensum für einen Mann, der immerhin sechsundsiebzig Jahre alt ist. Er kommt mit vier Stunden Schlaf aus; er ist nicht nur mit seinen Gläubigen unerbittlich, sondern auch mit sich selbst.

Bis zwölf hörte er Beichte, der nächste Anlass fand schon vier Stunden später statt: die Bußprozession. Bereits seit zwei Nächten führte Frei Damião in Maceió solche Buß- und Bittprozessionen durch. Die bisherigen seien nicht so sehr vom Erfolg gekrönt gewesen, hörten wir. Aber für die am Sonntagmorgen konnte man mit Zulauf und Anteilnahme rechnen. Da kamen sicher einige aus der näheren Umgebung von Maceió dazu. Dann hatte inzwischen die lokale Presse über Damiãos Anwesenheit berichtet. Zudem hatte sich herumgesprochen, dass wieder einmal eine alte Frau beim Anblick von Frei Damião eine Herzattacke erlitten hatte.

Um vier Uhr früh drängte sich denn auch eine beachtliche Menge vor der Kirche, doch ließ der Kapuziner zunächst auf sich warten. Der Ruf »Er kommt« ließ einen einmal in die und dann wieder in eine andere falsche Richtung laufen. Inzwischen hatten auch die Händler ihre Stände aufgestellt: Kerzen natürlich, aber auch Nüsschen und Kaffee aus einem kleinen Tank auf dem Rücken, vor allem aber Bilder von Frei Damião, Erinnerungsfotos an seine Missionsarbeit.

Dann war er rascher da, als man erwartet hatte. Er marschierte mit einer Entschlossenheit und Zielsicherheit los, dass man ihn nicht ohne weiteres einholte. Frauen und Mädchen gaben sich die Hand, bildeten einen Kordon und gingen den beiden Straßenseiten entlang, zwischen ihnen die privaten Ordnungshüter, die *body-guards* des *soul-guard*. Straße um Straße drang man vor. In der Straßenmitte er, Frei Damião, rechts und links von Männern gestützt, die er mitriss, entrückt, Partikel einer Litanei von sich gebend, anfeuernd und anspornend, ein Chor, der an jeder Straßenkreuzung zunahm. Eine gute Stunde zog man durch die morgendlichen Straßen von Maceió. Die Prozession war diesmal ein Erfolg – es wurde mit Begeisterung und auch, wie man sah, mit Routine gebüßt.

Als man wieder bei der Kirche war, zog sich Frei Damião für einen Moment zurück, kam aber bald wieder, um Beichte zu hören. Um acht las er dann eine Messe im Freien. Als er draußen erschien, sprangen ein paar Vertreter der *jeunesse dorée* aus ihren Autos, liefen auf Frei Damião zu, berührten rasch seine Kutte und legten die Hand dann wieder auf Freundin, Polster und Volant.

Der Platz vor der Kirche eignete sich vorzüglich für eine Freilichtmesse, denn die Kirche war auf eine Rampe gebaut. So konnte Frei Damião von erhöhter Stelle seinen Segen erteilen und reden. Nur der Himmel schien es nicht gut mit ihm zu meinen. Als er zu reden anfing, begann es zu regnen. So predigte er nicht wie der heilige Franz den Vögeln und nicht wie der heilige Antonius den Fischen, sondern seine Predigt tropfte auf Schirme und Plastikhüllen und improvisierte Papierhüte.

Was er sagte, war nicht neu. Es ist seit zweiundvierzig Jahren nicht neu. Es geht darum, dass alle Sünder sind, und das hat sich in zweiundvierzig Jahren nicht geändert. Natürlich passt er sich den jeweiligen Umständen an. Sollte zum Beispiel der Minirock gerade in Mode gekommen sein, redet er vom Minirock. Er sagt und meint nur eines: Buße tun. Und was er fordert, ist nicht zu viel. Die meisten, die ihm zuhören, sind arm und bitterarm; um Buße zu tun, braucht es kein sicheres Einkommen.

Man könnte zu diesen Zuhörern, die ja Gläubige sind, auch über andere Dinge reden. Dinge, die sie genauso betreffen wie die Sünde. Zum Beispiel: der Hunger und die Arbeitslosigkeit oder das Fehlen ärztlicher Assistenz. Aber das sind irdische Dinge. Nicht dass Frei Damião das nicht sähe, aber darum soll man sich nicht kümmern. Wenn der Mensch weniger sündigte, wäre alles besser. Aber er sündigt. Und so soll er sich nicht über die Strafe Gottes wundern. Wer bereut und Buße tut, dem gehört der Himmel – und dort ist das Manna gratis.

Es ist unklug, nicht auf Frei Damião zu hören. Luís Alves de Brito aus Crato erzählt ein warnendes Beispiel: »Ein

Vater und eine Tochter, die im Inzest lebten, hörten nicht auf die Ermahnungen von Frei Damião. Seither hüpfen und meckern sie als Bock und Ziege.« Das ist nur einer von 185 notierten Fällen. Man muss sich vorsehen als Journalist.

Eine Figur wie Frei Damião darf man nicht als Sonderfall oder als Sonderlingsfall nehmen, sondern man muss ihn innerhalb der wirtschaftlichen und sozialen Situation betrachten, in welcher er – mit Erfolg – wirkt. Er gehört unabdingbar zu diesem brasilianischen Nordosten. Dass Frei Damião Missionen durchführt, ist nichts Besonderes. Seit 1662 pflegen die Kapuziner ins Innere des Landes zu reisen und ihre Missionen abzuhalten. Missionen – damit ist nicht die Bekehrung von Heiden oder Ungläubigen gemeint. Das war zwar auch einmal der Fall, aber man konnte die Indios ja auch nur so lange bekehren, als sie noch nicht ausgerottet waren.

Diese Missionen gelten den Getauften. Es sind Erweckungsreisen, Aufrufe, Buße zu tun. Sie werden nicht zuletzt deswegen unternommen, weil die katholische Kirche sich in dieser einstigen Kolonie Portugals mit ihrer Arbeit sehr rasch zufriedengab. Man meinte, mit dem Ausgießen von Taufwasser habe man das christliche Soll erfüllt. Katechetische Arbeit wurde kaum geleistet. Man machte aus Gläubigen nicht nur Analphabeten in weltlichen Dingen, sondern auch in kirchlichen.

In dieser Atmosphäre von Halbwissen und Unkenntnis, von sozialer Not und wirtschaftlichem Druck, einer ungnädigen Natur ausgeliefert, die es immer wieder zu Dürrekatastrophen kommen lässt, und in den Händen einiger weniger Mächtiger, deren Willkür zum Gesetz wurde – da gedeiht der Glaube ans bessere Leben in Form von religiösem Fanatismus.

Zwei Typen gehören daher zu diesem brasilianischen Nordosten: einmal der *penitente,* der »Büßer«. Gewöhnlich kommt er aus der untersten Schicht der rechtlosen Landarbeiter. Er stellt sich an Straßenkreuzungen auf, vor Kapellen oder Friedhöfen und tut öffentlich Buße, das Haupt gewöhnlich verhüllt. Er zieht mit Frau und Kindern oder in kleinen Gruppen durch die Gegend. Die Selbstkasteiung gehört dazu, die Selbstbestrafung ist ein Spektakel, und man schließt die Kinder ein, wenn die *penitentes* in den Ort kommen.

Neben diesem »Büßer« findet man den *beato* oder die *beata.* Das sind Männer und Frauen, die das Gelöbnis der Keuschheit abgelegt haben; sie leben ohne Familie, doch scharen sie gewöhnlich andere um sich. Sie obliegen oft sozialer und karitativer Tätigkeit. Man nennt sie deshalb auch *conselheiros,* Ratgeber. Es sind eine Art Mönche und Nonnen, die keinem Orden angehören, oder Ordensstifter, deren Bedeutung aber kaum über die lokale Umgebung hinauswirkt. Es gibt eine Geschichte dieses Fanatismus, der von der Komik bis zur Tragik reicht, er umfasst »Heilige Familien«, »Himmlische Höfe«, »Irdische Jerusalems«.

Es gehört dazu das Missverständnis: Als ein Padre in Ibiapina einer kranken Frau empfahl, sie solle heiße Bäder nehmen, verstand sie statt »heiß« *(cálido),* sie solle in Caldas Bäder nehmen. Nach drei Tagen war sie geheilt, und so gibt es seit 1869 die Wunderkapelle des »Guten Jesus der Sünder« in Caldas. Es gehört dazu der Gesinnungswandel: Der Mulatte Manuel Palmeira gründete 1893 den »Orden der

Büßer«, der nachts auf den Friedhöfen seine Psalmen sang. Aber bald trafen sich die Büßer zu sexuellen Orgien. Es gehört dazu die Groteske: Beato Francelino, ein Schwarzer, der mehr als hundert Jahre lebte, verkündete, er werde zu Fuß übers Wasser gehen. Aber als er den ersten Schritt machte, riss ihn der Strom mit; als man ihn halbtot aus dem Wasser zog, erklärte er ungebrochen: Sein Glaube sei zu klein gewesen. Es gehört dazu der Schwindel: Frei Deodato kam aus dem Hinterland und nistete sich bei einem Großgrundbesitzer ein, weil auf dessen Land ein Schatz verborgen sei, und er werde ihn dank der Gebete und Kasteiungen finden. Das sind *faits divers* einer Religiosität, die ihre unverkennbaren mystischen Wurzeln hat, ihren messianischen Glauben, dass einmal die Erlösung kommt. Es gehören dazu die Hoffnung und der Wunsch nach einem besseren Leben – aber man kann sich dieses bessere Leben nur noch als Wunder vorstellen.

In dieser Geschichte des religiösen Fanatismus im brasilianischen Nordosten gibt es zwei Ereignisse, die illustrieren, wie solch religiöses Verhalten in Politik umschlägt. Nach einer »zwanzigjährigen ununterbrochenen Wallfahrt« ließ sich Conselheiro Antônio im Innern des Staates Bahia nieder und gründete eine Siedlung in Canudos. Eine religiöse Gemeinschaft, zu deren Hauptziel die soziale Gerechtigkeit gehörte, und sie verwirklichte diese in dem von ihr abgesteckten Rahmen. Aber die Gemeinschaft war antirepublikanisch. Die Bauernschaft des brasilianischen Nordostens war aus religiösen Gründen gegen die Republik gewesen; denn die Republik hatte die Trennung von Kirche und Staat sowie an Stelle des Taufbuches das Zivilregister gebracht – Gründe, für die Monarchie zu sein. Noch 1950 fand man im brasilianischen Nordosten »Himmlische Höfe«, wo man den letzten Monarchen Brasiliens, Pedro II., hochleben ließ. Gegen Canudos schickte die junge Republik Truppen. Diese religiöse Gemeinschaft, dieser »Staat im Staat«, wurde auf brutalste Weise vernichtet. An den Feldzügen von 1896/97 nahm ein Journalist teil, Euclides da Cunha; er hat darüber ein Buch geschrieben, das zu den klassischen Werken der brasilianischen Literatur gehört: *Os Sertões* (Die Hinterländer).

Was sich Ende des letzten Jahrhunderts im Innern des Staates Bahia ereignete, das konnte sich vor dem Zweiten Weltkrieg im Staate Ceará wiederholen. Der Beato Lourenço hatte in der Nähe von Crato sein »Irdisches Jerusalem« gegründet; wiederum eine religiöse Gemeinschaft, eine Arbeits- und Lebensgemeinschaft. Land wurde bebaut und der Gewinn nach dem Bedürfnis der einzelnen Mitglieder verteilt. Für die Religion spielte dabei ein Stier eine wichtige Rolle, er wurde als heiliges Tier verehrt, sein Urin galt als Wundermittel. Gegen die Gemeinschaft von Caldeirão setzte man ebenfalls Truppen ein; die Gemeinschaft wurde liquidiert, der Beato Lourenço blieb steten Verfolgungen ausgesetzt, entzog sich der Verhaftung durch Flucht, bis er sich dann von neuem irgendwo einrichten konnte. Zu einer neuen Gemeinschaft kam es aber nicht mehr; er starb 1946. Gegen Caldeirão waren Kirche und Staat gemeinsam vorgegangen. Sie verteidigten die Orthodoxie, aber sie verteidigten nicht nur die Orthodoxie des Glaubens, sondern auch die Orthodoxie des Besitzes.

Man muss eine Figur wie Frei Damião auf diesem Hintergrund sehen, erst dadurch erhält er seine Bedeutung; er ist die markanteste Figur, welche mit dem religiösen Fanatismus spielt, es ungeniert tut und zu allem Elend noch an das, was er macht, glaubt.

Man hat angesichts dieses Fanatismus zu verschiedensten Erklärungen gegriffen: Man hat ihn aus dem Hinterwäldlertum des brasilianischen Hinterlandes erklärt, man hat ihn auch aus der Tatsache des Mestizentums abgeleitet, da bei dieser »Religion« Elemente aus den verschiedensten Quellen zu finden sind. Aber solche Erklärungen sind mehr Entschuldigungen als Erklärungen. Die Geschichte dieses Fanatismus ist die Geschichte privater, nichtorganisierter, bloß spontaner Rebellion, die sich im religiösen Bereich äußert, die aber ihre Wurzeln in den Elendsbedingungen des Alltags hat.

Man muss diesen historischen Hintergrund sehen, um einen Frei Damião zu verstehen, denn es gibt einen ganz direkten, nämlich persönlichen Anknüpfungspunkt. Der letzte große Wundertäter des brasilianischen Nordostens war Padre Cícero. Der Ort, wo er wirkte, ist zum Mekka des brasilianischen Nordostens geworden. Die Kirche hatte der Tätigkeit dieses Padre Cícero mit Misstrauen zugeschaut; er war nach Rom zitiert worden, aber am Ende konnte er ungeniert weiterwirken: Nach Juazeiro pilgerten alle jene, die sich etwas erhofften. Padre Cícero war ein Wundertäter, der sich mit den damaligen Machthabern aufs Beste verstand. Er wurde vom Volk geliebt und verehrt, er wurde als einer der ihren verstanden und angenommen. Ohne je heiliggesprochen worden zu sein, ist er der wichtigste Lokalheilige des brasilianischen Nordostens.

Seit dem Tode von Padre Cícero im Jahre 1934 ist sein Platz vakant. Es gibt nur *eine* Figur, die diesen Platz einnehmen könnte, was die Popularität betrifft: Frei Damião. Allerdings, er selber wehrt sich dagegen: »Mag sein, dass Gott durch mich irgendein Wunder bewirkte, aber was man sich so erzählt, das sind Übertreibungen des guten Volkswillens, die Leute lieben es nun einmal, viel über mich zu reden, ich selber teile nicht den Glauben, dass ich Wunder tue. Padre Cícero? Nein, nein, ich möchte nicht über ihn reden. Die Leute drängten darauf, mich mit ihm in Verbindung zu bringen. Ich habe ihn nicht gekannt.«

Aber sosehr sich Frei Damião auch ziert, sein Bild findet sich auf Fotos neben demjenigen von Padre Cícero. Und die Gesichter der beiden trifft man auch auf einem *folheto,* einem Heftchen, wie sie zu Tausenden auf den Marktplätzen verkauft werden. Diese Heftchen bilden die eigentliche Volksliteratur des brasilianischen Nordostens. Der Volksdichter José Costa Leite hat die beiden Köpfe aufs Titelblatt eines *folheto* gesetzt: »Die Zeichen des Weltuntergangs und die drei Kohlensteine.« Darin wird – unter Berufung auf Padre Cícero und Frei Damião – prophezeit: »Von nun ab in Zukunft werden wir sehen / Pest, Hunger, Dürre und Krieg / eine schreit, eine hüpft, eine andere weint / eine klagt und eine andere kreischt / zu sehen ist nur Orgie und Korruption / Teufel und Verdammnis / und das wilde Tier auf Erden.« Solch apokalyptische Aussichten gehören mit aller Logik zu Frei Damiãos Weltbild – eine Welt der Sünde, die nicht Buße tut, hat auch nichts Besseres zu erwarten.

Aber dieses »Zeichen des Weltuntergangs« ist nicht das einzige *folheto,* das auf dem Markt zu finden ist, sondern es gibt noch zwei andere: »Der Protestant, der in einen *urubu* (Geier) verwandelt wurde, weil er Frei Damião umbringen wollte«; aber nicht nur Protestanten werden verwandelt, sondern auch harmlose Mädchen, wie jenes »Mädchen, das in einen Hund verwandelt wurde, weil es Frei Damião eine Banane gab«: »Daher, liebe Zuhörer / werde ich was erzählen / was die Leute noch nicht kennen / Besser, es auf der Seite zu lassen / Ein Mädchen, so schön / Heut ist sie sonderbar / verwandelt in einen Hund.«

Eine solche Popularität muss aber nicht zuletzt jene interessieren, in deren Namen Frei Damião spricht: die Vertreter der katholischen Kirche. So haben Studenten der Theologischen Fakultät von Recife Frei Damião eine Untersuchung gewidmet: *Sim ou Não? Os impasses da religião popular* (Frei Damião: Ja oder Nein? Die Sackgassen der Populärreligion).

In dieser Untersuchung haben sie sich nicht nur mit der Sprache dieses Mannes auseinandergesetzt, mit seinem Weltbild, sondern sie haben sich vor allem mit der Frage befasst, wie es zu erklären sei, dass ein solcher Mann solchen Anklang und solche Breitenwirkung findet. Als Antwort kann man Folgendes lesen: »Frei Damião präsentiert sich einem Volk, das sich durch die Mentalität der herrschenden Kultur bedroht sieht, als ein Banner des Widerstandes. So wissen die Zuhörer auch schon von vornherein, was er sagen wird. Er sagt immer die gleichen Dinge, denn seine Predigten sind reine Dekoration. Und das Volk hat eher das Bedürfnis, Frei Damião zu hören als einen Prediger der nachkonziliaren Erneuerung, vor allem, wenn es dieser nicht versteht, sich ans Volk zu wenden, denn er schafft und vermittelt nur Unsicherheiten, neue Notwendigkeiten. Frei Damião ist ein Missionar des vergangenen Jahrhunderts, jenes Jahrhunderts, in welchem das Volk heute noch kulturell lebt. Insofern ist er ein Missionar der Zeit oder besser ein Zeitgenosse dieses Volkes.«

Von da aus versteht man auch, dass sich Frei Damião vor allem auf ein Buch aus dem Jahre 1884 stützt; damals erschien der Katechismus, der die Grundlage für sein Denken abgibt: *Catecismo para os Párocos da Missão abreviada* (Kleiner Katechismus der Mission für die Pfarreien).

Aber Frei Damião, mit bürgerlichem Namen Pio Gianotti, der aus Italien nach Brasilien kam, hat studiert: Theologie, Dogmatik, Philosophie und kanonisches Recht. Selbst wenn er sich auf einen Katechismus aus dem letzten Jahrhundert stützt, macht er doch moderne Gedankengänge mit, auch wenn er sie in die Kanäle der Reaktion leitet: »Die Kirche kann sich nicht nur mit dem Geistigen befassen. Der Mensch besteht auch aus Fleisch. Und als solcher muss er genommen werden. Ein Mensch kann Gott nicht gut dienen, wenn er nicht vernünftige Lebensbedingungen kennt.«

Man staunt, denn das hört sich an, als hätte Frei Damião etwas von einem Konzil in dem so fernen Rom gehört. Aber sogleich, mit dem nächsten Satz, macht er klar, was er unter der »Fleischlichkeit des Menschen« versteht: »Ich rede nicht von der progressiven Kirche. Nein, nein, auch wenn die Bischöfe kritisieren. Der Priester darf sich nur dann politisch betätigen, wenn er in einem kommunistischen Land die christliche Glaubenslehre verteidigen muss, dann muss er sich engagieren. Sonst aber nie.«

Von da aus ist es möglich und logisch, dass er sich zum

jetzigen Militärregime in Brasilien bekennt, das am 31. März 1964 an die Macht kam: »Ich schätze die Politik der Revolution vom 31. März sehr hoch ein. Sie hat Brasilien einen großen Dienst erwiesen. Und wenn es nur dieser ist, dass sie uns vom Kommunismus befreite.«

Es liegt auf der Hand, dass Frei Damião keine Probleme mit der brasilianischen Presse hat. Seiner Verkündigung der Frohbotschaft wird das Militär nichts entgegenstellen. Dies ganz im Gegensatz zu einem Dom Hélder Câmara, um den es in Brasilien so still ist, dass Brasilianer fragen, weshalb man in Europa solches Aufhebens von diesem Prälaten mache, hier rede niemand von ihm. Das stimmt. Denn die Erwähnung des Namens von Dom Hélder Câmara, Erzbischof von Recife und Olinda, ist durch die Zensurbehörde verboten. So etwas wird Frei Damião nie passieren. Ohne deklarierter Gegenspieler zu sein, nimmt er doch die andere Position ein, die der reaktionären Kirche.

Von da aus versteht man auch, wenn Dom Hélder Câmara davon sprach, Marx habe recht gehabt, wenn er die Religion als Opium fürs Volk bezeichnete. Das sagte Dom Hélder Câmara anlässlich der Weltsynode der Bischöfe in Rom vom Oktober 1974, wo die Evangelisation ein Hauptthema war. Der erfolgreichste Drogenhändler in Brasilien, der für sich den Segen einer Kirche und den Schutz des Militärs beanspruchen kann, heißt Frei Damião.

Er bringt seine Ware in einem Gebiet an, wo die Gläubigen ihre eigene Art zu beten haben. In dem Gebet von »Unserem Herrn vom Guten Ende« kann man lesen: »Wenn sie mich durchbohren wollen, möge das Messer der Hand entgleiten. Wenn sie sich mit dem Gummiknüppel und der

Sichel gegen mich bewaffnen, dann mögen diese in der Luft stehenbleiben, wie Maria am Fuße des Kreuzes verharrt, wartend auf ihren gebenedeiten Sohn. Der Strick, mit dem sie mich vertreiben wollen, soll mir zu Füßen fallen.«

Die Ehe wird nur aufgelöst durch den Tod des Gatten oder der Gattin. Wer die Ehe verlässt und sich zivil mit jemand anderem vermählt, ist in der Hölle von Kopf bis Fuß. Habt nicht zu viel Liebesumgang mit den euch Angetrauten. Eine längere Zeit der Abstinenz ist immer gut. Zwei Eheleute können im gemeinsamen Einverständnis ein ganzes Leben verbringen, ohne von ihrem ehelichen Recht Gebrauch zu machen. Aber sobald sie davon Gebrauch machen, müssen sie die Familie akzeptieren, die Gott ihnen vorgesehen hat. Die Pille, die Pille ist nicht gut, Gott gefällt sie nicht. Der Minirock ist nicht von Gutem. Er ist ein Netz, dessen sich der Dämon bedient, um Menschen zu fangen. Der Dämon ist in die Miniröcke der Frauen geschlüpft. Viele Männer verlieren den Kopf wegen dieser übertriebenen Moden.

Das Hirn Brasiliens
(1975)

Wenn es so weit ist, wundert man sich vorerst. Es ist nicht leicht, als ausländischer Journalist in die »Escola Superior de Guerra« zu gelangen. Aber wenn der Besuch arrangiert ist und wenn man sich in dieser »Hochschule für den Krieg« umsehen darf, fragt man sich, wozu die Vorsicht und die Bedenken der zuständigen Militärs.

Zu sehen jedenfalls gibt es nichts Ungewöhnliches: Die Schule befindet sich in Urca, einem ruhigen und komfortablen Wohnviertel von Rio de Janeiro. Zu Füßen des berühmten Zuckerhutes, allerdings auf der Hinterseite, wo der Besucher dieses Aussichtspunktes gewöhnlich nicht hinfindet. Von der Guanabara-Bucht her nimmt sich das Hauptgebäude mit den flankierenden Palmen eher aus wie ein Hotel.

Die Schule, auf dem Gelände des einstigen portugiesischen Forts São João errichtet, umfasst fünf Gebäude. Darunter eine Bibliothek mit zwanzigtausend Bänden, ein Auditorium für tausendfünfhundert Zuhörer, zwei große Amphitheatersäle und an die zwanzig Vorlesungszimmer. Dazu kommen einige Sportanlagen. Steht man auf dem Platz vor dem Hauptgebäude, trifft man mindestens so viele Zivilisten wie Militärs. Für eine Militärschule geht es äußerst ungeniert zu. Die Atmosphäre erinnert eher an einen

Militärclub. Auch die Sperre, die es zu passieren gilt, ist nicht strenger als bei anderen militärischen Anlagen oder Instituten, ja um einiges sogar großzügiger. Der wachhabende Soldat und Unteroffizier ließen das Taxi ohne Kontrolle durch. Was diesem Ort seine Bedeutung gibt, ist nicht fürs Auge bestimmt. Denn: die »Escola Superior de Guerra« ist das Hirn des heutigen Brasiliens.

Anfänglich interessierte mich als Thema die soziologische Struktur der brasilianischen Armee. Darüber hoffte ich in dieser Hochschule fachgerechte Auskunft zu erhalten. Zehn Jahre sind die brasilianischen Militärs an der Macht, und sie haben sich etabliert wie kaum eine andere Militärherrschaft in Lateinamerika. Um dies zu verstehen, hat man sich mit der besonderen Struktur dieser Armee auseinanderzusetzen. Zu dieser Struktur hätte auch die Frage nach der Rekrutierung gehört.

Es besteht nach wie vor in Brasilien der Mythos, dass die Armee über allen Parteien stehe und sich aus allen Schichten, aus allen Rassen und aus allen Bundesstaaten rekrutiere. In dem Maße, dass die Armee sich gerne als *povo fardado,* als »Volk in Uniform« versteht. Entsprechend diesem Mythos wäre die Armee wie die Kirche eine demokratische Möglichkeit für den Aufstieg selbst aus den untersten Schichten. Dieser Frage genauer nachzugehen würde sich lohnen.

Es trifft zu, dass das Kader, das Offizierskorps, nicht aus der Oligarchie (der obersten Schicht) stammt. Es sind nicht die Söhne der Großgrundbesitzer und der Großindustriellen, welche es auf eine militärische Karriere abgesehen haben; sie halten sich lieber an die Positionen in Finanz und Wirtschaft, die ganz andere Besoldungen bieten als die Armee.

Insofern ist es richtig, dass sich das Kader aus andern Schichten rekrutiert, zur Hauptsache aus der städtischen Mittelschicht. Dabei muss man bei der Mittelschicht an eine privilegierte Schicht denken, die in einem unterentwickelten Land wie Brasilien schon rein zahlenmäßig bescheiden ist.

Und dann: Diese Mittelschicht treibt eine Wirtschaftspolitik, bei der sie ohne die Oligarchie der Großgrundbesitzer, Großindustriellen und ausländischen Firmen gar nicht auskommen kann. Insofern wird die Frage nach der sozialen Herkunft irrelevant. Auch wenn diese »mittelständischen Militärs« sich von Zeit zu Zeit von der Oligarchie absetzen, sind sie de facto deren Diener oder im guten Falle deren Verbündete, Partner und Mitprofiteure.

Daran ändert auch die Tatsache nichts, dass die Armee über vorzügliche Berufsschulen verfügt und diese in den letzten Jahren ausgebaut hat; so werden versuchsweise seit einiger Zeit den entlassenen Soldaten Ausweise über eine getätigte Lehre ausgestellt; demnach fallen Militärdienst und Berufslehre zusammen. Und für viele stellt der Militärdienst auch eine wirkliche Möglichkeit dar, lesen und schreiben zu lernen. Aber das hat keinen Einfluss auf die Zusammensetzung des höheren Offizierskorps. Bis jemand in die oberen Ränge kommt, geht er gegen die vierzig, und bis dann hat er sich nicht nur zeitlich von seiner Herkunft abgesetzt.

Der Mittelstand hält seine Stellung nicht nur, sondern baut sie aus, und zwar aus zwei Gründen: Eine moderne, durchtechnisierte Armee stellt immer höhere Anforderungen an die Anwärter, so dass der Traum, die Armee biete dem Analphabeten und damit dem Sohn aus der untersten Schicht eine Aufstiegschance, bald ausgeträumt ist. Das gilt auch für die Unteroffiziere. Die »Escola de Sargentos das Armas« in Três Corações im Staate Minas Gerais entwickelt sich immer entschiedener von einer Ausbildungsstätte zu einer solchen der Weiterbildung und Perfektionierung; damit steigen aber auch hier die Anforderungen an die Bewerber.

Anderseits zeigt sich immer deutlicher die Tendenz, dass die Söhne von Offizieren sich der Militärkarriere zuwenden. Das ist eine Entwicklung in Richtung Militärkaste, die ein Novum für Brasilien ist. Sie wird aber in dem Maße noch zunehmen, als die Militärs eben nicht nur militärische Stellen, sondern auch zivile, das heißt politische, zu vergeben haben. Wenn es in den vierziger Jahren noch zwanzig Prozent waren, die aus Offiziersfamilien stammten, sind es Ende der sechziger Jahre bereits fünfunddreißig.

Eine solche Entwicklung ist aber deshalb bemerkenswert, weil man die Überlegung hört, dass sich innerhalb des Militärs schon rein von der Herkunft her eine Öffnung zur Mitte oder gar nach links anbahnen könnte. Aber diese »Söhne aus dem Volk, die das Volk nicht mehr vergessen«, gewinnen keineswegs an Terrain; es ergibt sich von da aus keine Parallele zu den peruanischen Militärs.

Zu dieser soziologischen Strukturfrage der brasilianischen Armee hätten auch andere Fragen gehört, wie die nach der rassischen Zusammensetzung des Offizierskaders: In welchem Maße steigt auch der Schwarze oder der Mulatte in die obersten Dienstgrade der Armee? Eine heikle Frage in einem Lande, das sich rühmt, die rassische Demokratie verwirklicht zu haben.

Es hätte mich auch das Verhältnis zwischen den einzelnen Heeresteilen interessiert. Die Marine, der älteste Heeresteil, der nur Berufssoldaten kennt, rühmt sich einer streng aristokratischen Tradition. Doch ist die Landarmee schon zahlenmäßig von ausschlaggebender Bedeutung. Von den etwa 250 000 Uniformierten entfallen 40 000 auf die Marine und 30 000 auf die Flugwaffe. Die Rivalität dieser Heeresteile zeigt sich zum Beispiel beim Niederschlagen der Guerillatätigkeit; zuweilen wurden gefangene Guerillakämpfer von allen drei Heeresteilen reklamiert und zuweilen von allen dreien abgeurteilt, zumal ja jeder Heeresteil seine eigene Militärpolizei hat.

Aber alle diese Fragen traten zurück. Das heißt nicht, dass sie an Bedeutung verloren hätten, aber es drängte sich etwas anderes in den Vordergrund, nachdem mich der Kabinettschef des Kommandanten, Oberst Gabriel Antônio Duarte Ribeiro, empfangen hatte und nachdem Minister Veras, Exdiplomat und Zivilist in dieser Militärschule, zur Auskunft bereit war.

Mich interessierte zusehends die Rolle dieser Schule und ihre Möglichkeiten der Einflussnahme auf die Geschicke des Landes. 1948 gegründet, erhielt die Schule bereits ein Jahr danach ihr endgültiges Gesicht. Die Schule sollte nicht nur Ausbildungsstätte der hohen Militärs sein, sondern auch von Zivilisten. Was die ausschließlich militärische Weiterbildung für die höheren Offiziere betrifft, gibt es nach wie vor die »Escola de Comando e Estado-Maior do Exército«; diese »Kommando- und Generalstabsschule« befindet sich ebenfalls in Rio.

Die »Escola Superior de Guerra«, die wir für unseren Bericht der Einfachheit halber als »Escola« bezeichnen wollen, wurde nach dem Vorbild des nordamerikanischen »War College« gegründet, obwohl ihr nichtoffizieller Name ganz anders lautet, nämlich »Sorbonne«. Doch ist die Sorbonne nicht eine bloße Imitation, sondern es wurde für sie eine eigene brasilianische Lösung gesucht; insofern unterscheidet sie sich auch von ähnlichen Schwesterinstituten in andern lateinamerikanischen Ländern.

Der Mann, der sich in den USA aufhielt, um die nordamerikanischen Möglichkeiten für eine solche Schule zu studieren, war General Cordeiro de Farias. Er hatte zur FEB gehört, zur »Força Expedicionária Brasileira«, zum »Brasilianischen Expeditionskorps«, das im Zweiten Weltkrieg am Italienfeldzug teilgenommen hatte.

Brasilien ist das einzige lateinamerikanische Land, das sich militärisch am Zweiten Weltkrieg beteiligte. Sosehr auch diese Expedition für die Geschichte des Zweiten Weltkrieges eine Episode blieb, für die brasilianische Militärgeschichte stellt sie ein wichtiges Kapitel dar – und nicht nur wegen der jährlichen Feiern am 8. Mai vor dem Denkmal der Gefallenen im Zweiten Weltkrieg, das im Parque do Flamengo in Rio steht, sondern diese Militärexpedition sollte politische Konsequenzen haben.

Die Brasilianer kämpften nicht so sehr auf Seiten der Alliierten als vielmehr auf Seiten der USA. Dieser Kontakt mit dem »demokratischen Nachbarn im Norden« hatte zunächst einmal zum Sturz des Diktators Vargas geführt. Es entstand der Wunsch, es den USA gleichzutun. Die »demo-kratischen Vorstellungen« holte man dabei aus der Zeit des Kalten Krieges; die Escola wurde als Instrument dieses Krieges konzipiert und bestimmte als solches die Politik der Militärs.

Unter den Militärs, die 1964 putschten, stellten die eins-tigen Teilnehmer an der FEB, dem Expeditionskorps im Zweiten Weltkrieg, die Hauptinitianten. Sie waren der »poli-tisch bewusste« Teil der Offiziere. Nachdem sie nicht mehr als Weichensteller eingegriffen hatten, wie 1945 und 1955, sondern an der Macht *blieben,* begannen sie auch gleich die Armee zu säubern; zum ersten Mal wurde die Armee aus politischen Gründen gereinigt, etwa zehn Prozent der Of-fiziere wurden damals ausgeschaltet. Fast zwei Drittel der putschenden Offiziere aber standen auch in irgendeiner Be-ziehung zur Escola, die eine entscheidende Voraussetzung für das Eingreifen der Militärs abgab.

General Cordeiro de Farias wollte aber nicht nur das nordamerikanische War College kopieren, er wollte eine solche Kriegsschule den Bedingungen eines unterentwickel-ten Landes wie Brasilien anpassen. Es wurden von Anfang an auch Zivilisten in die Ausbildung einbegriffen. Wenn es im ersten Kursjahr auf 62 Teilnehmer 19 Zivilisten gab, stel-len diese heute über fünfzig Prozent.

Die wichtigste Publikation, die man mir während des Gesprächs in der Escola in die Hand drückte, war das Handbuch der »Ehemaligen«, der »Vereinigung der Diplo-mierten der Escola Superior de Guerra«. Diesem *Manual dos ciclos,* diesem »Handbuch der Kreise«, wandte sich im-mer mehr meine Aufmerksamkeit zu.

Nun kannte die brasilianische Armee schon immer eine zivile Tradition, und seitdem sie sich politisch etabliert hat, beruft sie sich erst recht auf die zivilen Aufgaben der Armee und holt von dort ihre Legitimität. Zu dieser zivilen Tradition gehörte die Erschließung des riesigen Hinterlandes; der Bau der Transamazônica ist nur die Weiterführung einer Erschließungspolitik der brasilianischen Armee, zu der als wichtigste Figur Marschall Rondon gehörte. Er legte mit seinen Truppen die Telegrafenleitungen in Amazonien. Seine Devise »Töten nie, sterben, wenn notwendig« ist eine berühmte, geradezu nichtmilitärische Devise und wurde als Bestätigung für das gewaltlose und gewaltfremde Wesen der brasilianischen Militärs genommen, ein Mythos, der in den letzten zehn Jahren allerdings radikal zerstört worden ist.

Zur zivilen Tradition gehört auch, dass eine Schule wie das »Instituto Militar de Engenharia« in Rio de Janeiro auch Zivilisten offensteht; diese »Militärische Ingenieurschule« ist eine der besten Fachschulen des Landes. Das gilt auch für ein jüngeres Schwesterinstitut, das »Instituto Tecnológico de Aeronáutica« der Luftwaffe; 85 Prozent der hier ausgebildeten Ingenieure werden von der Privatindustrie absorbiert.

Die Luftwaffe zum Beispiel hat ihren ersten nationalen Ruhm dem »Correio Aéreo« zu verdanken, der Luftpost, die in den dreißiger Jahren gegründet wurde; dieser Correio Aéreo war lange Zeit für ganze Regionen des Hinterlandes die einzige Verbindung zur Küste und zu den dicht besiedelten Gebieten.

Zu dieser zivilen Tradition gehört aber auch etwas ganz

anderes; die brasilianischen Militärs kennen nicht den Uniformenkult, wie ihn andere lateinamerikanische Nationen bis zur Groteske treiben. So legt ein Militär die Uniform ab, wenn er eine zivile Funktion übernimmt.

Während unseres Gesprächs in der Escola tauchten im Büro immer wieder Professoren und Absolventen auf, darunter auch einmal ein Ingenieur, der als Oberst vorgestellt wurde. Auf meine Frage, wie sich der zivile Beruf zur militärischen Stellung verhalte, zog er aus der Brusttasche zwei Ausweise: Auf dem einen war eine Foto von ihm in Zivil, und als Berufsbezeichnung war Ingenieur zu lesen; auf dem andern Ausweis war der gleiche Mann in Uniform zu sehen, und als Beruf war Oberst eingetragen. Zwei Personalausweise – »sowohl als auch« oder vielleicht »je nachdem«.

Wenn die Escola zugleich für Militärs und Zivilisten eingerichtet wurde, war dies nichts Neues für Brasilien; es entsprach der zivilen Tradition dieser Armee. Allerdings wurde dann mit dieser Schule etwas anderes vorbereitet, nicht bloß ein Zusammengehen mit den Zivilisten, sondern auch deren Ersetzung in den politischen und administrativen Relaisstationen.

Es ist bezeichnend: Als die Militärs 1955 in die Politik eingriffen, zögerte Marschall Castelo Branco, die Macht zu übernehmen, seiner Meinung nach war das Militär noch nicht so weit. Neun Jahre später, 1964, war es dann der gleiche Castelo Branco, der zum ersten Präsidenten des Militärregimes gewählt beziehungsweise bestimmt wurde.

Die Etablierung im zivilen Bereich geschah von Anfang an unter Beizug von Zivilisten und Fachleuten, solcher natürlich, welche dem politischen und dem wirtschaftspolitischen Credo entsprachen. Die Militärs okkupierten in erster Linie die Administration, sie bemächtigten sich des Apparates, innerhalb dessen auch Nichtmilitärs operieren konnten. In ihrem Kampf gegen die Korruption schufen sie das, was man das »bürokratische Ethos« nannte. Man kann dieses Ethos auch anders bezeichnen, die Militärs wurden zur Polizei, die alles kontrollierte.

Man spricht in Brasilien ja auch stets vom »System«, dem *sistema,* das alles beherrscht und bestimmt. Der Staatspräsident ist in einem solchen System auswechselbar, er ist nur Repräsentant der Armee, während die Armee selber regiert. Sie ist an die Macht gekommen, auch wenn es in ihr verschiedene Tendenzen gibt, und über einen Punkt gibt es keine Diskussion, nämlich, dass die Armee an der Macht bleiben soll; es gilt, das System aufrechtzuerhalten. Auf diese Weise ist es auch immer möglich gewesen, irgendwie ein demokratisches Dekor zu wahren – wie Wahlen zum Beispiel. Dieses System hat auch stets gezögert, den letzten Schritt zur formalen Diktatur zu vollziehen.

Die intellektuellen Vorbereitungen für diesen Einsatz der Armee in der brasilianischen Politik fanden in der Escola statt, und nach wie vor ist es ihre Aufgabe, die doktrinären Grundlagen für diese Politik zu liefern. Es nimmt sich denn auch recht überraschend aus, dass diese »Kriegsschule« nicht in erster Linie »Krieg« lehrt, sondern *civismo,* was wir als »Bürgersinn« übersetzen möchten. Dieser Bürgersinn steht dermaßen im Zentrum, dass es Stimmen gibt, welche die Schule umtaufen und das Wörtchen »Krieg« herausnehmen möchten. Mit diesem *civismo* aber sind wir mitten in unserem Thema: Wie lehrt eine solche Armee

Bürgersinn für sich, wie sieht er aus und wie bringt sie ihn den andern bei?

Spricht man von der Etablierung der brasilianischen Militärs, dann wird man in erster Linie von den »Institutionellen Akten« reden und dabei vor allem von jener vom 13. Dezember 1968, der Fünften, mit der dem Staatspräsidenten praktisch diktatorische Vollmachten zugestanden werden.

Aber um diese Etablierung in ihrem vollen Umfange und in ihrer ganzen Absicht zu verstehen, muss man von anderen Gesetzeserlassen reden: dem Gesetzeserlass Nr. 69 vom 12. September 1968, der später modifiziert wurde (im Januar 1970 und im Januar 1971 mit dem Gesetzeserlass 1077 und dem Dekret 68.065). Diese Erlasse und Dekrete betreffen die »staatsbürgerliche und moralische Erziehung«, wie sie von nun an obligatorisch in den Schulen auf allen Unterrichtsstufen gelehrt werden sollte.

Gleichzeitig wurde eine Nationale Kommission für Moral und Staatskunde geschaffen, bestehend aus neun Mitgliedern, die vom Präsidenten ernannt werden. Es handelt sich um ein normatives Organ, welches die Schulbücher kontrolliert, die Ausbildung der Lehrer beaufsichtigt und die Richtlinien festlegt, das heißt, von der Escola übernimmt.

Wenn über die »Fünfte Institutionelle Akte« regiert wird, dann wird über das Schulfach von *civismo e moral* indoktriniert. Die Regierung begnügt sich nicht nur mit der effektiven Macht und der Handhabung des Apparates, sondern sie arbeitete auch eine dazugehörige Ideologie aus – als Grundlage wie als Rechtfertigung und als Zukunftsprogramm.

Seither gibt es einen neuen Buchtypus in Brasilien – eben

jene Publikationen für das Schulfach »Bürgersinn und Moral«. Hier fand ich dann das wieder, was ich in dem *Manual dos ciclos* lesen konnte, das man mir in der Escola überreicht hatte. So differenziert wie in dem Manual geht es hier allerdings nicht zu – für die Unterstufe kann man zum Beispiel lesen: »Wenn ein Land mehrere Parteien hat, spricht man von einem Mehrparteienstaat, wenn er nur zwei Parteien hat, ist es ein Zweiparteienstaat. Brasilien war früher ein Mehrparteienstaat wie Frankreich und Chile. Jetzt hat es zwei Parteien wie England, die USA oder Kanada.« Das Interessante dabei ist nicht, wie vereinfacht, wenn nicht verfälscht, Parallelen gezogen werden, sondern dass überhaupt solche gezogen werden; solche Sätze gehören zum kontinuierlichen Anbiedern an die Demokratie, an deren Fassade die Militärs so lange wie möglich festhalten möchten.

Ganz unkritisch brauchen aber solche Publikationen über die »brasilianische Realität« nicht zu sein. Ein Alfredo Palermo zum Beispiel lehnt sich in seinem Buch *Problemas brasileiros* streng an die Vorlage an und stellt auch die Grundbegriffe nicht in Frage, doch bringt der Autor in jeder Schlussfolgerung eines jeden Kapitels kritische Fragen und Bemerkungen vor: Natürlich gibt es ein Minimumsalär, aber noch kein »gerechtes Salär«; es fehlt eine wirkliche Landreform; die Gewerkschaften haben keine Aktionsmöglichkeiten usw.

Solche kritische Bemerkungen können durchaus aus den Grundlagen heraus gefolgert werden; denn die Grundlagen, welche die Escola als Doktrin festlegt, sind zum Teil so vage und zum Teil nur verbal, dass sie sich mit recht unterschiedlichem Inhalt füllen oder recht verschieden auslegen lassen – bis auf den einen Punkt, dass das System als solches nicht in Frage gestellt wird.

Im Einzelnen stützt sich das Schulfach *civismo e moral* auf die »nationalen Traditionen«, die auszugsweise so lauten: »Bewahrung, Stärkung und Entwerfen geistiger und moralischer Werte der Nationalität ... die Verteidigung des demokratischen Prinzips dank der Aufrechterhaltung einer religiösen Gesinnung und der Würde des Menschen ... die Liebe zur Freiheit mit Verantwortung und der Hilfe Gottes ... die Verehrung des Vaterlandes, seiner Symbole, seiner traditionellen Einrichtungen und großen historischen Figuren ... Gehorsam gegenüber dem Gesetz, der Liebe zur Arbeit und der Einfügung in die Gemeinschaft ... die Heranbildung des Bürgers einschließlich der Frau für die Verrichtung bürgerlicher Aufgaben, basierend auf dem Charakter, dem Patriotismus und auf ein positives Handeln ausgerichtet.«

Was allerdings unter »Freiheit mit Verantwortung« und unter »Gehorsam gegenüber dem Gesetz« zu verstehen ist, das wird in der Escola als Rahmen abgesteckt und herausgearbeitet. Die Militärs eroberten die Macht nicht nur von der Kaserne, sondern auch von einer Hochschule aus.

In der Broschüre, welche Auskunft über Geschichte und Ziel der Escola gibt, steht geschrieben: »Obwohl die ›Escola Superior de Guerra‹ dem Bundespräsidenten untersteht, übt sie keinen Einfluss aus auf die Planung oder die Ausführung der nationalen Politik, ebenso wenig hat sie teil an offiziellen Beschlüssen, die sich mit der Politik des Landes befassen. Die Aufgabe der Schule ist rein akademisch.« Das ist vielleicht das bedeutendste politische Understatement, das man im heutigen Brasilien lesen kann …

Sicherlich: Die Beschlüsse werden nach wie vor von einem Staatspräsidenten und von Ministern und Kommissionen gefasst. So weit ging noch keine Behauptung, dass die Entscheidungen, welche die Politik des Landes betreffen, unter direktem Beizug der Escola gefällt würden. Die »rein akademische Aufgabe« der Schule beruht darin, dass sie die Voraussetzungen schafft, aufgrund deren Beschlüsse gefasst werden, und sie liefert diese Voraussetzungen sowohl auf der personellen wie auf der doktrinären Ebene. Der Zusammenhang zwischen der Escola und den putschenden sowie den nachher amtierenden Militärs ist offensichtlich – alle, die irgendwelchen Einfluss hatten, standen mit der Escola in irgendeiner Beziehung, auch der jetzige Staatspräsident Ernesto Geisel.

Eine der wichtigsten politischen Gruppierungen in Brasilien ist die ADESG (»Associação dos Diplomados da Escola Superior de Guerra«, die »Vereinigung der Diplomierten der Hochschule für den Krieg«), der »Klub« der Ehemaligen. Dabei handelt es sich nicht nur um eine Altschülerorganisation, die ihrer Hochschule in Treue die Erinnerung hält. In der Escola werden vielmehr regelmäßig Aktualisierungskurse durchgeführt, um die Ehemaligen auf dem Laufenden zu halten und ihr doktrinäres Wissen auf den neuesten Stand zu bringen. So gibt es eine immer aktuelle Beziehung zur Schule, was nicht zuletzt deswegen wichtig ist, als diese Ehemaligen durchwegs wichtige Funktionen in Politik und Wirtschaft des Landes ausüben.

General Golbery de Couto e Silva gilt als geistiger Vater

der Schule und als ihr Chefideologe. Er hat zwei Bücher herausgegeben, die beide auf Vorlesungen in der Escola basieren und die man als Grundlage betrachten kann: *Planejamento estratégico* (1955), eine »Strategische Planung«, und das noch wichtigere Buch, das 1967 herauskam: *Geopolítica do Brasil*, eine »Geopolitik Brasiliens«. Dieser Titel nimmt sich recht harmlos aus, aber die Einführung macht gleich klar, worum es sich handelt: »das vitale Problem der nationalen Sicherheit«. In dieser Geopolitik kann man zum Beispiel lesen: »Was uns heute wie gestern bedroht, ist die Bedrohung, die nicht gegen uns, sondern gegen die USA gerichtet ist ... Man darf dabei nicht die strategische Wichtigkeit des brasilianischen Nordostens übersehen, nicht nur für uns, die wir nichts jenseits des Atlantiks zu suchen haben, sondern auch für die USA, die sich zutiefst schon in der Verteidigung Europas engagiert haben.«

Diese Identifizierung mit der Sache der USA erklärt sich aus einem Weltbild, wonach die Konfrontation zwischen den beiden Großmächten, der Sowjetunion und den USA, unvermeidlich ist. Und für diesen unvermeidlichen Konflikt hat Golbery de Couto e Silva auch bereits einen Platz für Brasilien vorgesehen: »Wenn die Geographie der brasilianischen Küste und der nordöstlichen Halbinsel gleichsam ein Monopol im Südatlantik darstellen, bleibt dieses Monopol dennoch eine brasilianische Sache und muss von uns verwaltet werden. Und dies umso mehr, als wir bereit sind, dies zum Vorteil unserer Brüder im Norden einzusetzen, mit denen uns so viele Beziehungen der Freundschaft und des Interesses verbinden, und die Verteidigung der christlichen Zivilisation, die auch die unsere ist.«

Golbery de Couto e Silva hat aber nicht nur wie kein anderer die ideologisch-militärische Allianz mit den USA klar ausgesprochen, sondern er war auch einer der Ersten, der verkündete, dass angesichts der lokalisierten Konflikte nicht der Feind von außen, sondern von innen die neue und große Gefahr darstelle. Von einem äußeren Feind ist bei Brasilien kaum zu sprechen. Aber zu gewissen Militärs gehört unabdingbar ein Feind, und wenn er nicht von außen auftritt, dann wird man ihn eben im Lande selbst finden. Das sind Gedankengänge, die uns zum Teil recht vertraut sind. Vieles, was Golbery de Couto e Silva vorbrachte, hätte ihn zu einem vorzüglichen Mitarbeiter des Schweizerischen Zivilverteidigungsbüchleins gemacht – seine Verketzerung jeder Kritik als Subversion und der Intellektualität eines ganzen Landes hat ihn zu einem lauten Propheten eines traurigen Systems werden lassen. Er hatte die Chance, seine Gedanken vorzutragen und erst noch in die Tat umzusetzen.

Golbery de Couto e Silva gründete den »Serviço Nacional de Informações« (SNI), den Geheimdienst der brasilianischen Militärs, eine Art brasilianische CIA, die für ihre Untersuchungsmethoden berüchtigt wurde. Aber Golbery de Couto e Silva sorgte nicht nur für die Etablierung der Militärs, sondern auch für sich selber. Er gab die Leitung des »Nationalen Informationsdienstes« auf und trat bei der brasilianischen Dow Chemical ein, im vollen Bewusstsein, die christliche Kultur auch jenseits des Atlantiks mit allen Mitteln zu verteidigen.

Am Anfang der Escola steht die »Doktrin der Nationalen Sicherheit«, aber dies erklärt nicht alles. *Segurança e desen-*

volvimento (Sicherheit und Entwicklung), so lautet der Titel des Bulletins der Ehemaligen; lange Zeit war dieses Periodikum die wichtigste ideologische Auskunftsquelle der brasilianischen Militärs.

Man muss sich beide Begriffe vor Augen halten, wenn man die Absicht der brasilianischen Militärs in vollem Umfange verstehen will; sie nur aus der Konzeption der »Nationalen Sicherheit« verstehen zu wollen wird ihnen nicht gerecht: Nationale Sicherheit und Entwicklung gehören für sie unabdingbar zueinander, es gibt nur Fortschritt und Entwicklung, wenn die nationale Sicherheit garantiert ist, politische Stabilität als Voraussetzung für wirtschaftliche Entwicklung; und es ist die Armee, welche diese politische Stabilität garantieren kann.

Nun beruht der Glaube an einen wirtschaftlichen Fortschritt auf einem nicht zu diskutierenden Glauben an den Kapitalismus. Von da aus ist jede Sozialkritik sogleich subversiv; wer die wirtschaftlichen Verhältnisse angreift, der greift zugleich auch die nationale Sicherheit an – das ist die recht einfache Identifikation.

Aber die Janusköpfigkeit von Sicherheit und Entwicklung gibt den Militärs die Legitimation zum Eingreifen und zum Sich-Etablieren in der Politik. Es gibt den »spezifisch brasilianischen Fall«, wie man in den Vorlesungen der Escola vernehmen kann, »jedes Volk muss seinen eigenen Weg zur Demokratie suchen«, und angesichts dieses Sonderfalls von Brasilien gibt es auch die Sonderaufgaben der brasilianischen Militärs: »Die Streitkräfte einiger Nationen in Entwicklung üben komplementäre Aktionen aus, wenn sie ihrer verfassungsmäßigen Aufgabe gerecht werden wollen.

Diese Aktivitäten sind von nationalem Interesse ... Sie erstrecken sich auf die Gebiete der Gesundheit, der Erziehung, des Transportes, der Kommunikation usw., und sie stellen auf der andern Seite Präventivmittel für die nationale Sicherheit dar.«

Mit diesen beiden Begriffen »Sicherheit« und »Entwicklung« ist aber sowohl ein Programm wie auch bereits ein Widerspruch gegeben. Die Militärs reden gleichzeitig von »politischer Stabilität« und »sozialer Normalität«: »Diese politische Stabilität und diese soziale Normalität können nicht von protestierenden Gruppen in Frage gestellt werden, die fast immer gewalttätig sind.«

Die gleichen Militärs reden von der »Mobilisierung der sozialen Verhältnisse«. Sie sind verbal immer ein paar Schritte aufgeschlossener als die Politik. So ist es durchaus möglich, dass in den Vorlesungen der Escola ein Garrastazu Médici zitiert wird, ein Präsident, der die Repression seiner Vorgänger noch verstärkt hat: »Sicherheit in einer Gemeinschaft gedeiht nicht bei der Ungleichheit von Menschen, angesichts von Privilegien, bei sozialer Ungerechtigkeit und bei Feindseligkeiten zwischen Rassen und Generationen.«

Solche Sätze könnten auch politische Gegner oder Kritiker der brasilianischen Militärs unterschreiben, nur würden sie bei ihnen nicht dazu dienen, einen Status quo zu erhalten.

Nun hat Brasilien tatsächlich einen Sonderfall erreicht, aber nicht in dem Sinne, wie es die brasilianischen Militärs wahrhaben wollen. Brasilien stellt den Fall dar, dass man von einem tatsächlichen wirtschaftlichen Aufschwung sprechen kann, der spektakuläre Jahre brachte, auch wenn sich jetzt unweigerlich die Rezession bemerkbar macht. Aber dieser Aufschwung favorisiert nur eine kleine Schicht und drängt anderseits die große Masse immer mehr an den Rand, so dass dem wirtschaftlichen Aufschwung auf der einen Seite eine Verschlimmerung der sozialen Verhältnisse auf der andern entgegensteht.

Das ist das Resultat einer Politik, welche die politischen Verhältnisse stabilisierte: Es stellte sich nicht eine »soziale Normalität« ein, wie der Ausdruck lautet, sondern die erstrebte Mobilität der Wirtschaft ging auf Kosten jener, deren Verhältnisse stabilisiert worden sind.

Das ist ein Konflikt, vor dem die Escola in ihrem Unterricht mindestens theoretisch nicht die Augen verschließt: »Man darf nicht übersehen, dass die wirtschaftlichen Organisationen des Privatkapitals unter Umständen eine antisoziale Tätigkeit ausüben, Absprachen über Preise zum Beispiel. Diese antisoziale Aktivität stellt einen negativen wirtschaftlichen Aspekt dar … und führt zur Schwächung der Demokratie. Sie verschlimmert die Situation der wirtschaftlich schlechter gestellten Klassen und kann zur Voraussetzung werden für antidemokratische Theorien.«

Aufgrund solcher Überlegungen ist zum Beispiel ein Prozess gegen Brown Boveri in Brasilien möglich, bei dem die Schweizer Firma dann allerdings freigesprochen wurde.

Was aufschlussreicher ist, ist nicht nur die Diskrepanz zwischen theoretischen Überlegungen und tatsächlicher Politik, sondern die Untersuchung des Konfliktes und Widerspruchs, den die Escola selber schafft.

Da ist zunächst einmal der Begriff der »nationalen Sicherheit«. Dieser wurde in der Zeit des Kalten Krieges kreiert und innerhalb des Kalten Krieges konzipiert als Unterstützung der USA in einem weltpolitischen Konflikt. Inzwischen aber haben sich die USA nicht nur mit der UdSSR, sondern auch mit China wenigstens diplomatisch ausgesöhnt. Die ideologische Auseinandersetzung wurde entschärft. Die brasilianischen Militärs aber vertreten noch immer eine Politik der »nationalen Sicherheit«, der inzwischen das Korrelat in der Weltpolitik abhandengekommen ist.

Allerdings treiben die USA innerhalb der westlichen Hemisphäre eine besondere Außenpolitik. Sie söhnen sich leichter mit einem Riesen von Erzfeind, z.B. China, aus, als dass sie sich mit einer kleinen Insel wie Kuba arrangieren. In der westlichen Hemisphäre halten die USA an einem ideologischen Krieg fest, den sie im Hinblick auf die Sowjetunion und Osteuropa sowie auf China und Asien aufgegeben haben. Lateinamerika nimmt hier eine Sonderstellung ein: Die Militärs, welche als ganz treue Freunde und Verbündete auftreten, müssen feststellen, dass sie dafür mit einer besonderen Bevormundung belohnt werden.

Der Begriff der »nationalen Sicherheit« ist in seinen ideologischen Prinzipien also schon ins Wanken gekommen, und die jüngeren Offiziere beginnen auch darüber zu diskutieren. Was von dem Begriff der »nationalen Sicherheit« gilt, das trifft erst recht zu für den der »Entwicklung«.

Man hat die jungen Offiziere gelehrt, »nationale Sicherheit« sei der umfassendere Begriff für »Selbstverteidigung« (*autodefesa*). Aber es zeigt sich immer mehr, dass man mit dieser Politik der »nationalen Sicherheit« brasilianische Belange verloren und verraten hat. Nämlich an das Auslandskapital, oder anders formuliert, an multinationale Gesellschaften. Die Politik der »nationalen Sicherheit« hat nicht zur »sozialen Normalität« geführt. Das bedingt notwendigerweise eine Überprüfung dieser Begriffe, und nicht nur deren Überprüfung, sondern auch die Frage nach der Anwendung bestimmter Vorstellungen und theoretischer Leitsätze in der »brasilianischen Realität«.

Das *bem comum*, das Allgemeinwohl, um das es dabei gehen sollte, befindet sich in einem alarmierenden Zustand, wenn man beim Gemeinwohl an alle denkt. Hier ist ein Konflikt angelegt, der nicht einfach an die Escola herangetragen wird, sondern der aus ihrer eigenen Konzeption entstanden ist. Wie weit sich die Militärs darüber Rechenschaft geben und inwiefern sie nach ihrer Erkenntnis handeln – dies bestimmt die Machtkämpfe innerhalb der brasilianischen Armee und damit die zukünftige Politik Brasiliens.

Iracema – ihre Stadt und ihr Schöpfer
(1975)

Sie starb an gebrochenem Herzen – die Geschichte ist kurz und nicht neu. Wenn sie dennoch neu wirkte, dann wegen der Umstände und des Dekors. Sie spielte für diesmal im Urwald und an der Küste Brasiliens, im hohen Norden des Landes, und die Liebesgespräche fanden für einmal auf Portugiesisch statt.

Sie war eine Indianerin, Iracema. Sie hatte für ihre Liebe ihren Stamm verlassen und die alten Götter aufgegeben; sie siedelte sich gänzlich in der Liebe zu einem weißen Manne an, die sich als tödlich erweisen sollte.

Und er war ein Portugiese, der weiße Krieger, der in einer Indianerin seiner großen Liebe begegnete. Aber er liebte auch das Vaterland, und dieses liebte wiederum die Eroberungen und den Krieg – der Tod war von Anfang an und auf alle Fälle dabei.

Die Geschichte ist kurz, auch wenn man die Details erzählt: Der portugiesische Krieger Martim verirrt sich im Urwald. Das Indianermädchen Iracema findet ihn und führt ihn ins Dorf ihrer Väter, der Tabajaras. Der Portugiese wird von einem Indianer begleitet, der zu einem feindlichen Stamm, den Pitiguaras, gehört. Beide wollen fliehen und warten auf einen günstigen Moment: Der stellt sich mit dem Fest der Träume ein, wenn die Indianer vom Wein des Tupa-

Baumes betrunken sind. Aber auch der Portugiese trinkt von diesem Wein, und Iracema, die Vestalin, wird zu seiner Geliebten. So muss auch sie fliehen. Sie finden zunächst Unterschlupf beim feindlichen Indianerstamm, wo aber Iracema nicht glücklich werden kann. Das Liebespaar zieht an die Küste. Wie Martim dort die portugiesischen Schiffe erblickt, packt ihn das Heimweh, er verlässt die Geliebte und begleitet die Portugiesen in den Krieg gegen die Niederländer, welche die brasilianischen Besitzungen Portugals überfallen. Inzwischen schenkt Iracema einem Knaben das Leben; vergeblich wartet sie auf die Rückkehr des Geliebten. Als der endlich kommt, stirbt sie in dem Moment, als er seinen Sohn in die Arme schließt. Martim geht mit seinem Sohn weg; doch nach vier Jahren kehrt er zurück und gründet an dem Ort, wo Iracema begraben liegt, eine Stadt.

So will es die Legende, und so will es der Roman, aber die Stadt, die gibt es.

Ihr Gründer ist Martim Soares Moreno, der 1612 an dieser Küste landete. Er gab das Vorbild ab für jenen weißen Krieger Martim, der im Urwald Iracema begegnen sollte.

Aber die Stadt hat mindestens zwei Gründer. Und der andere ist ein Niederländer, Mathias Beck. Er errichtete jenes Fort, nach dem die Stadt heute Fortaleza heißt. Zwar wurde das Fort umgetauft und damit dem heiligen Sebastian gewidmet, aber im Volksmund ist es das Fort Schonenborch geblieben.

Dieses Fortaleza ist 1975 mit über achthunderttausend Einwohnern die fünftgrößte Hauptstadt eines Gliedstaates. Nun liegt Fortaleza weit weg von den andern großen Städten – Brasília ist zweitausendfünfhundert Kilometer entfernt. Diese abseitige Lage von Fortaleza hat es mit sich gebracht, dass die Stadt immer wieder darauf aus und auch dazu verurteilt war, ihre eigenen Wege zu gehen.

Hier kam es zu Unabhängigkeitskundgebungen zu einem Zeitpunkt, als anderswo davon noch nicht geträumt wurde. Hier kam es auch zu separatistischen Strömungen; man wollte eine Republik »Äquator« gründen. Hier wurde die Sklaverei aufgehoben, als sich andere Staaten noch vehement dagegen wehrten, so dass viele entlaufene Schwarze hierher flüchteten.

Dieses Fortaleza ist die Hauptstadt eines armen Gliedstaates. Ceará liegt klimatisch gänzlich in der halb-ariden Zone; der Staat wird regelmäßig von Dürrekatastrophen heimgesucht. Alle Versuche, dagegen anzukommen, waren bis heute ungenügend. So ist Fortaleza Auffangstadt für eine enorme Binnenwanderung. Aber erst seit 1962 besitzt es so viel Elektrizität, dass man an die Industrialisierung gehen konnte. Bis zu dem Zeitpunkt hatte es praktisch alles eingeführt, was es brauchte.

Dieses Fortaleza ist die Stadt von Iracema: Nach ihr heißt ein Strand. Denn an der Küste hat sie ja kurze Zeit gelebt. Und am »Strand der Iracema« steht auch ein einstiges Luxushotel, das leicht verkommen ist. Und es befinden sich an diesem Strand Buden und zwielichtige Etablissements, die mit jener Liebe, die Iracema empfand, nichts zu tun haben. Dem Strand ist längst Konkurrenz erwachsen, nicht zuletzt durch jenen, der sich unbekümmert »Strand der Zukunft« nennt.

An einem der Strände steht auch ihr Denkmal. Da ist sie mit dem weißen Krieger zu sehen, und als Dritter ein Hund, der den Portugiesen stets begleitete. Iracema steht aufrecht auf einer Jangada, einem jener floßähnlichen Schiffe, die noch heute benutzt werden, mit denen bis weit auf den Atlantik hinausgefahren werden kann und deren Rückkehr abends um fünf stets eine Attraktion ist. Diese Jangadas wurden bereits von den Ureinwohnern benutzt.

Und in Fortaleza gibt es auch den »Garten der Iracema«. Ein Vorort, ärmlich, mit improvisierten Hütten als Unterkunft, ohne geteerte Straßen, ein Dutzendquartier eines Dutzendelends. Auf Schritt und Tritt begegnet man Iracema – nach ihr heißen die Bar und die Apotheke, der Kurzwarenladen und die Radiostation.

Fortaleza ist aber nicht nur die Stadt von Iracema, sondern auch ihres Schöpfers, des Schriftstellers José de Alencar (1829–1877).

Einer der größten Plätze heißt nach ihm. Dort steht auch sein Denkmal, inmitten all jener, welche auf die Autobusse warten. Der Sockel ist umgeben von einer lauernden und ebenso trägen Schar von Schuhputzern. Und auf dem Denkmal findet man Iracema wieder, wie sie ihren Knaben in den Händen trägt.

Nach Alencar heißt auch das Theater. Nun hatte der Schriftsteller nicht nur Romane geschrieben, sondern auch fürs Theater gearbeitet. Allerdings nicht so sehr für das in Fortaleza, sondern für das in Rio. Dieses »Teatro Alencar« wurde eben renoviert und begann vor kurzem einmal mehr mit dem Versuch, der Stadt zu einem Theaterleben zu verhelfen.

Wenn man dem Namen Alencar allenthalben begegnet, dann ist damit allerdings nicht immer der Schriftsteller gemeint, sondern dessen Vater, ein einflussreicher Politiker, der lange Jahre Senator des Staates Ceará war. Sein Sohn, der Schriftsteller, tat es ihm nach, doch wurde er nicht Senator. Aber er hat den Staat als Deputierter vertreten und war auch eine Zeitlang Justizminister.

Und dann kann man nach Messejana hinausfahren. Dort steht das Geburtshaus von Alencar. Das Gelände gehört heute der Universität, und diese hat in einem Gebäude daneben ein kleines Alencar-Museum eingerichtet. Da kann man Iracema wieder begegnen, wie lokale Künstler sie in Öl und Holzschnitt dargestellt haben.

Ja, Fortaleza ist die Stadt Iracemas und ihres Schöpfers, und so hat sie sich auch einen Namen zugelegt, der auf beide anspielt: »*a cidade dos mares verdes*« – »die Stadt der grünen Meere«.

So beginnt nämlich die Geschichte von Iracema: »Grüne Meere, so wild im Land meiner Herkunft, wo man die Kakadus in den Blättern der Carnaúba-Palmen hört, grüne Meere, die ihr glänzt, die ihr in den aufgehenden Strahlen der Sonne wie flüssiger Smaragd glänzt …«

Diese grünen Meere sollen ihre Wildheit mildern, damit der Mann, der auf einem Schiff darauf fährt, nicht in Gefahr kommt – der weiße Krieger, der sich mit seinem Sohn und seinem Hündchen von der Küste Cearás entfernt. Die Geschichte von Iracema und dem weißen Krieger ist vielleicht der populärste Roman der brasilianischen Literatur. Als 1965 das Jubiläum des hundertjährigen Erscheinens gefeiert wurde, stellte man fest, dass mehr als hundert verschiedene Ausgaben existieren; also wurde der Roman praktisch jedes Jahr neu aufgelegt.

Nun wollte der Autor mit *Iracema* einen Beitrag zum kulturellen Selbstbewusstsein schreiben. Brasilien war zwar unabhängig geworden, aber die politische Unabhängigkeit bedeutete keineswegs eine wirtschaftliche und auch nicht eine kulturelle – es gab eine Kultur, aber Alencar sagte von ihr, »sie sei so wenig die unsere«.

Und die Selbständigkeit begann schon mit der Sprache. Man hat ihm vorgeworfen, das Portugiesisch, das er schreibe, sei barbarisch. Nun setzte es sich tatsächlich von jenem ab, das in Portugal an den Universitäten von Coimbra und Lissabon kultiviert wurde. Aber in dem Maße, wie es sich absetzte, besaß es eine brasilianische Eigenständigkeit. Daran änderte auch der Spott jener nichts, die angesichts der unzähligen Übersetzungen von *Iracema* meinten, es wäre wohl an der Zeit, das Buch auch einmal ins Portugiesische zu übertragen.

Der Wille, Brasilien zu einer kulturellen Selbständigkeit zu verhelfen, zeigte sich bei Alencar schon darin, dass er, wie kein anderer vor ihm und wie kein anderer zu seiner Zeit, Brasilien so vollumfänglich wie nur möglich thematisch abdeckte: sowohl historisch wie regional.

In seinem Roman *Die Silberminen* zum Beispiel hat er die ausbeuterische Kolonialgesellschaft dargestellt, ein historischer Roman, dem jene entgegenstehen, welche vom kaiserlichen Rio handeln. Mit dem Roman *Gaúcho* hat er den südbrasilianischen Cowboy zum Helden gewählt, der dem argentinischen und uruguayischen Rinderhirten verwandt ist. Das Thema ist umso überraschender, als Alencar ja aus dem Norden stammt, wo ein ganz anderer Typus von Rinderhirt vorherrscht. Mit *Sertanejo* hat er den Bewohner des Hinterlandes dargestellt, jenen verschlossenen Typ, der in dem auch psychologisch schwer durchdringbaren Sertão lebt.

Ein breites Publikum aber erreichte Alencar mit seinen »Indianerromanen«. Sein erstes Buch hatte *Der Guarani* geheißen. Auch hier stand eine Liebesgeschichte im Zentrum, nur war es hier die Tochter eines Gutsbesitzers, die sich in einen Indianerhäuptling verliebte. Antonio Scalvini hat den Roman als Vorlage benutzt für ein italienisches Libretto, und Carlos Gomes (1836–1896) schrieb dazu die Musik. So kam Brasilien zu seiner Nationaloper.

Aber kein Buch wurde so populär wie die Geschichte von Iracema, jener Frau, die an der Liebe starb und die einen Sohn geboren hatte, Moacir. Dieser Moacir sollte den Brasilianer par excellence verkörpern – er, der von einer amerikanischen, das heißt indianischen, Mutter und einem europäischen Vater stammt.

Sosehr Alencar mit einem Buch wie *Iracema* einen originalbrasilianischen Roman schreiben wollte, sosehr er darauf aus war, mit diesem Buch zur kulturellen Selbständigkeit Brasiliens beizutragen, so sehr ihm daran lag, literarisch an der Selbstbestimmung der »Brasilianität« mitzuwirken – er übernahm das Muster dafür vom Ausland. Das zeigt jene komplizierte Dialektik von Unabhängigkeit und Abhängigkeit, wie sie einstige Kolonien nicht nur im vergangenen Jahrhundert demonstrieren.

Es war Frankreich, welches die kulturelle Szene bestimmte, vor allem in der Literatur. Und in der Literatur war es vor allem ein François-René de Chateaubriand, der mit *Atala* und *Les Natchez* »amerikanische« Romane geschrieben hatte – Bücher, in denen der Indianer die beispielhafte Rolle des naiven Naturkindes spielte. Und dieses Indianerbild übernahm auch ein Alencar.

Diese Übernahme aber war strenggenommen eine Wiedereinführung. Denn es war Jean de Léry gewesen, der im 16. Jahrhundert von der Begegnung mit brasilianischen Indianern berichtet hatte. Mit seinem Buch hatte dieser Genfer Calvinist die Grundlage geschaffen, auf der dann ein Montaigne und ein Rousseau für den unverdorbenen Zustand der Naturvölker plädierten und diesen der europäischen Zivilisation als Beispiel vorhielten. Chateaubriand hat dann das Muster geliefert, das auch für Puccinis *Butterfly* noch Gültigkeit hatte.

Alencar übernahm für seinen original-brasilianischen Roman ein idealisiertes Bild. Er ging für seine Literatur von Literatur aus. Hätte er sich um die Ereignisse gekümmert, wie sie bei der Entdeckung und Eroberung stattgefunden haben, dann hätte er von den *entradas* berichten müssen – so hießen die Expeditionen, welche die Portugiesen unternahmen, um die »Wilden« zu jagen und sie in die Sklaverei überzuführen.

Wegen seiner idealisierten Darstellung hat man Alencar auch als »Europäer im Lendenschurz« bezeichnet. Aber so literarisch auch seine Auffassung der Indianer war, sie stellte dennoch einen Fortschritt dar: Es war eine Annäherung an die Menschenwürde einer Rasse, somit wurde die Möglichkeit vorbereitet, diese Rasse in ihrer tatsächlichen Existenz kennenzulernen und darzustellen. Denn zu der Zeit, als Alencar seine *Iracema* schrieb, erschienen in Lateinamerika noch immer Romane, in welchen die Indianer als Wilde dargestellt wurden, die pure Barbarei verkörperten, gegen die es anzutreten galt. Überraschend dabei ist, dass Brasilien in der Aufwertung der indianischen Rasse, was die literarische Darstellung betrifft, damit zu einem Zeitpunkt begann, als dies im spanischen Lateinamerika noch kaum der Fall war.

Das ist umso überraschender, als in dem Maße, wie vom Indianer gesprochen, vom Schwarzen geschwiegen wurde. Natürlich – rein historisch kam es zunächst zur Begegnung und Konfrontation zwischen Portugiesen und Indianern. Aber die Indianer haben in Brasilien nie jene Rolle gespielt wie etwa in Peru oder Mexiko. Wäre ein Alencar von der tatsächlichen ethnischen Zusammensetzung des damaligen Brasiliens ausgegangen, er hätte von den Schwarzen und den Mulatten oder, um die Parallele zu Iracema zu nehmen, von der Mulattin reden müssen. Das kaiserliche Rio war in erster Linie eine Stadt der Schwarzen und der Mulatten. Neben ihnen waren die Indianer zahlenmäßig unbedeutend, auch wenn ihre Spuren in der Sprache und in Alltagsbräuchen oder auch in den Gesichtszügen noch immer gegenwärtig waren. Aber die Stunde des Schwarzen und der Mulattin war noch nicht gekommen; erst gegen Ende des 19. Jahrhunderts begann sich die Literatur mit der schwarzen Rasse in Brasilien zu befassen, und erst im 20. Jahrhundert wurde sie zu einem selbstverständlichen und wichtigen Thema.

Aber was sollen all diese Überlegungen für Iracema? Auch wenn sie als Muster übernommen wurde – neu war die Darstellung der Landschaft, in der das »Mädchen mit den Honiglippen« lebte. Und es hatte manchmal den Anschein, als diene die Liebesgeschichte zwischen Iracema und dem weißen Krieger in erster Linie als Vorwand, um von der brasilianischen Landschaft reden zu können. In diesen Landschaften war Brasilien wiederzufinden, wie man ihm bisher im Roman kaum begegnet war.

Aber Iracema hat überlebt. So rührend und rührselig einem die Geschichte vorkommen mag, es gibt hier eine Absolutheit der Empfindung, vor der wir mit unserer Fähigkeit zum Arrangement und Kompromiss nur verlegen sein können. Ganz abgesehen davon, dass die Psychologie behauptet, gebrochene Herzen seien reparierbar.

Iracemas Liebe war nicht zu reparieren. Da sie nicht aus Fleisch und Blut war, konnte sie nicht einmal eines natürlichen Todes sterben. Dafür hatte sie die Chance, trotz gebrochenem Herzen zu überleben, weil sie aus jenem Stoff gemacht war, aus dem Dichtungen verfertigt werden, aus Papier. So konnte der Tod ihr nichts anhaben, obwohl sie im Grunde nicht nur wegen eines Mannes, sondern zweier Männer wegen starb – um jenes weißen Kriegers willen, den sie liebte, und wegen jenes Dichters, der ihr trauriges Schicksal erfand.

Der leidenschaftliche Provinzler

Eine Begegnung mit dem brasilianischen
Volkskundler Câmara Cascudo
(1978)

»Sie kommen ins Land von Câmara Cascudo« – so wird man von einer Plakatwand begrüßt, fährt man vom Flughafen in die Stadt Natal.

Mit dieser Plakatwand aber wurde nicht einem Gouverneur oder sonst einem Politiker ein Denkmal gesetzt, obwohl das nichts Ungewöhnliches wäre: Denn hier haben Einzelne oder ein paar wenige das Sagen und Befehlen gehabt. Und mit Câmara Cascudo ist auch nicht einer jener Großgrundbesitzer gemeint, deren Vorfahren ein für alle Mal das Land aufteilten und deren Familien alle Reformbestrebungen überstanden und nach wie vor am Besitz sind.

Nein – wenn es das Land von Câmara Cascudo ist, dann hat das ganz andere Gründe.

Das Plakat wurde von einer Cachaça-Firma aufgestellt. Cachaça, so heißt ein Zuckerrohrschnaps, dem Rum nicht unähnlich, aber doch ein eigenes Branntwasser. Schließlich wird Zuckerrohr angebaut. Nicht so viel wie in den nachbarlichen Teilstaaten, dass man exportieren könnte. Aber es reicht für den Eigengebrauch, und zu diesem Eigengebrauch zählt auch der Schnaps.

Nicht ganz so selbstlos wurde das Begrüßungsplakat errichtet. Aber es ist doch zugleich als Anerkennung gemeint. Denn Câmara Cascudo kennt sich aus in Sachen Cachaça. Nicht vom Glas oder von den Flaschen her, sondern er weiß alles, was mit Cachaça zu tun hat; die Geschichte des Zuckerrohrschnapses, seine Verwendung in der Volksmedizin, seine Mythen: Ursprünglich war die Cachaça ein Sklavengetränk. Man verabreichte den Schwarzen schon zum Frühstück einen Schluck; er war Teil der Ernährung und trug dazu bei, dass die Sklaven die Arbeit auf den Zuckerrohrfeldern und hinterher aushielten. Was aber einst das Privileg von Rechtlosen war, ist ein Allgemeingut geworden, das nicht mehr an bestimmte soziale Schichten oder Gruppen gebunden ist. Obwohl: Auch der Kleinbauer, der Landarbeiter und Taglöhner, der Arbeiter in den Zuckerfabriken und in den Baumwollbetrieben, auch alle jene, die keine Arbeit oder doch nur zwischendurch welche haben, auch sie brauchen etwas, um durchzuhalten, und dafür bietet sich der Zuckerrohrschnaps nach wie vor an.

Dieses Wasser, das der Vogel nicht trinkt. Dieses Weihwasser des Teufels. Dieser Destillationsschweiß. Dieses Wasser, welches das Vieh tötet, das einem im Hals hockt – oder wie immer der Zuckerrohrschnaps im Volksmund heißt.

Aber gerade das weiß Câmara Cascudo, nämlich wie der Volksmund redet. Ihn interessiert, was für ein Volk von Belang ist, sein Alltag und seine Phantasien, sein Handwerk und seine Spiele, seine Küche und sein Aberglaube. All das und noch viel mehr macht seit Jahrzehnten sein Thema aus. Auf diese Weise ist er zu seinem Land gekommen, ein riesiges Land, aber eines, um das er keine Grenzen zieht, sondern das er für alle öffnet.

Man fährt aber auch ins Land von Câmara Cascudo, weil er hier geboren ist. In Natal. Die Straße, wo sein Geburtshaus steht, trägt heute seinen Namen: Luís da Câmara Cascudo. Es war einst eine gutbürgerliche Adresse. Inzwischen hat sie der Hafenbetrieb in seinen lärmenden Alltag einbezogen, und ein paar Ecken weiter hängen beim Einnachten zwielichtige Etablissements ihre roten Lämpchen hinaus. Aber auch das gehört zur Volkskunde. Zudem ist diese Straße nicht die einzige öffentliche Sache, welche seinen Namen trägt. Auch das neue Museum und die neue Bibliothek heißen nach ihm. Man hat ihn verschiedentlich gefragt, weshalb er, abgesehen von seinen Reisen, für immer in Natal geblieben ist. Denn ohne Zweifel, dieser Mann hätte in den Metropolen des Südens, in Rio oder São Paulo, Karriere machen können. Und berühmtere Universitäten als die von Natal rissen sich um ihn. Aber Cascudo hatte auf alle solche Fragen immer nur eine Antwort – nicht einmal so sehr eine Antwort als vielmehr ein Bekenntnis: Er sei ein leidenschaftlicher Provinzler. Und wenn Natal etwas ist, dann sicher Provinz.

Zwar hat die Stadt 1978 an die dreihunderttausend Einwohner. Aber das muss man wissen. Von bloßem Auge käme man nie darauf. Immerhin steht jetzt an der Hauptstraße ein modernes Hotel. Ein Hochhaus, welches dem andern Hochhaus, der »Bank von Brasilien«, Konkurrenz macht. Beide Gebäude sind erratische Blöcke, welche an das erinnern, was man anderswo *boom* nennt.

Mehr Städtchen als Stadt. Mit einigen kolonialen Erinnerungen. Einer Kathedrale natürlich, wo die Bourgeoisie noch immer Hochzeit hält. Und ferner noch zwei Kirchenfassaden mit barockem Gebaren. Auch ein altes Herrenhaus, wo Möbel zu bewundern sind, in welchem man zur Kolonialzeit lebte. Auch ein repräsentativer Platz, selbstverständlich mit den Regierungs- und Verwaltungsgebäuden. An ihm befindet sich auch ein Theater; daran wird schon lange renoviert, und man wird noch lange renovieren. Was soll man mit ihm anfangen, wenn es fertig überholt ist? Es gibt schließlich zwei Kinos; die spielen den gleichen Film. Und diese Kinos sind überfüllt. Man lebt noch weitgehend im Vor-Televisions-Zeitalter.

Und dann: Das alte Gefängnis wurde umfunktioniert. In eine »Casa de cultura«. In diesem Kulturhaus werden folkloristische Darbietungen geboten. Da wurde auch ein Markt aufgetan, wo man Kunsthandwerk aus der Region trifft: Teppiche, Wandbehänge aus Sisal etwa. Und Nippsachen aus Kokos und Muscheln. Terrakottafigürchen. Und Leibchen mit dem Aufdruck »Natal, Land der Sonne«. Wenn es etwas hat, dann sicher Sonne. Nicht, dass es ein verschlafenes Städtchen wäre. Es kennt seine regsamen Stunden. Vor allem in der Unterstadt, wo die Lagerhäuser und Werkstätten liegen, wo zuweilen auch ein Schiff verladen wird. In der Unterstadt befindet sich auch der Busbahnhof, welcher die Verbindungen nach außen aufrechterhält.

Ja, wer die Provinz liebt, der fühlt sich hier von Gott begnadet.

Natal ist die Hauptstadt des brasilianischen Teilstaates Rio Grande do Norte. Um Distanzen anzugeben: Brasília liegt zweieinhalbtausend Kilometer entfernt, und ebenso weit weg ist Rio. Das sind Distanzen in der Größenordnung Zürich–Warschau.

Man ist in der nordöstlichen Ecke des Landes. Allerdings ist es eine besondere Ecke. Denn hier reicht Brasilien verhältnismäßig weit in den Atlantik hinaus, von hier aus ist man Afrika ein Stück näher als von sonst wo an der brasilianischen Atlantikküste. Genau von der Lage, die einen so isoliert, hoffte man zu profitieren. Als das erste Flugzeug in den zwanziger Jahren den Südatlantik überquerte, musste es in Natal niedergehen. Es sah so aus, als würden in Zukunft die Flugzeuge hier zwischenlanden auf ihrem Flug nach Südamerika. Aber dann kamen die Flugzeuge zu einem längeren Atem, und es war aus mit dem Traum, als Zwischenstation Karriere zu machen.

Als Zwischenstation aber kam Natal während des Zweiten Weltkrieges zu Bedeutung. Die amerikanische Flugwaffe flog ihre Einsätze nicht direkt über den Nordatlantik. Sondern die Flugzeuge nahmen zunächst Kurs auf Südamerika. Eben bis Natal. Von dort aus überquerten sie den Südatlantik nach Afrika und stießen nordwärts vor zu den Kriegsschauplätzen im nördlichen Afrika oder im südlichen Europa.

Aber die Piste, die gebaut wurde, alle die Kasernen, Verwaltungsgebäude und technischen Anlagen – das florierte nur für kurze Zeit. Denn auch der Zweite Weltkrieg war eines Tags zu Ende. Und damit war es wieder aus mit der Rolle, unerlässliche Zwischenstation zu sein.

Mit Hangars und andern Gebäulichkeiten ist Natal einmal mehr zu Militärarchitektur gekommen. Man kann sie auch im Sinne eines Sightseeing nach vorheriger telefonischer Anmeldung besuchen. Aber so populär wurden diese Anlagen nicht. Sie sind nicht so eindrücklich wie das Fort, welches die Portugiesen hinterließen. Mit seinen sternförmigen Festungsmauern stößt es massiv-trutzig ins Meer hinaus. Dorthin fährt man am Sonntag oder wenn man sonst mal frei hat. Das Fort heißt nach den Heiligen Drei Königen »Reis Magos«. Denn die Stadt wurde an einem sechsten Januar gegründet. Wegen dieses Kalenderdatums heißt sie auch Natal, also »Weihnachten«. Nur eben – es ist ein Weihnachten, das immer noch auf die Bescherung wartet.

Die Fahrt in diese Provinz ist eine Reise mitten in die Seele Brasiliens. Man gerät in jene Ecke, aus welcher Câmara Cascudo ein Zentrum gemacht hat.

Die Überraschung stellt sich nicht einfach deswegen ein, weil man hier einen Mann trifft, der mit seinen achtzig Jahren von vitalstem Intellekt ist. Auch nachdem er sich von seiner Lehrtätigkeit zurückgezogen hat, schreibt und publiziert er weiter. Eben ist ein Buch über »Volk und Religion« herausgekommen. Noch immer ist er mit seinen Artikeln präsent. Er bleibt am Ball, das ist in einem Land wie Brasilien, das an den Fußball glaubt, eine ehrenhafte Bezeichnung.

Faszinierend ist die Begegnung und das Gespräch mit diesem Manne, weil es so völlig im Gegensatz zu dem steht, was man draußen auf den Straßen und Plätzen von Natal als erste Eindrücke gewann: Wenn da draußen die Welt und ihre Probleme weit weg liegen, dann wird sie hier in ein paar Worten und mit einem Satz herbeigerufen. Da werden mit gleicher Selbstverständlichkeit Verbindungen zu Europa wie zu Afrika oder Polynesien hergestellt. Da springt man von einem nordamerikanischen Anthropologen zu einem Goethe-Zitat, von Franzosen, die in Brasilien reisten, zu den hiesigen Bänkelsängern, von der Geschichte in die Gegenwart, kaum ist man mitten in Strukturfragen drin, ist bereits wieder vom Alltag die Rede.

Nun – man sitzt jenem Manne gegenüber, der mit seinem »Wörterbuch der brasilianischen Folklore« ein Standardwerk geschrieben hat. Schon außerordentlich deswegen, weil es das Werk eines Einzelnen ist, ein unerlässliches Buch für jeden, der sich für das interessiert, was sich am weitesten mit »Volkskultur« umschreiben lässt.

Wie man von einem Universaltalent redet, kann man auch von einer Universalneugierde sprechen. Es ist eine Neugierde, welche das Gegenteil von einem Fachidioten hervorbringt. Eine *curiosité,* welche weiß, dass hinter jeder Antwort eine neue Frage lauert, und die auf diese Frage neugierig ist. Eine Neugierde, die sich nicht an Grenzen hält, welche Einzelwissenschaften so gerne aufstellen, um ihr eigenes Gärtchen zu kultivieren. Das verhält sich bei Câmara Cascudo anders. Man nehme als Beispiel dafür das Thema der Ernährung. Als er seine »Geschichte der Ernährung in Brasilien« schrieb, kam ihm zunächst einmal die Tatsache zugute, dass er ein paar Semester Medizin studiert hatte, ehe er sein Studium als Jurist abschloss.

Befasst er sich mit Ernährung, wird darin auch vom Medizinischen die Rede sein, aber das Thema weitet sich unweigerlich ins Kulturgeschichtliche und ins Soziologische aus, die soziale Problematik ist genauso da wie die Untersuchung der religiösen Situation.

Spricht man in diesem Zusammenhang etwa vom Mais,

kommt man auf das indianische Erbe zu reden. Auch wenn dieses kaum mehr rein weiterlebt, es ist in unzähligen Dingen gegenwärtig. Vor allem in den Bezeichnungen von Früchten und Pflanzen. Denn der portugiesische Wortschatz hat gar nicht für das ausgereicht, was die Entdecker und Kolonialisten antrafen. Und da die indianischen Stämme in einer unmittelbaren Weise mit der Natur lebten, haben sie dafür auch einen Wortschatz hinterlassen, der um vieles nuancierter ist als die europäische Sprache.

Aber die Beschäftigung mit der brasilianischen Küche führt nicht nur zum indianischen Ursprung Brasiliens zurück, sondern auch nach Afrika. Denn die schwarzen Sklaven haben ihre Erinnerungen und ihre Gewohnheiten mitgebracht. So weisen unzählige Bezeichnungen für Speisen nach Afrika. Da aber gewisse afrikanische Speisen bei den afro-brasilianischen Riten eine Rolle spielen, bei jener Religion, die sich neben dem katholischen Christentum ungebrochen erhalten hat, gelangt man unweigerlich in das Gebiet des Religiösen.

Eine Geschichte der Ernährung Brasiliens zu schreiben heißt auf drei verschiedene Kulturen zurückzugreifen: auf die indianische, die afrikanische und die europäisch-portugiesische. Diese drei Kulturen haben alle ihre eigenen Mythen und Tabus, ihre Feste und ihre Wertvorstellungen. Und alle haben sich gegenseitig durchdrungen und aufeinander eingewirkt. Darum ist die ethnologische Arbeit, Ursprünge aufzudecken oder zu verstehen, zuweilen wissenschaftliche Kriminalistik. So gesehen, setzt sich nicht nur der Magen an den Tisch, sondern auch die brasilianische Seele nimmt Platz. Eine Seele allerdings, die betroffen sein muss, denn zu dieser Geschichte der Ernährung gehört auch eine Gegenwart, die zu ihrer Thematik permanente Unterernährung zählt.

Nun ist das afrikanische Erbe in Brasilien stärker als das indianische. So wurde es für einen Câmara Cascudo geradezu unerlässlich, nicht nur Brasilien auf Reisen kennenzulernen, sondern auch nach Afrika zu fahren. *Made in Africa* lautet einer seiner Buchtitel, darin hat er die Arbeiten gesammelt, welche vom afrikanischen Brasilien handeln. *Made in Africa:* Einer von über fünfzig Buchtiteln. Das Œuvre wird aber noch größer und fruchtbarer, wenn man die journalistischen Arbeiten dieses Ethnologen berücksichtigt. Denn seit seiner Studentenzeit hat er für Zeitungen gearbeitet. Und unter den vielen Büchern sind so verschiedene wie: Anthologien von Brasilienreisenden, Volkserzählungen oder grundsätzliche Werke über Kultur und Zivilisation, die Auseinandersetzung mit Fragen der Ethnologie und Anthropologie. Was Câmara Cascudo aber immer wieder als fulminanten Kenner seines Landes auszeichnet, sind die »Essays zur brasilianischen Ethnologie«. Da wird vom spanischen Einfluss gesprochen, der den Süden des Landes mitbestimmt, da ist vom Einfluss Galiziens die Rede, wie dieser über Portugal nach Brasilien wirkte. Da kriegen Kinderspiele und Zirkusnummern plötzlich eine unbekannte Dimension. Früchte wie die Banane oder die Ananas kommen zu Biographien. Der Alltag öffnet sich, Verborgenes und Verleugnetes tritt zutage. Plötzlich macht man sich mit Câmara Cascudo Gedanken darüber, ob es ein Unterschied ist, wenn man mit dem Fuß nach jemandem stößt oder wenn man ihn bloß von Hand prügelt.

Angefangen aber hat es mit Untersuchungen des Landes, aus dem er stammt, nämlich des brasilianischen Nordostens. Der Teilstaat Rio Grande do Norte gehört zu diesem Nordosten. Hier hatte einst der Reichtum der Kolonie gelegen mit den Zuckerplantagen. Aber heute ist das Gebiet mit seinen halbfeudalen Wirtschaftsverhältnissen und einem ungebrochenen Latifundiensystem ein traditionelles Notstandsland. Und unter den unterentwickelten Staaten dieses Nordostens ist Rio Grande do Norte einer der unterentwickeltsten.

Kuhhirten und Bänkelsänger hieß das erste Buch, das Câmara Cascudo herausbrachte. Neben dem Zuckerrohr, das an der feucht-heißen Küstenzone gepflanzt wird, war immer die Viehzucht der zweitwichtigste Wirtschaftszweig. Diese Viehzucht hat einen bestimmten Typus von »Kuhhirten« hervorgebracht. Denkt man an den südamerikanischen Bruder des nordamerikanischen Cowboys, dann fällt einem gewöhnlich der *gaúcho* ein, wie er in Argentinien oder in Südbrasilien zu Hause ist. Unbekannt geblieben ist der *vaqueiro* aus dem brasilianischen Nordosten. Ein eher verschlossener Menschenschlag. Ihn hat die halbaride, karge Landschaft geprägt. Oft füttert er das Vieh mit Kakteen. Auch in normalen Zeiten ist er stets auf Wassersuche. Da er durch stachliges und dorniges Gestrüpp reitet, trägt er Lederbekleidung. Das Leder bestimmt seinen Alltag in dem Maße, dass man von einer »Leder-Zivilisation« gesprochen hat, auch wenn diese immer mehr dem Blech und dem Plastik Platz macht.

Wie dieser *vaqueiro* ein Grundtypus des Nordostens ist, so gehört nach wie vor der Bänkelsänger zu dieser Region.

Kein Festtag und kein Markttag, ohne dass er auftreten würde. In seinen Liedern kommen die Geschichte und die aktuelle Sorge zum Ausdruck, in seinen Balladen kündet er von dem kommenden Reich und vom Weltuntergang. Aber er ist auch so etwas wie ein »fahrender Journalist«, der besonders die Spalte »Unglücksfälle und Verbrechen« liebt. Oft selber Analphabet, trägt er andern Analphabeten Literatur vor.

Denn so arm und elend dieser Nordosten auch sein mag, was die Volkskultur betrifft, ist er reich. Nicht nur mit einer Volksliteratur, die bis heute lebendig blieb. Auch mit seiner Musik und seinem Kunsthandwerk hat er Eigenheit bewahrt. Seine Exvotos und seine Klöppelarbeiten sind nur zwei der Beispiele mehr. So vieles diesem Nordosten auch fehlen mochte, an Phantasie hat es ihm nicht gemangelt, und sei es nur, dass er Sprüche und abergläubisches Zeug erfinden musste.

Dieser Nordosten ist ein Paradies für Ethnologen und Volkskundler. Ein geradezu gefährliches Paradies. Câmara Cascudo selber bezeichnet sich als »Folkloristen«. Das könnte in die falsche Richtung weisen. Daher seien folgende Sätze von ihm zitiert: »Die Folklore ist eine Wissenschaft der kollektiven Psychologie, mit ihren Forschungsprozessen und ihren Klassifikationsmethoden, ausgerichtet auf Psychiatrie, Pädagogik, Geschichte, Soziologie, Anthropologie, Verwaltung, Politik und Religion.« Und er fügt gleich bei, man müsse sich hüten, dem Anekdotischen und Pittoresken zu verfallen, und vor allem müsse man vermeiden, das »Volkstümliche zu industrialisieren«.

Ein leidenschaftlicher Provinzler wehrt sich für seine

Provinz. Denn diese Provinz ist eine Welt, und wenn sie als Welt vor einem ersteht, dann dank einem Mann, der aus seinem Land ein Land für alle machte.

Der Sekretär der Hoffnung
Begegnung mit einem brasilianischen Helden
(1981)

»Das ganze brasilianische Volk, Sklaven und Unterdrückte, das Volk der Schwarzen, der Indios im tiefsten Urwald, das Volk der Weißen und das Volk der Mulatten, welches das schönste Volk ist, das Volk mit seinen gebundenen Händen und Füßen, mit Durst, mit Hunger, ohne Liebe und ohne Bücher, es machte das Wunder des Heroismus möglich, das Prestes heißt. Das ›P‹ auf der Brust der Schwarzen, im Herzen der Soldaten seiner Kolonne, Licht im Herzen der Menschen, Arbeiter, Seeleute, Bauern, der Dichter, der Samba-Musiker, der *tenentes* (Leutnants) und der Hauptmänner, der Romanschriftsteller und Gelehrten. Licht im Herzen der Männer und auch der Frauen, Stern der Hoffnung. Ein versklavtes Volk auf der Suche nach seinem Helden. Es machte das Wunder des größten aller Helden möglich ...«

Solche Sätze hatte ich bei Jorge Amado gelesen, einem früheren Parteigenossen und diskreten Noch-Sympathisanten. Dieser sozialkritische Autor aus Bahia, der sich mit Erfolg immer mehr der Folklore verschrieb, hat die erste (und bisher einzige) Biographie von Luís Carlos Prestes verfasst. Sie trägt den Titel, den das Volk einst Prestes verliehen hat, *Cavaleiro da esperança*. Das Buch musste 1941 außerhalb Brasiliens erscheinen; der »Ritter der Hoffnung« selber saß damals in einem brasilianischen Gefängnis.

Als ich Bekannten gegenüber erwähnte, dass ich Prestes aufsuchen wolle, fragte mich mancher, ob er denn noch lebe. Und Jüngere wunderten sich: was für ein Pferd dieser »Ritter der Hoffnung« reite, ob überhaupt noch eines?

Auf einen Mythos war ich gefasst, und ich begegnete einem Sekretär.

Dass Prestes im vergangenen Oktober aus seinem zweiten Moskauer Exil nach Brasilien heimkehren konnte, verdankt er der 48. Amnestie. Diese Amnestie ist ein entscheidender Schritt in der *abertura,* der »politischen Öffnung« Brasiliens. Sie begann mit der Aufhebung der »Institutionellen Akte 5«, die den Militärpräsidenten eine Dekade lang erlaubt hatte, sich über Parlament und Bericht hinwegzusetzen.

Mit der Liquidation von AI-5 wurde die Voraussetzung für eine Demokratisierung geschaffen, die zwar noch keine Demokratie bedeutet, aber auf eine hinführen könnte, »eine Demokratie ohne Adjektive«, wie sie der jetzige Staatschef General João Figueiredo in aller Offenheit charakterisierte.

Vorläufig halten die Militärs, die 1964 eine gewählte Regierung stürzten und ein autoritäres Regime errichteten, noch immer die Schlüsselstellungen besetzt. Und nach wie vor gilt das »Gesetz zum Schutz der Nationalen Sicherheit«. Es bietet nicht die einzige legale Handhabe, um zu jeder Zeit mit jedem Mittel die Interessen von ein paar wenigen im Namen aller zu verteidigen.

Aber immerhin: Es öffneten sich im Lande die Gefängnisse für dreihundert politisch Verurteilte. Auch jene kamen frei, die einst die Terroristenszene bevölkert hatten. Ferner können Beamte und Professoren, die wegen politischer Gesinnung aus dem Staatsdienst entfernt worden sind, um ihre Wiedereinstellung nachsuchen.

Die größte Konsequenz aber hat die Amnestie für die Exilierten. Etwa fünftausend können zurückkehren, ohne dass ihnen Gefängnis oder Verurteilung drohen. Wissenschaftler, Journalisten, Geschäftsleute und Studenten richten sich in der wiedergewonnenen Heimat ein. Vor allem die vertriebenen Politiker nutzen die Chance; sie bringen ihre Exilerfahrung als moralisches Kapital mit, das sich aber nicht so ohne weiteres in der Politik anlegen lässt.

Unter der politischen Prominenz, die heimkehrte, war auch Luís Carlos Prestes – der Funktion nach Sekretär der »Brasilianischen Kommunistischen Partei«, dem Mythos nach »Ritter der Hoffnung«.

Diesen Mann hätten wir gerne persönlich getroffen. Wir wussten lediglich, dass er in einem Appartement im Süden wohnt. Aber dann half uns einer der Kioske weiter, die mit der stoischen Ruhe von Anpassern jeweils das im Aushang zeigen, was gerade möglich ist, im Augenblick also das, was die *abertura* zu drucken erlaubt.

Im Zuge der Liberalisierung war auch die Zensur gelockert worden und damit die Definition dessen, was der öffentlichen Moral zumutbar ist. Deshalb spricht man nicht nur von einer »politischen«, sondern auch von einer »sexuellen Öffnung«. Illustrierte wie *Playboy* und *Penthouse* und die entsprechenden einheimischen Produkte erleben mit ihren Nacktfotos Sensationsauflagen. Die Kioske bieten die

»ganze *abertura* von A bis Z«, von »Abortus« bis »Zone (erogen)«.

Daneben und dazwischen die Publikationen linker und liberaler Provenienz mit ihren Schlagzeilen: Der monatliche Minimallohn beträgt jetzt so viel, wie man für eine einzige Übernachtung im Sheraton-Rio bezahlt. Indios protestieren in Brasília, weil ihnen Land weggenommen wird. Erinnerungen aus dem Exil und neue Dokumente über die Folter. Korruptionsfälle und Vertuschungsversuche. Die Todesschwadronen schlagen wieder zu.

Unter diesen Zeitungen *Hora do povo*, »Stunde des Volkes«. Sie verspricht Bilder aus Afghanistan, die die Welt noch nicht gesehen hat und auf denen man deutlich erkennen kann, wie sich die Rohre der russischen Tanks als rettende Hände entgegenstrecken. Auf der Titelseite von *Hora do povo* ein Aufsatz von Prestes anlässlich des 110. Geburtstages von Lenin. Ein Aufsatz zum Thema Imperialismus. Prestes fordert mit Lenin die konkrete Analyse einer konkreten Situation. (Wenn er selbst immer wieder in Schwierigkeiten geriet, dann gerade deswegen, weil die Situation stets viel konkreter war, ohne je Rücksicht auf Parteibeschlüsse zu nehmen.)

Wenn *Hora do povo* einen Artikel von Prestes bringt, dürfte die Zeitung wohl auch seine Adresse haben. Die Redaktion lag mitten in Rios Geschäftsviertel. Nicht im eleganten, dafür in einem populären. Als wir aber in der vierten Etage aus dem Lift stiegen, zögerten wir: Durch die offene Türe sahen wir zersprungene Fensterscheiben. Die Wände angeschwärzt. Ein stickig-rußiger Geruch. Brandflecken auf dem Boden und ein zerbogener Eisschrank,

Schreibtische zufällig in den Raum geschoben und nichts drauf. Vor zwei Wochen war ein Bombenattentat auf die Redaktion verübt worden.

Der junge Redaktor war sichtlich interessiert, den Kontakt mit Prestes herzustellen. Er zog aus einer leeren Schublade, was einst als Telefonverzeichnis benutzt worden war. Das Heft war am Außenrand angesengt, von den Telefonnummern fehlten jeweils die beiden letzten Zahlen. Aber dann wurden auch die ausfindig gemacht.

Damit stand der Begegnung mit dem Manne nichts mehr im Wege, von dem Pablo Neruda sagte: Kein Kommunistenführer Lateinamerikas habe ein so tragisches und so folgenreiches Leben geführt wie Prestes; ein Satz, den Prestes selber nicht ungern wiederholt.

Die Begegnung fand in Leblon statt, einem Viertel, das längst zur Konkurrenz der berühmteren von Copacabana und Ipanema geworden ist, im Süden von Rio, einer vornehmen und teuren Wohngegend. Das in der Nähe des Strandes gelegene Hochhaus besitzt drei Eingänge, einen für die »im Badekleid«, einen zweiten für Lieferanten und dann jenen Haupteingang, den auch Publizisten zu nehmen pflegen.

Es empfängt mich eine Frau in einem simplen Baumwollkleid: Dona Maria, wie sie sich vorstellt, die Ehefrau. Sie bittet mich in eine Art Vorstube. Ein Sofa, ein Sessel und in der Ecke ein Tischchen mit einem Fernsehapparat; auf ihm steht, im familiären Silberrahmen, ein Foto, ein Porträt von Lenin.

Das sei bereits ihre zweite Adresse in Rio, aber auch nur eine vorläufige. Die Wohnung habe ein alter Freund zur

Verfügung gestellt, Oscar Niemeyer, der Erbauer von Brasília, ein prominenter Kommunist und ein getreuer.

Sie sei nicht allein mit ihrem Mann aus dem Moskauer Exil zurückgekehrt, sondern zusammen mit den beiden Jüngsten. Die besuchen jetzt in Rio die Schule. Die andern Kinder setzen ihre Studien in Moskau fort. Das heißt, der Älteste arbeitet in Mosambik; insgesamt neun Kinder.

Dona Maria do Carmo Ribeiro erzählt, dass sie ihren Mann im Untergrund kennenlernte. Kurz nach dem Verbot der Partei, Ende der vierziger Jahre. Ihr Vater sei in der Partei gewesen. Zunächst Jahre der Illegalität, mit heimlichen Begegnungen, ohne zu wissen, wann und wo das nächste Mal. Ein paar normale Jahre dann. Nach dem Putsch der Militärs von 1964 sei sie ihrem Mann voraus mit den Kindern ins Exil gefahren.

Nein, sie habe in Moskau nicht viel vermisst. Sie zieht eine hausfrauliche Bilanz: Man konnte wohnen, man hatte zu essen, die Kinder konnten sich ausbilden. Und dann, durchs Fenster in einen trägheißen Nachmittag hinausschauend: doch, vielleicht das Klima.

Sicherlich, Rio habe sich verändert. Es sei sehr viel gebaut worden in den zehn Jahren. Aber ob ich die Meldungen gelesen hätte: all die Kinder, die sich ohne Heim und Eltern in den Straßen herumtreiben!

Da werden die Stimmen im Nebenzimmer lauter. Wir hören, wie man sich an der Wohnungstür verabschiedet. Dann erscheint ein Mann, mit brasilianischer Lässigkeit das bunte Hemd über der Hose, von kleiner Statur, schmal und wendig, vif in Gestik und Blick: Luís Carlos Prestes, seit über einem halben Jahrhundert ein brasilianischer Mythos.

Mitte der zwanziger Jahre hatte Prestes seinen Langen Marsch verwirklicht, der ihm nicht nur nationalen Ruhm eintrug. Es war der erste Lange Marsch der modernen Geschichte, einige Jahre vor Mao.

Zweiundzwanzig Monate lang, vom April 1925 bis zum Februar 1927, hatte Prestes seine Leute durch das brasilianische Hinterland geführt. Anfänglich eintausendfünfhundert Mann, zum Teil miserabel ausgerüstet. Fünfundzwanzigtausend Kilometer hatten sie zurückgelegt, vom Süden in den Norden und vom Osten in den Westen des Landes, fast alles zu Fuß; das entspricht vierzehnmal der Strecke von Hamburg an den Bodensee und zurück.

Der junge Rebellenoffizier Prestes hatte damals in *Motive und Ideen der Revolution* ein erstes, recht summarisches Programm vorgelegt: gegen exorbitante Steuern, für die Pressefreiheit und Respektierung der Verfassung, für höhere Löhne und freien Schulbesuch.

Unter den Offizieren, welche die aufständischen Truppen anführten, war Prestes der unbestrittene Leader. So nannten sich die Leute nach ihm die »Coluna Prestes«. Wo diese Kolonne Prestes hinkam, verbrannte sie Schuldbücher und befreite ebenso symbolisch, kurzfristig und vorübergehend Dörfer und Städtchen. »Wir sind keine Banditen«, verteidigte damals Prestes sich und seinen Feldzug. »Wir führen einen legalen Kampf, einen Kampf ohne Eigeninteressen. Wir kämpfen für eine heilige Sache, eine Sache, welche die brennendsten Hoffnungen eines Volkes betrifft.«

Den Regierungstruppen, die in Erinnerung an den Ersten Weltkrieg im Stellungskrieg trainiert waren, setzte Prestes Mobilität entgegen: ausweichen und nur im kleinen Verband attackieren, angreifen, wenn die Chance hundertprozentig ist, und sofort wieder untertauchen. Was später die gängige Taktik der Guerilla wurde, war zum ersten Mal in den Urwäldern und Sumpfgebieten des brasilianischen Hinterlandes ausprobiert worden.

Erfolgreich aber wäre das Unternehmen nur gewesen, wenn parallel in den Städten die Revolution sich hätte behaupten können. Da war nicht der Fall. Insofern nahm Prestes eine Che-Guevara-Erfahrung vorweg. Die politischen und wirtschaftlichen Zentren berichteten über ihn und feierten ihn, aber sie machten nicht mit; auch die Bauern und Landarbeiter, welche die Kolonne unterstützten, wurden keine Partner. So setzte sich Prestes mit seinen Leuten, die am Ende ihrer Kraft und Moral waren, am 4. Februar 1927 nach Bolivien ab, wo sie entwaffnet wurden.

Der Lange Marsch war militärisch ein Unentschieden und politisch ein Misserfolg. Ohne politische und militärische Strategie musste er ein Geniestreich der Taktik bleiben. Das einzige Resultat war ein Mythos: Brasilien besaß einen Volkshelden. Es wurde der »Tag des Ritters der Hoffnung« gefeiert. Es wurden für Prestes Messen gelesen. Ein solcher »Ritter der Hoffnung« war politisches Potential.

Die Ersten, die sich darum kümmerten, waren die Kommunisten. Zwar stellte die »Coluna Prestes« in ihren Augen das romantische Abenteuer eines Kleinbürgers dar. Aber Prestes war ein Symbol für den sozialen Kampf geworden. Die Kommunistische Partei, in den Städten organisiert, hatte sich schon die »Proletarisierung« zur Aufgabe machen müssen, um nicht nur verbal eine Partei von Arbeitern zu sein. Mit Prestes bestand nun die Chance, die bisher ver-

nachlässigte, wenn nicht gar übersehene Schicht der Tagelöhner, Landarbeiter und Kleinbauern zu gewinnen.

Inzwischen ist der größte aller Helden zweiundachtzig
geworden. Prestes begleitet mich in den Raum, der als Arbeitszimmer hergerichtet wurde, asketisch und funktionell:
Schreibtisch, Gestelle und Sitzgelegenheiten; Büro-Utensi-
silien, Zeitungsausschnitte, Bücher und Broschüren, auf
Etageren und auf dem Boden.

Das habe es noch nie gegeben, beginnt Prestes gleich,
nachdem er auf einem Stuhl Platz genommen hat: dass ein
Sekretär wie er von den eigenen Leuten so isoliert werde.
Die Bemerkung überrascht mich. Ich erinnere mich an die
regelmäßigen Kommuniqués der vergangenen Wochen, in
denen grundsätzliche Differenzen im Zentralkomitee der
»Brasilianischen Kommunistischen Partei« bestritten wurden.

»Von meiner letzten Reise«, erklärt Prestes, als mein
Blick auf einen Stapel fällt: Plakate, darauf ein Prestes-Kopf,
markig und markant, im Vergleich dazu das Gesicht gegenüber in natura weicher und für Momente auch müder.

Prestes hatte gerade eine Reise in den Norden und Nordosten hinter sich. Seit seiner Rückkehr aus dem Exil reiste
er in Brasilien mit einer gewissen Systematik. Zuerst war er
in São Paulo gewesen, der Industriemetropole, und weiter
im Süden. Dann im Interior. Und nun im Norden und
Nordosten, dem traditionellen Notstandsgebiet. Diese Reisen dienten der Information und waren zugleich Demon-
strationen, dass es nach wie vor Prestes gibt. Es galt, alte
Kontakte aufzunehmen und neue herzustellen. Allerdings
hatte sich die Reise in den Nordosten zuweilen ausgenom-

men wie ein Altherren-Treffen der nicht stattgefundenen Revolution. Aber in Fortaleza, der einzigen Millionenstadt im Norden, war Prestes für einen Abend lang der Mann gewesen, der zu den Massen sprach und den zu hören und vor allem zu sehen die Massen kamen. Zu dieser Veranstaltung rief das Plakat auf, das ich in den Händen halte.

»Der gleiche Kampf, die gleichen Ideen, der gleiche Mann«, lautet der Slogan auf dem Plakat. »Der gleiche Kampf«, das war der ewige Kampf gegen Unterdrückung und Unrecht. »Die gleichen Ideen«, das war schon schwieriger; denn Prestes und seine Partei konnten im Verlauf von Jahrzehnten Ideen nicht nur variieren, sondern auch recht widersprüchlich entwickeln. Was hingegen voll zutraf, war »der gleiche Mann«! Wie viele meinen: der »ewig gleiche Mann«, der »ewig gleiche Sekretär«, und dies seit fünfundvierzig Jahren.

Noch bevor sich Prestes Anfang der dreißiger Jahre um die Aufnahme in die Kommunistische Partei bewarb, hatte man vom »Prestismo« gesprochen. Eine solche Ausrichtung auf eine Person war nicht nur Ausdruck der Popularität, die der »Ritter der Hoffnung« in aller Frische genoss; sie entsprach einer Grundtendenz der lateinamerikanischen Politik: sich weniger um eine Partei oder eine Idee zu gruppieren, sondern sich zu einer Figur zu bekennen, in Caudillo-Tradition vielleicht, eine Haltung jedenfalls, aus der ebenso der Peronismo wie der Castrismo resultieren.

Nach Ende des Langen Marsches hatte ein Vertreter der Kommunistischen Partei Brasiliens den »Ritter der Hoffnung« an der bolivianisch-brasilianischen Grenze getroffen und ihm – zusammen mit Liebesgaben – Pakete marxistischer Literatur überreicht. Prestes, der für die »Bolivia Concessions Ltd«, eine englische Firma, in Bolivien Wälder rodete und Straßen baute, machte sich an die Lektüre von Marx und Lenin: Er studierte den Imperialismus.

Nachdem die meisten seiner Leute dank einer Amnestie nach Brasilien zurückgegangen waren, begab er sich nach Argentinien. Dort kam es zum zweiten und näheren Kontakt mit der Kommunistischen Partei. Prestes bat um mehr marxistische Literatur, er wollte die Sache ausführlich kennenlernen.

Für Prestes interessierte sich aber nicht nur die Kommunistische Partei. Auch wenn die *tenentes* 1922 wie 1924 Niederlagen erlebt hatten, der Kampf gegen die Oligarchie gewann nur an Aktualität. Das wusste nicht zuletzt die Rechte selber: »Machen wir Revolution, bevor das Volk sie macht.« 1930 schritten die Leutnants von neuem zur Aktion. Sie verhalfen einem Manne an die Macht, der ihren Vorstellungen zu entsprechen schien, Getúlio Vargas. Er sollte recht bald seine sozialen und nationalen Vorstellungen in einem eigenen Konglomerat von Faschismus kombinieren.

Prestes lehnte alle Angebote der *tenentes* ab, und auch ein Geheimtreffen mit Vargas führte zu keinem Erfolg. Er brach mit den aufständischen Kameraden von einst und bekannte sich zum Kommunismus: Nur eine Revolution sei die Lösung für Brasilien. Das war durchaus im Sinne der Kommunistischen Partei, aber die war mit dem Manifest von Prestes alles andere als zufrieden. Denn er hatte darin kein Wort von der Partei gesagt. So folgte recht bald die Selbstkritik des Helden. In seiner nächsten Veröffentlichung unterstrich er die Rolle der Partei für die Revolution und warnte vor dem Prestismus. Und dies alles, bevor er noch als Parteimitglied aufgenommen war. Damit begann eine Dialektik von Manifesten und Selbstbezichtigungen, die von nun ab sein Leben begleiten sollte.

Sosehr der Prestismo Prestes hinderlich war, so willkommen konnte er auch wieder sein. Deshalb gab es nicht nur den Prestismo, sondern auch den Neo- und Neo-Neo-Prestismo. Im jetzigen Augenblick gerade wieder.

»Das dürfte Ihnen weiterhelfen«, meint Prestes und reicht mir eine Ausgabe seiner *Carta aos comunistas*. Mit diesem »Brief an die Kommunisten« hatte er sich an das Fußvolk gewandt. Er, der sonst auf Parteidisziplin bedacht war, durchbrach sie selber, indem er den Ein-Mann-Weg einschlug, den Prestes-Weg zur Basis.

Sein Brief in Broschürenform war die Antwort auf *O PCB no quadro atual da política brasileira,* »Die Brasilianische Kommunistische Partei im Rahmen der aktuellen Politik«. Diese Publikation enthält sechs Interviews mit Mitgliedern des Zentralkomitees. Das Buch war kurz nach Prestes' zweiter Rückkehr aus dem Exil in Brasilien herausgekommen, und es war kein Willkommensgruß. »Man wird ohne Umschweife feststellen«, liest man im Vorwort, »dass hier mit der Konvention gebrochen wurde, einzig Prestes im Namen der brasilianischen Kommunisten sprechen zu lassen.«

Im Anhang zur *Carta* finde man einen biographischen Abriss, erklärt Prestes. Ja, da liest man Fakten und Daten, welche Ereignisse wie die folgenden festhalten:

Dass Prestes 1898 in Porte Alegre geboren wurde. Dass er seinen Vater, einen Offizier, sehr früh verlor. Dass die militärische Laufbahn für eine verarmte Familie eine will-kommene Ausbildungschance bot. Dass Prestes in Rio das »Colégio Militar« mit Bravour besuchte und sich hinter-her in der »Escola Militar« zum Bauingenieur ausbildete, einem Beruf, den er im lateinamerikanischen und später im russischen Exil ausübte. Dass er zu den *tenentes* gehörte, welche 1922 und 1924 rebellierten. Dass er nach dem Schei-tern der Rebellion von 1924 als Einziger mit seiner »Coluna Prestes« Widerstand leistete. Dass er sich mit seinen Leuten nach Bolivien absetzte ...

Prestes weigerte sich, nach Brasilien zurückzukehren. Er ließ seine Familie ins Exil nachkommen. Als er aus Argen-tinien ausgewiesen wurde, ging er nach Montevideo und von dort 1930 in die Sowjetunion. Er arbeitete als Ingenieur im Industriegürtel von Moskau und im Ural. Daneben be-suchte er die Parteischule. Er wollte den Kommunismus von Grund auf kennenlernen, und er bereitete sich mit der ihm eigenen Korrektheit auf die Rückkehr nach Brasilien vor.

1935 fuhr er heimlich nach Brasilien. Er kam als ein Rit-ter der Hoffnungen, auf die viele zu setzen bereit waren. In Abwesenheit war er zum Ehrenpräsidenten der »Aliança Nacional Libertadora« gewählt worden. Diese Nationale Befreiungsallianz, in der sich eine breite Opposition sam-melte, war die brasilianische Variante der Volksfront: »Wir wünschen ein Brasilien, das sich von der imperialistischen Sklaverei befreit.«

Aber der Ritter der Hoffnung kehrte nicht als Prestes zurück, sondern als António Vilar; auf diesen Namen lau-tete der falsche Pass. Und außerdem führte er einen partei-internen Decknamen, *garoto* (Lauskerl), denn inzwischen war Prestes Mitglied der Kommunistischen Partei Brasiliens geworden. Er kam in Begleitung internationaler Revolutionsexperten. Da war der »Negro«, wie sein Deckname lautete, ein deutscher Kommunist, Arthur Ernst Ewert. Ferner der »Índio«, ein argentinischer Gewerkschaftsführer, Rodolfo Ghioldi, und unter den anderen ein junger Amerikaner, Allan Baron.

Diese Equipe sollte Prestes bei der Konspiration helfen. Schon die Dritte Internationale hatte 1927 Brasilien als Herd für die kommende Revolution in Südamerika auserwählt. Zur Volksfront-Zeit war Moskau bereit, ein solches Unternehmen zu wagen und zu finanzieren. Einige brasilianische Kommunisten warnten allerdings vor einem voreiligen Abenteuer; aber sie mussten mit Resignation feststellen: »Für Moskau ist alles halb-kolonial. Die asiatischen Probleme werden einfach auf Südamerika übertragen, als ob alles das Gleiche wäre.«

Im Grunde bereitete Prestes nicht eine Revolution vor, sondern einen Militärcoup. Er war noch immer Offizier genug, um an die politische Rolle der Militärs zu glauben. In den Kasernen formierte sich Widerstand. Diskutiert wurde nur der Zeitpunkt; der schien im November 1935 gekommen zu sein. Aber die Rebellion der Offiziere in Recife, Natal und Rio war schon nach zwei Tagen niedergeschlagen. Die Genossen von Prestes wurden als Erste verhaftet. Ewert wurde unter so unmenschlichen Bedingungen in einem Käfig gefangen gehalten, dass sein Anwalt sich bei der Verteidigung auf das Tierschutzgesetz berief. Ewert, der mit ansehen musste, wie man seine Frau verstümmelte, wurde wahnsinnig. Ghioldi kam später als gebrochener

Mann aus dem Gefängnis. Der junge Allan Baron brachte sich in seiner Zelle um. Man nimmt an, dass er unter der Folter das Versteck von Prestes preisgegeben hatte. Prestes wurde nicht nur einmal der Prozess gemacht. Nachdem er bereits für sechzehn Jahre verurteilt worden war, kamen aufgrund einer manipulierten Anklage noch weitere zwanzig dazu.

Der Putsch hatte Vargas den besten Vorwand geliefert, die Repressionsmaschine auf volle Touren zu bringen. »Spiritistische Sitzungen« nannten seine Schergen die Folterungen. Das autoritäre Regime festigte sich 1937 zum *»Estado Novo«,* zu einem »neuen Staat« altbekannten faschistischen Musters.

Bei dieser Rückkehr aus dem Moskauer Exil wurde Prestes von Olga Benário begleitet. »Vierhundert abgezählte Tage lebten wir zusammen«, erinnert er sich.

Bis zu seinem fünfunddreißigsten Lebensjahr hatte sich Prestes kaum etwas aus Frauen gemacht. Seine emotionellen Bindungen galten der Familie. Er hatte seine Mutter und seine Schwester ins Exil nach Argentinien nachkommen lassen, und er hatte sie mit nach Moskau genommen. Alle vier Schwestern sollten sich später der Parteiarbeit widmen, und seine Mutter Leocádia Prestes wurde eine Figur gorkischen Formates.

In Moskau lernte Prestes Olga Benário kennen, eine deutsche Kommunistin, die Tochter eines Münchner Anwalts. Sie war schon als Studentin in die Akten der Polizei geraten, wegen politischer Agitation. Nach der Machtübernahme durch Hitler lebte sie in Moskau. Dort heiratete sie Prestes. Sie begleitete ihn nach Brasilien und wurde dort, nach dem missglückten Putschversuch, zusammen mit ihm verhaftet.

Sie war eine deutsche Jüdin, aber durch Heirat zur Brasilianerin geworden. Entgegen allem Recht wurde sie an die Nazis ausgeliefert. Im Laderaum eines Frachters kam sie hochschwanger nach Hamburg. Dort gebar sie im Gefängnis eine Tochter. Diese wurde zu Ehren von Garibaldis Lebensgefährtin Anita und zu Ehren der Großmutter Leocádia genannt. Bis zu seinem vierzehnten Monat lebte das Kind mit der Mutter in der Zelle.

Die skandalösen Umstände der Verurteilung von Prestes selber und die Auslieferung von Olga Benário hatten zu internationalen Protesten geführt. Zu dem Solidaritätskomitee gehörte auch Romain Rolland. Unter dem internationalen Druck gelang es Prestes' Mutter, wenigstens das Kind freizukriegen. Olga Benário wurde zunächst nicht gesagt, was mit ihm geschah. Erst später erfuhr sie, dass es gerettet bei seiner Großmutter in Mexiko lebe. Sie selber wurde in das Konzentrationslager Ravensbrück verschickt; von dort kam sie mit einem der ersten Transporte in die Gaskammer.

»Die Nazis erlaubten nur eine Korrespondenz auf Deutsch. Ich war gezwungen, aus einem Wörterbuch Wort um Wort einer Sprache zusammenzuklauben, die ich nicht verstand. So wurden Briefe aus dem einen Gefängnis in ein anderes geschickt«, erinnert sich Prestes.

Erst 1945, nach seiner Entlassung, habe er von Olgas Tod vernommen. Durch einen Zeitungskorrespondenten. Aber es sei nicht richtig, dass er sich mit Vargas ausgesöhnt habe. Es sei nicht darum gegangen, sich mit dem Exdiktator zu verbünden, sondern man habe von kommunistischer

Seite nichts dagegen gehabt, dass Vargas in der verfassungsgebenden Versammlung mitarbeite.

Damit beantwortet Prestes eine Frage, die ich nicht gestellt hatte, aber die andere ihm oft genug stellten und die er sich selber nicht minder oft gestellt haben muss: Wie kommt es, dass er mit dem Mann zusammenspannte, gegen den er geputscht hatte, der ihn selber ins Gefängnis geschickt und seine Frau den Nazis ausgeliefert hatte?

Der Diktator Getúlio Vargas hatte aus seiner Begeisterung für den europäischen Faschismus, dessen Ideologie von Ordnung und Autorität, nie ein Hehl gemacht. Allerdings musste er dem Drängen der USA nachgeben. Er stellte ihnen während des Zweiten Weltkrieges eine Luftbasis zur Verfügung und schickte ein Expeditionscorps nach Europa. Und angesichts des wechselnden Kriegsglückes nahm er 1945 mit der Sowjetunion diplomatische Beziehungen auf. Damit war Vargas für Prestes mindestens kein Gegner mehr, denn Prestes war im Gefängnis zum Sekretär der »Kommunistischen Partei Brasiliens« ernannt worden.

Schon der »Ritter der Hoffnung« war ein Genie der Taktik gewesen; diese Fähigkeit sollte sich auch der Sekretär zunutze machen.

Selten bleibt Prestes beim bloßen Erzählen. Dann etwa, wenn er von seiner Mutter spricht. Ihr verdanke er ein erstes politisches Verantwortungsgefühl. Er habe für sie im Gefängnis die Trostsprüche von Epiktet übersetzt. Sie starb in Mexiko. An ihrem Grab habe Neruda ein Gedicht gelesen.

Oder wenn Prestes vom Langen Marsch berichtet. Für ihn, der an der Küste geboren und aufgewachsen war, sei das riesige Hinterland ein unbekanntes Brasilien geblieben.

Erst mit seiner »Coluna« habe er die Misere des Interiors kennengelernt, das sei eine hohe Schule des Engagements gewesen.

Oder wenn die Erinnerungen ungetrübt sind, wie die an das Fest der »Drei Großen L«: Rosa Luxemburg, Karl Liebknecht und Luís Carlos Prestes, 1951 in São Paulo, mit einem prächtigen Feuerwerk.

Aber persönliche Fragen können recht bald Verlegenheit hervorrufen: Er habe seine Tochter zum ersten Mal gesehen, als sie siebenjährig aus Mexiko nach Brasilien gekommen sei. Doch dann zögert Prestes. Es heißt, seine Tochter gehöre heute innerhalb der Partei zu seinen erklärtesten Gegnern.

Für gewöhnlich fügt Prestes dem, was er erzählt und berichtet, gleich die Interpretation bei.

Die Partei, deren Sekretär er noch während der Gefangenschaft geworden war, hieß »Kommunistische Partei Brasiliens« (PCB, Partido Comunista do Brasil). Als sie 1947 für illegal erklärt wurde, habe man schon den Namen als Beweis dafür genommen, dass es sich nicht um eine nationale Partei handle, sondern um eine, deren Sitz in Moskau liege. So habe er später die Partei in »Brasilianische Kommunistische Partei« (PCB, Partido Comunista Brasileiro) umbenannt. Die Änderung des Namens sei nicht eine Änderung der Zielsetzung gewesen, wie ein linker Flügel behauptet habe. Der habe später dann eine Splitterpartei unter dem alten Namen gegründet (PCdoB). Natürlich sei es ihm bei der Namensänderung auch darum gegangen zu zeigen, dass die Kommunistische Partei eine des ganzen brasilianischen Volkes sei.

Eine gewisse Linke gehe schon mit einem falschen Wortschatz an die brasilianische Wirklichkeit heran. Zum Beispiel an die Landreform. Man könne nicht einfach eine Agrarreform schlechthin fordern, diese müsse vielmehr den regionalen Gegebenheiten Rechnung tragen. Das setze eine genaue Kenntnis der Zustände voraus.

Dringend sei die »konkrete Analyse einer konkreten Situation«. Der Weg der Gewalt habe sich als wirkungslos und damit als Fehler erwiesen. Damit verurteilt der Mann, der dank der Guerilla zu seinem Ehrentitel »Ritter der Hoffnung« kam, die Stadtguerilla, wie sie Rio und São Paulo in den sechziger und frühen siebziger Jahren kannten, noch einmal: Das seien »irregeleitete Patrioten«, man müsse sie auf den rechten Weg bringen.

»Die konkrete Analyse einer konkreten Situation« als Voraussetzung für ein Agieren mit Erfolg – man denkt unwillkürlich daran, wie Prestes selber im Verlauf von Jahrzehnten jeweils eine konkrete historische Situation eingeschätzt hat.

Der misslungene Putsch von 1935 war nicht die einzige Fehleinschätzung, aber die mit der größten persönlichen Konsequenz.

Als Prestes 1945 nach neunjähriger Haft aus dem Gefängnis kam, wurde die »Kommunistische Partei Brasiliens« legalisiert. Sie erlebte einen sensationellen Wahlerfolg mit mehr als zehn Prozent der Stimmen. Prestes selber wurde zum Senator gewählt. Er jubelte: »Dem Imperialismus wurden die Zähne ausgeschlagen.« Aber zwei Jahre später war die Partei verboten. Der Imperialismus zeigte seine gesunden Zähne wie noch nie. Fatal war eine Äußerung von Prestes gewesen. Man hatte ihm eine Fangfrage gestellt: auf welche Seite er sich bei einem bewaffneten Konflikt zwischen Brasilien und der Sowjetunion stellen würde. Er hatte sich in aller Öffentlichkeit für die Sowjetunion entschieden. »Da muss man schon auf den genauen Wortlaut zurückgehen«, gibt Prestes heute zu bedenken; er habe sich lediglich für die sozialistische Sache ausgesprochen und nie gegen Brasilien, sein Vaterland.

1964 schien für Prestes wieder einmal der historische Moment gekommen zu sein, als João Goulart sein populistisch-sozialistisches Regime errichtete. Damals verkündete Prestes, Sekretär einer verbotenen Partei, mehrmals im Radio und im Fernsehen: »Im Grunde haben wir Kommunisten die Macht bereits in den Händen.« Es waren aber nicht zuletzt solche Provokationen, die den Generälen als Beweis dafür dienten, dass es Brasilien mit einem Putsch vor dem Kommunismus zu retten gelte. Prestes und seine Partei kamen nicht an die Macht; er selber musste wiederum untertauchen.

Erst 1970 sei er ins Exil gegangen. Damals, als den Kommunisten und Kommunismus-Verdächtigen die physische Liquidation drohte. Damit die Partei nicht »kopflos« werde, habe das Zentralkomitee beschlossen, einige seiner Mitglieder ins Ausland zu schicken, darunter ihn, den Sekretär.

Ohne Zweifel, resümiert Prestes mehr als vierzig Jahre Parteiarbeit, seien Fehler gemacht worden. Aus diesen Fehlern gelte es zu lernen. Die wichtigste Lehre sei: alles zu tun, damit die »Brasilianische Kommunistische Partei« legalisiert werde. Damit ist aber auch jede Neugierde nach den Jahren der Illegalität unwillkommen. Zwar lassen sich in

Prestes' Leben die ersten sieben Jahre Exil und die letzten zehn Jahre Emigration genauso klar abstecken wie die neun Jahre Haft und zwei Jahre legale Parteiarbeit. Aber daneben gibt es einen Bereich, der nicht leicht umrissen werden kann: ein Zwischending von Legalität und Untergrund und zugleich beides. Von der Polizei gejagt zu werden und öffentliches Auftreten schlossen sich da nicht aus. Obwohl die Kommunistische Partei verboten war, konnte Prestes in ihrem Namen öffentlich Kritik anbringen, politische Unterstützung zusagen und entziehen und in den fünfziger Jahren beachtlichen Einfluss ausüben. Aber alles, was nach Untergrund und nach Verdacht von Klandestinität aussieht, ist für den Augenblick kein Thema. Es gibt nur eines: die Legalisierung der Partei.

Unabhängig von meinen Fragen und ohne Bezug auf den Verlauf unseres Gesprächs sucht Prestes von sich aus Fehleinschätzungen, Irrtümer und Widersprüche zur Deckung zu bringen – ein Dialektiker auf der Suche nach einer Linie, ein Taktiker, der Strategie demonstrieren will. Was ihm hilft, dies alles zu verbinden, ist sein Sekretär-Dasein:

Als Prestes sich 1922 den rebellierenden Offizieren anschloss, suchte er zuerst um seine Entlassung nach, ein Wunsch, dem nicht entsprochen wurde. Er wollte sich von seinem Treueschwur entbinden lassen, um moralisch frei gegen die Regierung putschen zu können. Dieser Glaube an den Fahneneid und die Korrektheit nach oben sollte auch den Sekretär auszeichnen. Er nahm es mit seinen Verpflichtungen ernst, wenn er einmal bereit war, sich zu binden. Und er band sich nie ohne weiteres. Er wollte genau wissen, womit er sich einließ.

1930, nach seiner ersten Hinwendung zum Kommunismus, kehrte er nicht nach Brasilien zurück, sondern begab sich nach Moskau, um den Kommunismus an Ort und Stelle kennenzulernen. Er absolvierte dort die Parteischule mit der gleichen Bravour wie einst das »Colégio Militar«. Solche Gewissenhaftigkeit wurde belohnt. Man ernannte ihn nicht nur zum Mitglied der »Internationalen«, sondern er wurde auf Wunsch Moskaus auch Mitglied der Kommunistischen Partei Brasiliens, und es war später wieder Moskau, das seine Ernennung zum Sekretär durchsetzte.

Wenn Prestes in unserem Gespräch eine Linie zieht, ist es die Linie der Linientreue. Wenn er um seine Stellung als Sekretär kämpft, geht es nicht bloß um einen Posten, es geht um eine Daseinsform.

Je mehr Prestes von seinem Leben erzählt, desto mehr tritt dieses in den Hintergrund. Die Interpretation dominiert, ohne dass sie sich auf Erfahrenes stützt. Statt Erlebtem immer mehr Parteibeschlüsse, statt Unmittelbarem nur noch Kommuniqués. Dabei hatte dieses Leben mit einer Biographie begonnen wie nur wenige.

Ob er nie die Absicht gehabt habe, seine Memoiren zu schreiben? Es wären immerhin sechzig Jahre turbulente brasilianische Geschichte: Erinnerungen, in denen immer wieder gleiche Figuren unter veränderten historischen Bedingungen auftauchen würden – als gelte es den Satz eines brasilianischen Usurpators zu illustrieren: »Politik in den Tropen ist eine Frage der Choreographie.«

Ein Offizier, der 1924 mit Prestes putschte, war der Richter, der ihn 1936 verurteilte. Eine der Hauptfiguren des Putsches von 1964, General Juarez Távora, hatte in der »Coluna« mitgekämpft. Miguel Costa, der Mit-Kommandant der »Coluna«, gründete später eine Konkurrenzpartei zu den Kommunisten, den »Partido Socialista«. Und ein alter Kampfgefährte wie Carlos Marighella, der von der Politischen Polizei auf offener Straße erschossen wurde, schrieb das Handbuch der Stadtguerilla und wurde ein zeitgemäßerer »Ritter der Hoffnung«.

Erinnerungen, die auch eine Antwort darstellen könnten auf die vielen Memoirenwerke, die in jüngster Zeit in Brasilien herauskamen (und herauskommen konnten). Bücher, in denen Offiziere und Politiker und Politiker-Offiziere unvermeidlich von Prestes reden:

Prestes, der Volksheld, Prestes, der nie über seine kleinbürgerliche Herkunft hinauswuchs; der unentwegte Militär und der Nie-Politiker; Prestes, der Revisionist, und Prestes, der Stalinist: Prestes, der die Massen faszinierte und der nie ein marxistischer Leader war, sondern nur ein »Stoiker im Gewande eines Positivisten«; der Unbestechliche, aber auch der Unversöhnliche, der gnadenlos ausschloss und sich unbekümmert verbündete; ein Manipulator und trotz allen taktischen Geschicks ein Versager, aber dennoch ein »Ritter der Hoffnung«, der die Idee des Kommunismus ins Volk hinaustrug.

»Memoiren«, sagt Prestes lachend, »dafür habe ich keine Zeit.« Keine Zeit für fixierte Erinnerungen zu haben, so überlege ich mir, ist vielleicht die letzte Klugheit: man sollte als Mythos nicht seine Memoiren schreiben, es ist besser, man überlässt die Erklärung der eigenen Widersprüche den andern.

Ohne Zweifel könne man von einer Liberalisierung sprechen, fasst Prestes die momentane Lage in Brasilien zusammen. Aber von Freiheit könne noch lange nicht die Rede sein. Die Militärs hätten ihre Rettungsringe in die Verfassung eingebaut. Der Präsident könne jederzeit, ohne Rücksicht auf das Parlament, den Repressionsapparat von neuem in Gang setzen. Von Demokratie könne erst dann die Rede sein, wenn alle Parteien zugelassen würden, auch die »Brasilianische Kommunistische Partei«. Aber Brasilien habe es sich schwergemacht mit der Demokratie. Kein Zufall, dass Brasilien als letztes Land in Südamerika die Sklaverei aufgehoben habe.

Im Grunde sei er nie amnestiert worden, meint Prestes, auf die jüngste Amnestie angesprochen: Wenn Amnestie die völlige Einsetzung in die früheren Rechte bedeute, müsste er heute von der Armee eine Pension beziehen.

Dennoch war seine zweite Rückkehr aus dem Moskauer Exil eine andre als die erste.

Das erste Mal, 1935, war Prestes mit einem gefälschten Pass nach Brasilien gekommen; das zweite Mal, 1979, kam er höchst legal, von einigen Getreuen am Flughafen mit demonstrativem Applaus empfangen.

Das erste Mal war Prestes als »Ritter der Hoffnung« gekommen, dessen Heldentat noch in aller Erinnerung war; das zweite Mal kam er als Sekretär der verbotenen »Brasilianischen Kommunistischen Partei«, aber als ein Sekretär, der von den eigenen Leuten in Frage gestellt wurde.

Das erste Mal war Prestes gekommen, um zu putschen; das zweite Mal kam er in der festen Absicht, die Partei zu legalisieren. Dafür suchte er überall Anschluss, nicht zuletzt außerhalb der eigenen Partei. Bei der katholischen Kirche zum Beispiel, die nicht mehr jene war, welche 1964 die Frauen auf die Straße geschickt hatte für »Familie und Vaterland«, sondern eine, die sich zu einem sozialen Engagement bekannte und auch vor der Regimekritik nicht mehr zurückschreckte. Oder bei Gewerkschaften wie derjenigen der Metallarbeiter, die im vergangenen Sommer einen Streik in São Paulo durchführten, die erste große Kraftprobe seit der *abertura,* ein Kampf, den sie verlor, der aber deutlich machte, dass von nun an mit einer politisierten Arbeiterschaft zu rechnen sei. Aber weder Kirche noch Gewerkschaft wollten von der ausgestreckten Hand eines Prestes etwas wissen. Er gilt als ein Verbündeter, der nur kompromittieren kann in einem Land, wo das Wort ›Kommunismus‹ nicht aus dem Vokabular der Politik, sondern aus dem der Dämonologie stammt.

Das erste Mal hatte die Rückkehr ins Gefängnis geführt; auch das zweite Mal führte sie in die Niederlage, aber es waren diesmal nicht seine Feinde, welche ihm die Niederlage bereiteten, sondern seine eigenen Leute.

Eine Woche nach unserem Gespräch wurde Prestes vom Zentralkomitee der »Brasilianischen Kommunistischen Partei« als Sekretär abgesetzt. In absentia, wie er einst in absentia zum Sekretär gewählt worden war. Nun konnte er auch nicht mehr als Sekretär jene Hoffnung einlösen, die er einst als Ritter geweckt hatte.

São Luís und Alcântara –
zwischen kolonialer Erinnerung
und Raketenträumen

(1985)

Lange Zeit hatte man nichts vom »Marginalen« Roberto gehört. Jetzt weiß man, warum. Er war im Nachbarstaat fünf Jahre eingesperrt. Seit seiner Entlassung hat er sieben Einbrüche verübt und nach der Verhaftung zusätzlich einen Raubüberfall gestanden. Bei der Vernehmung meinte er: Er sei zurückgekehrt, weil es nirgends so schön sei wie zu Hause.

Und die Prostituierte Maria gab zu, die Polizei belogen zu haben, als sie ihre Madame beschuldigte, sie beschäftige Minderjährige. Sie selber musste sich seit dem elften Jahr durchschlagen, aber sie sei achtzehn gewesen, als sie ins Etablissement eintrat. Sie habe geschwindelt, weil sie die Madame wechseln wollte.

Nein, es wäre übertrieben zu behaupten, in São Luís sei nichts los; es tut sich schon etwas, wenn man sich an die Lokalnachrichten hält.

Im Augenblick haben Medizinstudenten an verkehrsreichen Plätzen Stände aufgestellt; sie messen der Bevölkerung gratis den Blutdruck, und der Andrang ist groß. Die Angestellten der Bibliothek protestieren, weil auf dem Platz davor eine öffentliche Bedürfnisanstalt gebaut werden soll;

das ist umso empörender, als die Bibliothek eben eine Abteilung mit Kinderbüchern eröffnet hat, so dass die kleinen Leser den Benutzern der öffentlichen Anstalt begegnen könnten.

Als ich vor bald zwanzig Jahren zum ersten Mal nach São Luís kam, war der Anlass klar. Ich hatte eben die *Predigt des heiligen Antonius an die Fische* auf Deutsch herausgegeben, eine Rollenpredigt des portugiesisch-brasilianischen Jesuiten António Vieira, ein frühes Dokument der Kolonialismuskritik. In ihm findet sich ein Satz, der schon damals die Mächtigen empörte: »Dass ihr Fische einander fresst, ist ein Skandal. Der ist umso übler, als die großen die kleinen fressen. Umgekehrt wäre weniger schlimm. Da würde ein großer für sehr viele kleine genügen.«

1654 hatte António Vieira diese Predigt in der Kathedrale von São Luís gehalten. Ich suchte den Tatort auf; ich wollte die Kanzel sehen, von der einst ein Mutiger sich an die gewandt hatte, die sich als Gläubige bezeichneten und die auch prompt den Prediger verjagten. Der gleiche António Vieira hatte in einem Brief auch geschrieben, dass er hier, im Staate Maranhão, ein Land vorgefunden habe, das dem irdischen Paradies gleichkomme. Im Augenblick hat es in diesem irdischen Paradies seit Jahren nicht mehr geregnet. So wiederholen sich im Hinterland die Szenen, die zur regelmäßig wiederkehrenden Dürrekatastrophe gehören: Hungerzüge und Überfälle auf Lagerhäuser und Ladengeschäfte, und die Massenflucht in die Stadt.

Dafür regnete es beim Debütantinnenball, und zwar Gold und Papierblumen. So jedenfalls hat man sich das Dekor im Hotel ausgedacht. Die Fotos der Debütantinnen füllen in den Zeitungen ganze »Gesellschaftsseiten«; die heiratsfähigen Mädchen sind nicht allein abgebildet; ihre Fotos werden von den Bildern ihrer Mütter bewacht.

Auch was man sonst aus dem paradiesischen Hinterland erfährt, wiederholt sich. Man kennt die Namen der Familien, die sich seit Generationen befehden; den Großgrundbesitzern geht es um Land, Brunnen und Viehherden, um Ehre und Rache. Die blutige Abrechnung hat Tradition, und die setzt kinderreiche Familien voraus. Taglöhner und Landarbeiter bilden kleine Privatarmeen für die verfeindeten Clans und Sippen.

Indessen liest der Soldat auf dem Posten vor dem Regierungsgebäude, an sein Wachthäuschen gelehnt, in der Zeitung. Auf einer Bank in der Parkanlage sitzt einer, der sich seit dreizehn Jahren die Haare wachsen lässt wegen eines Gelübdes. Und auf den Mauern verbleichen die Slogans. Auch hier will eine Partei mit dem Volk regieren, und mehr als einer möchte Gouverneur oder Vizegouverneur werden. Aber man liest auch ganz allgemein: »Die Zeit tötet meine Liebe nicht«, und persönlicher: »Enrico liebt Maria«; ein Zweiter hat hinter Maria ein Sternchen gesprüht und führt in einer Fußnote an, wer alles sonst noch Maria liebt.

Weit weg, das war der erste Eindruck, den ich gewann, und das blieb auch der Eindruck, den ich mitnahm. Dieser Eindruck war umso stärker, als es sich keineswegs um einen einsamen Ort oder eine schwer zugängliche Gegend gehandelt hätte. Denn São Luís hat 1985 immerhin eine Viertelmillion Einwohner. Es ist die Hauptstadt des Bundesstaates Maranhão. Es besitzt einen Hafen. In den beiden Geschäftsstraßen, auf dem Markt und um den Busbahnhof herrscht jene Betriebsamkeit, die in dieser Buntheit nur ein tropisches Klima zulässt.

Nun lag São Luís schon immer weit weg. Die Geschichte Brasiliens begann am Atlantik, an der Ostküste, wo die einstigen Hauptstädte liegen, Salvador da Bahia und Rio. Mit Brasília ist die Hauptstadt näher gerückt, sie liegt nun nur noch so weit entfernt wie Palermo von Zürich.

Wegen dieser Abseitslage konnten sich hier zuerst die Franzosen etablieren. Frankreich hatte im siebzehnten Jahrhundert davon geträumt, in Südamerika ein »äquatoriales Frankreich« zu gründen. Ein entsprechender Versuch in der Guanabara-Bucht bei Rio scheiterte, hingegen war dem Unternehmen im Mündungsgebiet des Mearim an der atlantischen Nordküste ein kurzfristiger Erfolg beschieden. Hier, auf einer Insel, gründeten die Franzosen eine Siedlung, die sie nach dem heiligen Ludwig nannten und die heute noch »São Luís« heißt.

Das erste europäische Dokument über diese Region ist der Bericht von Claude d'Abbeville, einem französischen Kapuziner, der die Missionsgeschichte seines Ordens in Brasilien schrieb: *Histoire de la mission des Pères Capucins en l'isle de Maragnan et terres circonvoisines.* Diese *Geschichte* (1963 neu aufgelegt von der Akademischen Druck- und Verlagsanstalt in Graz) enthält unschätzbare ethnologische Auskunft über die Tupinambás, die Ureinwohner dieser Gegend.

Während der portugiesischen Kolonialzeit gab es eigentlich zwei Brasilien: jenes, zu dem Salvador da Bahia, Rio und São Paulo gehören, Recife mit seinen traditionellen Zuckerrohrregionen und die Provinz Minas Gerais mit ihren

Gold- und Diamantenminen. Das ist jenes Brasilien, an das wir gemeinhin denken.

Daneben aber gab es an der atlantischen Nordküste ein anderes Brasilien, den Staat Maranhão und später den Staat »Grão-Pará e Maranhão« mit der Hauptstadt São Luís. Dieses Brasilien war wirtschaftlich von geringer Bedeutung, aber ungemein wichtig für territorialen Anspruch und Expansion. Von São Luís aus war die Expedition ausgelaufen, welche den Amazonas hinauffuhr und damit den Grund für das brasilianische Amazonien legte. Das zweite Brasilien war ein Riesenterritorium, das die heutigen Bundesterritorien Rondônia, Acre, Roraima und Amapá und die Bundesstaaten Amazonas, Pará, Mato Grosso, Goiás, Piauí, Ceará und eben Maranhão umfasste, dessen Hauptstadt nach wie vor São Luís ist.

Weit weg – das galt auch, als Brasilien unabhängig wurde. São Luís hat seine Abseitslage damit kompensiert, dass es sich zum brasilianischen Athen erklärte. Ein Athen mit tropischen Regengüssen, das zur Hauptsache von einer Palmenart lebte, dem *babaçu*.

Ohne Zweifel könnten auch andere Städte eine Liste illustrer Söhne aufstellen. Aber nur wenige tun sich so viel zugut darauf, dass sie eine Universität und eine Akademie besitzen. Das geographische Abseits sollte in diesem Fall nicht bedeuten, dass man auch abseits der Kultur lag. Allerdings haben die meisten der berühmten Söhne nicht zu Hause gelebt. Gonçalves Dias (1823–1864), der Lyriker der brasilianischen Romantik, verbrachte den größten Teil seines Lebens als Diplomat im Ausland; er ging vor der heimatlichen Küste mit dem Schiff unter, das ihn nach Hause hätte bringen sollen; die Mannschaft hatte bei ihrer Rettung den Todkranken in seiner Kajüte vergessen. Aluísio Azevedo (1857–1913), der Naturalist unter den brasilianischen Romanciers, starb als Diplomat in Buenos Aires. Und Graça Aranha (1868–1931) lässt sein Hauptwerk, den Roman *Kanaã,* nicht in seinem Heimatstaat spielen, sondern er erzählt die Einwanderungsgeschichte vom Staate Espírito Santo. Und Sousândrade (1833–1902) blieb lange unbeachtet, bis die Avantgardisten, die Dichter der »konkreten Poesie«, die Modernität seiner *Wilden Harfe* entdeckten; er selber hat sich in den letzten Jahren damit durchgeschlagen, dass er Mauersteine und Ziegel seines Hauses verkaufte. Heute aber besitzt São Luís mit Josué Montello einen der populärsten Erzähler Brasiliens; er hat für seine Stadt und ihr Hinterland getan, was Jorge Amado für Bahia getan hat. Montello hat São Luís und Maranhão auf die literarische Landkarte Brasiliens gebracht.

So weit weg dieses São Luís liegt – es ist in den letzten fünfzehn Jahren auf unerwartete Weise dem übrigen Brasilien näher gerückt. Unter der Militärherrschaft wurden private Auslandsreisen wegen der hohen Dollardepots fast unerschwinglich. Das hat dazu geführt, dass sich ein Binnentourismus entwickelte. Davon haben auch der Nordosten und der Norden profitiert und damit São Luís. Am Strand wurden einige Hotels gebaut. Aber São Luís wartet nicht nur mit Sandstränden auf, sondern auch mit historischen Bauten. Nicht zuletzt seiner Stagnation verdankt es, dass sich hier koloniale Bauten erhalten haben, auch wenn sie immer mehr zerfallen: neben Kirchen und Klöstern ganze Straßenzüge mit Privathäusern aus dem 17. und

18. Jahrhundert. Zu den Attraktionen zählen eine Behausung von Sklaven oder Brunnen; vor allem aber bietet São Luís wie kaum eine andere Stadt in Brasilien einen Reichtum an *azulejos,* jenen bunten Kacheln, die ein unabdingbares Dekorelement der portugiesischen und kolonialbrasilianischen Architektur darstellen.

Zudem ist dieses São Luís aus seiner wirtschaftlichen Trägheit erwacht. Der Hafen von Itaqui ist im Augenblick ein einziger Bauplatz. Denn er ist Endstation einer Eisenbahnlinie, von der bisher einige hundert Kilometer eingeweiht worden sind. Die Linie führt tief ins Hinterland nach Carajás, wo die größten Eisenerzvorkommen des Landes gefunden wurden. Die Bahn soll das Erz nach São Luís bringen, wo ein Schmelzofen und eine Eisenhütte gebaut werden. Ausgerechnet São Luís erlebt inmitten einer lädierten Nationalwirtschaft so etwas wie eine kleine Hochkonjunktur.

Tourismus und Eisenerz – das sind neue und recht unterschiedliche Gründe, um nach São Luís zu fahren. Aber es gibt noch einen ganz anderen Anlass, und seinetwegen habe ich hier ein zweites Mal Station gemacht: Alcântara – nichts liegt so weit weg, als dass nicht etwas noch weiter weg läge.

Alcântara ist nur dreiundfünfzig Kilometer von São Luís entfernt, aber es liegt am andern Ufer der Markusbucht. Man müsste die ganze Bucht zurück und den Mearim-Fluss weit hinauffahren, bis man eine Brücke findet; aber von dort führt auf der Gegenseite keine Allwetterstraße nach Alcântara. Das Gleiche gilt, wenn man in Itaqui die Fähre benutzt. Die übliche Art, um hinzukommen: ein Dampfer, der morgens São Luís verlässt und am Abend wieder zurückkehrt, eine Fahrt, die wegen der Strömungen und des Wellengangs recht unruhig ist.

Das Schiff legt nicht im Hafen von Alcântara an; es ankert in der Bucht. Diese bildet einen guten Naturhafen, geschützt von der Ilha do Livramento, einer unbewohnten Insel. Was ihr Name *livramento,* »Rettung« oder »Befreiung«, genau meint, weiß man nicht. Was auf der Insel gedeiht, sind Legenden über Schiffbrüchige, Piraten und einen verborgenen Schatz. Und in der Bucht, fast verloren, ein paar Fischerboote; das Gewässer ist für seine Krabben bekannt.

Die Passagiere klettern vom Dampfer auf ein kleines Boot, das sie gruppenweise zu dem führt, was man Anlegestelle nennt. Eine buntgemischte Schar erwartet das Schiff. Verwandte und Bekannte, ein paar Händler und Träger, die meisten aber sind Neugierige. Das Schiff bringt Waren und Nachrichten; es stellt die Verbindung zur Welt dar, die drüben liegt, wo sich São Luís befindet.

Die Lagerhäuser, welche den Hafen säumen, sind geschlossen und vom Einsturz bedroht. Sie erinnern an eine Zeit, als hier Baumwolle, Zuckerrohr, Maniok und Tropenfrüchte verladen wurden. Im Hinterland waren einst riesige Latifundien in Betrieb. Der Landadel hatte sich im Städtchen Alcântara eingerichtet, und von dem Hafen, in dem sich nichts mehr tut, sind einst die Söhne nach Portugal gefahren, um in Coimbra zu studieren.

Alcântara wurde 1617 an der Stelle eines Indianerdorfes gegründet; der Gründung ging ein Massaker voraus. Alcântara, einst die Kornkammer des Staates Maranhão, erlebte seine Blütezeit, als São Luís selber noch ein bescheidenes

Dasein fristete. Was im letzten Jahrhundert zum Untergang führte, darüber streiten sich die Lokalhistoriker; nur eines bestreitet niemand: dass es niederging; daran lassen die zerfallenen und zerfallenden Bauten auch keinen Zweifel.

Steigt man die Steilstraße vom Hafen zum Hügelplateau hinauf, auf dem die Stadt gegründet wurde und von wo sich der Blick auf die Markusbucht auftut, gelangt man zum weiten, leeren Platz vor der *matriz,* der Mutterkirche. An der Fassade ist ein Gerüst aufgebaut; aber was errichtet wurde, um zu retten, was zerfällt, ist selber Teil des Zerfalls geworden.

Auf dem Platz der *pelourinho,* der Pranger, ein Symbol für Macht und Rechtsprechung; an diesem Schandpfahl wurden die Sklaven gezüchtigt. Bei der Aufhebung der Sklaverei wurde der Pranger umgestürzt. Fast sechzig Jahre lag er unter dem Boden, bis er ausgebuddelt und wieder aufgestellt wurde; er gilt als eines der schönsten Beispiele für einen Pelourinho; nicht zuletzt ist er eine Erinnerung daran, dass hier einst alljährlich zweitausend Schwarze importiert wurden.

Die großspurigste Erinnerung an das Selbstbewusstsein von Alcântara sind die beiden Kaiserpaläste. Sie wurden gebaut, um den Kaiser bei einem eventuellen Besuch zu beherbergen. Um diese Ehre und diese Kosten stritten sich zwei Familien, und die eine versuchte das Konkurrenzproblem zu lösen, indem sie einen Rivalen umbringen ließ. Das nahm der Kaiser zum Anlass und Vorwand, um Alcântara nicht zu besuchen. Dennoch: Es wurden zwei Kaiserpaläste gebaut, die von keinem Kaiser benutzt wurden.

Ich bin fast der einzige Fremde, der an diesem Tag Alcântara besucht. So wenig hat man mit Fremden gerechnet, dass am Hafen keiner der Jugendlichen wartet, die den Besuchern ihre Dienste als Cicerone anbieten. Aber dann stellen sie sich doch ein, als ich mich der Carmo-Kirche nähere. Sie wollen mich durch die Rua Grande zurückbegleiten, wo sich ein Herrenhaus ans andere reiht, und sie zählen auf, wie viele *sobrados* es sonst noch gibt. Sie dringen darauf, bis zum Brunnen zu spazieren, der einst die Wasserzufuhr sicherte; man müsse unbedingt das Museum besuchen, im Buch, in dem sich die Fremden eintragen, gebe es Namen aus aller Welt; sie kennen auch die Läden, wo man günstig Hängematten, Gegenstände aus geflochtenem Sisal und Heiligenstatuen bekommt, einheimisches Kunsthandwerk. Und sie bedeuten einem, man sei zur falschen Zeit gekommen, oder mindestens, man solle wiederkommen. Dann, wenn »Divino Espírito Santo« gefeiert werde. Das Fest beginnt an Auffahrt und dauert bis Pfingsten, und jedes Jahr wird, abwechslungsweise, ein König oder eine Königin gewählt. Was an der Prozession an Fahnen mitgetragen wird, kann man im Haus der Bruderschaft sehen, dort sind auch Kostüme ausgestellt, ein Altar und gedeckte Tische. Der »Divino Espírito Santo« ist nicht zuletzt ein Fest der Mulattinnen, der göttlichen Tänzerinnen und Musikantinnen, ein brasilianisches Fest, da sich afrikanische Riten und christliche Zeremonien verbinden; schwarze Götter und portugiesische Heiligen feiern zusammen.

Aber die jungen Reiseführer sind bereit, für ein Entgelt auch zu schweigen. So flaniert man allein durch die Gassen, in denen sich das Kopfsteinpflaster erhalten hat. Manchmal ein einzelnes Fuhrwerk und einmal sogar ein Kastenwagen.

Vorbei an Häuserfronten, bei denen oft nicht auszumachen ist, ob das Haus bewohnt ist oder nur noch aus einer Fassade besteht. Dann wieder hergerichtete Wohnhäuser und die eindeutigen Fronten von Ruinemauern. Nun wurde vieles gar nie fertiggebaut, wie die Franziskus-Kirche, und das Fort wurde schon seinem Schicksal überlassen, als Alcântara noch aufwendig lebte.

Alcântara, ein einzigartiges koloniales Architekturensemble, wurde 1948 zum »nationalen Monument« erklärt. Das hat an seinem Geschick nicht viel geändert, auch wenn einige Restaurationsarbeiten durchgeführt oder vielmehr angefangen wurden. Hier ein Bogen neu errichtet und dort ein Gerüst aufgestellt und überall Haufen zurechtgehauener Steine, die auf ihre Wiederverwendung warten. Als 1980 hier eine internationale lateinamerikanische Tagung über Kulturpolitik und Kulturverwaltung stattfand, wurde ein Aufruf zur Rettung von Alcântara erlassen.

Aber Alcântara ist aus einem andern Grund in die aktuelle Auseinandersetzung geraten. Die Regierung von Brasília hat die Absicht, auf dem Gemeindeboden von Alcântara, an der Küste, eine Raketenbasis zu bauen; es wäre die zweite des Landes, eine Abschussrampe für Wetter- und Nachrichtensatelliten.

Der Plan wurde lange geheim gehalten, aber dann wurde er doch publik und löste gleich eine heftige Polemik aus. Die einen Bewohner von Alcântara versprechen sich davon einen wirtschaftlichen Aufschwung, den das Städtchen dringend benötigte. Andere mahnen, dass einem solchen Fortschritt alles geopfert werde, was die Einzigartigkeit von Alcântara ausmache. Ein Lyriker wie Carlos Drummond de Andrade, der mit seinen Zeitungskolumnen landesweit meinungsbildend wirkt, griff mahnend in die Diskussion ein: Es gelte kostbares Kulturerbe zu schützen. Wenn das Projekt in der Stadt selber noch eher Zustimmung findet – die Landarbeiter fühlen sich bedroht. Zweitausend Familien müssten umgesiedelt werden. Möglich, dass neue Arbeitsplätze entstehen; aber keineswegs ist die Zukunft derer gesichert, die bisher Maniok, Bananen und Reis anbauten und Holzkohle herstellten, die sie in São Luís verkauften.

Vorläufig aber führt Alcântara noch sein Doppelleben – eines, bei dem das verlassene und das bewohnte Alcântara unmerklich ineinander übergehen, so dass es oft schwer auszumachen ist, was hier bereits Vergangenheit ist und was noch Gegenwart.

Die paar Tage in São Luís und der Abstecher nach Alcântara sind zu einem Zwischenhalt geworden, nicht einfach deswegen, weil ich den Flug von Belém nach Fortaleza unterbrach. Es ist ein Halt zwischen bunten Kacheln und Eisenhütte, zwischen Lokalnachrichten und Weltgeschichte, zwischen Pranger und Abschussrampe, zwischen kolonialen Erinnerungen und Raketenträumen.

Die weißen Träume des
schwarzen Mannes
Der Afro-Brasilianer Abdias do Nascimento
(1984)

Brasilien, ein Land, in dem die verschiedenen Rassen friedlich nebeneinander leben. Ein einzigartiger Fall. Brasilien, die ethnische Demokratie ...

»Das alles ist Lüge ... Es gibt hier keine Gleichheit der Rassen. Die Weißen sitzen oben und die Schwarzen unten. Dieser Rassismus ist ärger als in den USA, denn er ist unsichtbar. Hier wurde die Widerstandskraft der Schwarzen gebrochen; sie fügten sich, sie haben sich aufgegeben.«

Der Mann, der jeden Gedankengang von der Gleichheit der Rassen in Brasilien unterbricht und jede Vorstellung von der ethnischen Demokratie zerreißt, heißt Abdias do Nascimento.

Wir treffen uns in seiner Wohnung. Vom Balkon aus hat man den Blick auf verschiedene Rios: das Postkarten-Rio mit der Guanabara-Bucht und dem Zuckerhut, das koloniale Rio mit der Glória-Kirche auf einem Hügel, das moderne Rio mit Wolkenkratzern und Luxusbauten und nebenan das Rio der Favelas, wo sich an den Abhang des Hügels von Santa Teresa die Hütten eines Elendsviertels klammern.

Die Begegnung ergab sich in Rio, weil in Brasília eben

die Session zu Ende gegangen war. Abdias do Nascimento ist seit März 1983 Abgeordneter des »Partido Democrático Trabalhista« (PDT). Die »Demokratische Arbeiter-Partei« ist eine kleine Oppositionspartei, die sechs Abgeordnete nach Brasília schickt. Rio ist der einzige Staat, in dem die Partei mit ihrem Präsidenten Leonel Brizola auch den Gouverneur stellt. In dieser Partei leitet Abdias do Nascimento das Büro für Afro-Brasilianische Fragen; keine andere Partei besitzt eine solche Sonderabteilung.

Abdias do Nascimento drückt dem Besucher gleich eine Broschüre in die Hand, die er eben im Begriff ist zu verschicken, *Combate ao racismo:* Kampf dem Rassismus. Die Publikation der Deputiertenkammer enthält die Reden, die Abdias do Nascimento im Kongress hielt.

»Herr Präsident, meine Herren Abgeordneten, ich beschwöre den Namen von Olorum, dem Schöpfer aller Dinge, der menschlichen Wesen und des Universums. Ich beschwöre die tellurischen Kräfte unserer Heimat der Vorfahren – die afrikanische Mutter. Ich beschwöre Exu, den Herrn aller Wege menschlicher Existenz, den Herrn der Kreuzwege, wo der dialektische Widerspruch stattfindet seit jenen unerforschlichen Zeiten, wie sie in den Mythen festgehalten werden. Und ebenfalls aus diesen mythisch-historischen Zeiten beschwöre ich und flehe ich an unsere Herrin Oxum, die Patronin der Liebe, der Leidenschaft und der Hoffnung.«

Die Anrufung afrikanischer Gottheiten im Parlament, das ist eine ungewohnte Präambel, von Unserer Herrin zu reden und nicht die Jungfrau Maria zu meinen, sondern die schwarze Patronin Oxum. Überraschend wie die Sprache sind auch die Forderungen: sei es eine nationale Kommission für Afro-Brasilianische Fragen zu schaffen oder auf dem »Platz der drei Gewalten« vor den Regierungsgebäuden in Brasília ein Denkmal für den »Unbekannten Sklaven« zu errichten.

Abdias do Nascimento empfängt uns in lässiger Rio-Manier. Er trägt das bunte Hemd über den Hosen. Wir kennen den Mann mit dem angeweißten Bart von den Fotografien her anders: Bei Kongressen und bei seinen Vorträgen präsentiert er sich gewöhnlich mit einem afrikanischen Überwurf.

Der Afro-Brasilianer, der uns den *cafézinho,* das obligate Tässchen Kaffee offeriert, ist siebzig Jahre alt. Er stammt aus Franca, dem Staat São Paulo, aber er hat in Rio sein Tätigkeitsfeld gefunden. Hier hatte er 1944 das »Teatro Experimental do Negro« gegründet, das TEN, das »Afro-Brasilianische Experimentiertheater«. Vorerst ging es darum, »schwarzes Theater« zu machen, das heißt, Stücke schwarzer Autoren zu spielen, sofern solche überhaupt vorhanden waren, oder Stücke weißer Autoren aufzuführen, in denen der Schwarze, der Figur oder der Thematik nach, eine Rolle spielte. Mit *Dramas para negros e prólogo para brancos* (TEN, Rio 1961) legte Abdias do Nascimento eine Anthologie von Stücken vor, die in seinem Theater gespielt wurden. Im Vorwort zu diesen »Dramen für Schwarze« und dem »Prolog für Weiße« liest man:

»In Brasilien befindet sich die dramatische Literatur der Schwarzen noch voll im Aufbruch. Das kann weiter nicht überraschen angesichts der Tatsache, dass das Land eine neue Epoche der Entwicklung und des Selbstbewusstseins durchmacht. Ohne Zweifel leben wir in einer Zeit, in der das Chaos für den Schwarzen, den Exsklaven, zu Ende geht. Wenn wir in Brasilien den Konsequenzen und Implikationen Rechnung tragen, welche die schwarz-afrikanische Identität mit sich bringt, wetzt diese jetzt die Waffen ihrer Ablehnung, wie sie aus Ausbeutung und Leiden geboren wurde: die Ablehnung der kulturellen Assimilation, der so sehr gewünschten Blutsmischung, die Ablehnung des Elends, die Ablehnung der Erniedrigung, die Ablehnung der Unterwerfung. Das macht das Afro-Brasilianische Experimentiertheater aus: ein Instrument im Bewusstseinsprozess der Schwarzen.«

Wenn Abdias do Nascimento in diesem »Prolog für Weiße« die Programmatik für seine Experimentierbühne entwarf, zog er in einer späteren Publikation Bilanz: *Testemunhos* (Edições GRD, Rio 1966) heißt der Sammelband, »Zeugnisse«; darin vereint sind Kritiken und Kommentare zu einem Theater, das damals fünfzehn Jahre alt war. Efraín Tomás Bó eröffnet diese Zusammenstellung mit folgenden Worten:

»Abdias do Nascimento, der schwarz ist, will schwarz sein mit Leib und Seele. Er will den Körper und die Seele der Schwarzen vorführen. Das Theater ist sein Mittel, und Abdias do Nascimento fand andere Schwarze, die auf der Bühne kraft des Dramas ihre Seele enthüllten, um der wichtigsten und authentischsten Bewegung Körper zu geben: der brasilianischen *négritude*.«

Wenn Abdias do Nascimento mit den beiden Bänden, in denen er Theaterstücke und Kommentare zusammenstellte, seine Absichten und Ziele programmatisch und analytisch kundtat, hat er in seinem Stück *Sortilégio* das Gleiche auf andere, nämlich künstlerische Weise getan. Dieses Stück »Hexerei« oder »Zauberei« trägt den Untertitel »Mysterienspiel«. Der Autor geht darin von den afro-brasilianischen Riten der Macumba aus. Aber Abdias do Nascimento überträgt nicht einfach religiöse Szenen auf die Bühne, sondern er gibt dem Stück einen aktuellen Bezug; ein junger schwarzer Brasilianer bringt seine weiße Frau um – ein symbolischer Akt für die Befreiung von jenem weißen Traum, den seine schwarze Seele träumt.

»Jetzt habe ich mich befreit. Für immer. Ich bin ein Schwarzer, der sich von der Gutmütigkeit befreite. Frei von Furcht. Frei von eurer Nachsicht und von eurem Mitleid. Da – da habt ihr Weißen eure zivilisierten Lumpen.«

Wir halten die zweite Ausgabe dieses Theaterstücks in der Hand, dem nicht vom Künstlerischen, aber vom Intellektuellen her eine Avantgarde-Rolle zukommt. Die zweite Ausgabe trägt nicht mehr nur den Untertitel »Mysterienspiel«, sondern »schwarzes Mysterienspiel von der Wiederbelebung Zumbis« (1978). Damit ist nicht eine neue Fassung gemeint, sondern angegeben, in welchem Sinne das Stück zu verstehen ist.

Zumbi ist eine historische Figur; er entfloh aus der Sklavenschaft und gründete mit anderen entlaufenen Schwarzen im brasilianischen Hinterland einen Staat nach afrikanischem Muster. Diese Republik leistete den Portugiesen lange Zeit erbitterten Widerstand. 1694 fiel Zumbi im Kampf gegen die Kolonialherren.

Zumbi wurde zu einer Symbolgestalt der Rebellion. Augusto Boal zum Beispiel, der Theoretiker und Praktiker des

»Theaters der Unterdrückten«, versuchte in den sechziger Jahren mit seiner Arena-Bühne einem breiten Publikum die Geschichte seines Landes neu und kritisch zu vermitteln. In der Serie »Arena erzählt …« gibt es auch eine Folge »Arena erzählt Zumbi«. Arena erzählte in einem epischen Drama die Geschichte von Zumbi und seinem Quilombo, den er in Palmares gegründet hatte.

Quilombo nennt man in Brasilien einen Ort, wohin entlaufene Sklaven flüchteten und wo sie, wenn auch oft nur für kurze Zeit, in Gemeinschaft lebten. Demnach bedeutete Quilombo Refugium oder Lager im Sinne eines Camps. Aber Abdias do Nascimento beharrt darauf, dass dem Wort Quilombo schon historisch eine andere Bedeutung zukomme:

»Die Quilombos waren niemals nur Refugien entflohener Sklaven, wie unsere Schulbücher erzählen. Das beste Beispiel dafür bietet die Republik von Palmares, die einen historischen Wendepunkt darstellt. Sie war ein Verband verschiedener Quilombos, die vereint fast ein Jahrhundert lang Widerstand leisteten. Im Gegensatz zur merkantilen Wirtschaft der portugiesischen Kolonie besaß Palmares eine diversifizierte Agrokultur. Wenn unsere brasilianische Nation diesem Beispiel gefolgt wäre, müssten wir uns heute nicht mit den wirtschaftlichen Verzerrungen abmühen, die wir von der Monokultur einer Kolonialwirtschaft erbten, die einzig auf Export bedacht war. Wären wir der Demokratie gefolgt, wie sie dort nach indianischen und afrikanischen Traditionen praktiziert wurde, müssten wir uns nicht bis heute mit einer Machtstruktur abquälen, die etwelche Ähnlichkeit mit Demokratie hat.«

Quilombo blieb für Abdias do Nascimento nicht ein historischer Begriff, sondern gab das Schlüsselwort ab für seine politische Überzeugung, den *Quilombismo* (1980). Unter dieses Wort stellte er auch eine seiner jüngsten Publikationen, in der er Aufsätze und Vorträge zum Thema Afrika und Afro-Brasilien aufnahm. Quilombismo steht für eine besondere Form des Sozialismus, den *comunalismo*. Der ist nicht marxistisch orientiert, denn Kommunismus wie Kapitalismus sind für ihn Prägungen einer westlichen Gesellschaft, was er entgegenstellen möchte, ist eine Gemeinschaft, die sich auf Vorstellung und Tradition afrikanischer Kollektivität beruft, den »Kommunalismus«.

Welchen Symbolwert Zumbi, der schwarze Rebell, für Afro-Brasilianer von heute besitzt, mag man daraus ersehen, dass verschiedene afro-brasilianische Organisationen den Todestag von Zumbi zum »Tag des schwarzen Bewusstseins« erklärten. 1983 fand am 20. November zum ersten Mal ein öffentlicher Aufmarsch statt, in Rio gingen aus diesem Anlass fünftausend Schwarze auf die Straße.

So ist es nur konsequent, wenn Abdias do Nascimento im Parlament, ohne Erfolg allerdings, den Antrag stellte, aus dem 20. November einen offiziellen Feiertag zu machen, und wenn er sich für eine Gedenkstätte einsetzte, die im Bundesstaat Alagoas errichtet werden soll, in dem einst das Territorium des Quilombo von Palmares lag.

Nicht zufällig hatte die Zeitschrift, welche das »afro-brasilianische Experimentiertheater« herausgab, *Quilombo* geheißen. Nun war diese Experimentierbühne nicht nur eine Bühne, sondern ein Forum. Unter seiner Ägide wurden die nationalen Konvente der Afro-Brasilianer durchgeführt. Im Schlusscommuniqué des ersten Konventes liest man unter anderen Forderungen auch folgende: »dass in unserer Verfassung ausdrücklich auf den ethnischen Ursprung unseres Volkes Bezug genommen wird, das sich aus drei Grundrassen bildete: den Indianern, den Schwarzen und den Weißen – dass auf der Ebene der Gesetzgebung jede Diskriminierung von Hautfarbe oder Rasse als Landesverrat gilt – dass jede Diskriminierung von Hautfarbe und Rasse sowohl in den Ämtern wie in den Privatunternehmungen bestraft wird.«

Die beiden Konvente, der von 1945 in São Paulo und der von 1946 in Rio, waren Vorbereitungen für das große Treffen von 1950, den ersten »Afro-Brasilianischen Kongress«. Eingeladen hatten dazu neben Abdias do Nascimento der schwarze Historiker Guerreiro Ramos und der Ethnologe Edison Carneiro. Dieser Kongress, an dem schwarze und weiße Spezialisten und Interessierte teilnahmen, steckte seine Thematik geradezu ambitiös umfassend ab: Es ging um die Geschichte der Schwarzen von der Einfuhr als Sklaven bis zur heutigen demographischen Aufteilung, von der Teilnahme an der Kolonialpolitik bis zu der am Expeditionskorps, um die sozialen Bedingungen mit ihren Familienstrukturen und um Marginalität und insbesondere um die afrikanische Präsenz in brasilianischer Kultur, in Literatur, Musik und vor allem in der Religion.

Spricht Abdias do Nascimento heute von diesem Ereignis, tut er es mit Distanz: »Als dieser Kongress stattfand, zeigten die Aktivisten der afro-brasilianischen Frage eine allzu große Versöhnlichkeit – mich inbegriffen. Wir gingen zu sehr auf die Position der liberalen Weißen ein, die an dieser Tagung teilnahmen. Ein solches Verhalten entsprach den demokratischen Gepflogenheiten, alle Ideen zu respektieren.«

Ausführliche und kritische Bilanz dieses Kongresses zog Abdias do Nascimento in seinem Buch O negro revoltado: der Schwarze in der Revolte. Die erste Ausgabe dieses Buches erschien praktisch unter Ausschluss der Öffentlichkeit. Für die zweite, von 1982, verfasste Abdias do Nascimento ein umfangreiches Vorwort: Er untersucht darin nicht nur die Entwicklung der afro-brasilianischen Frage in Brasilien, sondern auch die eigene, und diese stellt den Prozess einer Radikalisierung dar. Zwischen dem Kongress von 1950 und dem heutigen Urteil darüber liegen dreißig Jahre. In den drei Jahrzehnten ist Entscheidendes geschehen – im Land selber wie in der Biographie von Abdias do Nascimento.

In Brasilien hatte sich der populistische Diktator Getúlio Vargas aus Protest umgebracht. Unter Kubitschek wurde Brasília eingeweiht. Dann kam die Linksregierung eines João Goulart, den die Militärs stürzten. Dem Putsch von 1964 folgte 1968 der harte Kurs, zehn Jahre später die *abertura,* die Öffnung, und damit das Ende eines Wirtschaftswunders, das von Anfang an keines gewesen war. Und diese Geschichte hatte auch für Abdias do Nascimento Konsequenzen:

1966 wurde in Dakar, in Senegal, das erste Weltfestival der schwarzen Kulturen durchgeführt. Dazu waren auch Brasilianer eingeladen worden, aber nicht das »Afro-Brasilianische Experimentiertheater«. Abdias do Nascimento nahm dies zum Anlass eines »Offenen Briefes«:

»Es ist dringend notwendig, die unmittelbare Wirklichkeit der Schwarzen in Brasilien mit Objektivität und Mut bloßzulegen. Ohne jegliche sentimentale Betrachtung. Eine Realität der Mystifikationen und Irreführungen, welche unser Leben ausmachen. Diese zu entschönigen ist eine Aufgabe von Bürgersinn und Humanität. Reden wir also direkt und deutlich. Man muss Vorsicht walten lassen, wenn man hört, dass es in Brasilien eine Rassenintegration gibt. Diese Integration ist sehr relativ und nur restriktiv zu verstehen. Sicherlich müssen die Schwarzen nicht etwelche physischen oder juristischen Aggressionen erdulden. Aber bedeutet dies auch schon Integration? Mitnichten. Für uns Schwarze hört sich das wie ein Scherz an. Ein Euphemismus, der unterschwellig das Ideal der sogenannten oberen Schichten verdeckt: nämlich unser Volk aufzuweißen. Daher eine Politik des Schwarzen, der weiß, ›wo er hingehört‹ – mit Großzügigkeit an Orte wie Samba oder Fußball. Die Industrie des Pittoresken, wie sie heute auf verschiedenen Weltmärkten zu finden ist, erhält sich bei uns am Leben, indem sie kommerzialisiert, was der Schwarze mit seinem Karneval schuf. Die Lebensfreude des Schwarzen, sein choreographisches Talent, seine Lieder, seine Rhythmen, seine Farben werden in exotische Ware umgewandelt und stellen eine neue Form der Ausbeutung dar. Das alles trägt mit Vorteil zur stereotypen Auffassung bei, dass es sich um einen gutmütigen Schwarzen handelt, der keine Unruhe stiftet ... Wir sind uns bewusst, welches Risiko wir eingehen, wenn wir solches denunzieren.«

Solche Gedanken zu äußern war ohne Zweifel ein Risiko, wie sich bald herausstellen sollte. Brasilien gab und gibt sich der Illusion hin, es habe die Rassenfrage im Sinne der Integration gelöst. Eine gegenteilige Ansicht zu vertreten muss als Provokation wirken, und gar wenn sie so angriffig vorgebracht wird. Abdias do Nascimento geriet immer mehr in Konflikt mit dem offiziellen Brasilien und dessen Gesellschaftsdoktrin.

1968 begab sich Abdias do Nascimento ins freiwillige Exil. Der Mann, der in Brasilien die Rassendiskriminierung denunzierte, ging in die USA, wo die Schwarzen damals für ihre Bürgerrechte einen offenen Kampf führten.

Im schwarzen Harlem kam der Afro-Brasilianer zu seiner ersten Einzelausstellung, die danach an den verschiedensten Orten in den Staaten gezeigt wurde. Abdias do Nascimento ist nicht nur Theatermann, Autor, Historiker, Ethnologe und Journalist, sondern auch Maler.

Abdias do Nascimento weist auf die Bilder an den Wänden, einige sind von ihm, die andern stammen von brasilianischen und afrikanischen Künstlern. Der Gastgeber führt uns in ein Nebenzimmer, dort warten, gestapelt und verpackt, Bilder von ihm auf die nächste Ausstellung. Diesmal in Brasilien. Er macht sich an einem Regal zu schaffen und drückt uns die November-Nummer von 1978 der amerikanischen Zeitschrift *Black Art* in die Hand; darin ein Aufsatz von ihm über die afro-brasilianische Kunst zusammen mit der Reproduktion einiger seiner Malereien.

Die Bilder nehmen als Motiv auf, was auch die Thematik seiner Schriften bestimmt: Darstellungen afrikanischer Gottheiten, die Mythen und Mysterien der afro-brasilianischen Kulte, eine Welt der Symbole, aber auch der Bezug zur Aktualität, wenn man an ein Bild denkt wie »Das Martyrium des Malcolm X«.

Bildende Kunst war für Abdias do Nascimento nie nur eine zufällige Ergänzung oder bloßes Hobby. Schließlich hat er, kurz vor seiner Exilierung, in Rio das »Afro-Brasilianische Museum« begründet. Sein Experimentiertheater hatte es zu einem veritablen Skandal gebracht, als es den Wettbewerb »Cristo Negro« durchführte: Man suchte Kunstwerke mit Darstellungen von Christus als Neger. Und dies kurz bevor der Eucharistische Kongress von Rio stattfand. Nicht nur die offizielle Kirche war empört. Allerdings, ein Würdenträger gewährte volle Unterstützung, Dom Hélder Câmara, er war damals noch nicht Erzbischof von Recife und Olinda, sondern Bischof in Rio.

Mit dem freiwilligen Exil begann für Abdias do Nascimento eine ausgedehnte Dozententätigkeit: zunächst *visiting professor* in Middletown (Connecticut), Vortragsreisender durch die Staaten und Professor an der Staatsuniversität von New York in Buffalo. 1977/78 dann Dozent an der Ife-Universität in Nigeria. Wegen seiner Reise nach Nigeria war es allerdings zum diplomatischen Streit mit seinem Land gekommen. Abdias do Nascimento war an das »Zweite Festival der schwarzen Kulturen« eingeladen worden, das 1977 in Lagos stattfand. Die nigerianischen Organisatoren hatten für ihn eines der Hauptreferate vorgesehen: Das Thema galt der Rassendiskriminierung in Brasilien. Als die Regierung in Brasília davon hörte, intervenierte sie mit Erfolg. Abdias do Nascimento hat später in *Sitiado em Lagos* (Belagert in Lagos, 1981) die Affäre mit allen Details und Dokumenten aufgerollt. Die Publikation ist, wie er selber ausführte, »die Selbstverteidigung eines Schwarzen, der vom Rassismus gehetzt wird«.

Die brasilianische Regierung konnte zwar verhindern, dass Abdias do Nascimento als Redner auftrat, aber er nahm als Beobachter teil. Sein Referat, eingeleitet vom nigerianischen Schriftsteller Wole Soyinka, kam zunächst auf Englisch heraus: *Racial Democracy in Brazil: Myth or Reality* (Rassendemokratie in Brasilien: Mythos oder Wirklichkeit, 1977). Schon ein Jahr später erschien die brasilianische Ausgabe bei Paz e Terra, Rio; sie stand unter dem provokativen Titel *Genocídio do negro brasileiro:* Genozid des schwarzen Brasilianers.

Mit »Genozid« war nicht physische Ausrottung gemeint, sondern ein »maskierter Rassismus«, dem Abdias do Nascimento einmal mehr den Prozess machte – ein Kampf gegen Mystifikationen wie die, dass der Kolonial-Portugiese ein gutmütiger Sklavenhalter gewesen sei, wogegen schon die Sklavenaufstände sprächen. Zu diesem »maskierten Rassismus« gehört auch die Verfolgung der afro-brasilianischen Kulte durch die Polizei. Der Autor untersucht die »Bastardisierung des afrikanischen Erbes« oder die »weiße Ästhetik« assimilierter schwarzer Künstler.

Hinter all diesen Fragen und Themen steht das allgemeine Problem der »Aufweißung«. Damit ist zunächst ein rein statistisches Phänomen gemeint. Als Brasilien unabhängig und ein Kaiserreich wurde, war die Bevölkerung der Mehrheit nach schwarz. Noch 1872 machten die Weißen nur 38 Prozent aus, 1940 waren es 63 Prozent. Allerdings haben die Weißen in den letzten vier Jahrzehnten einige Prozente abgenommen, wenn man zum Vergleich die Zahlen von 1980 heranzieht: Da bilden die Weißen 55,99 Prozent. Interessant aber ist auch, dass die Schwarzen in dieser Zeit zahlenmäßig von 14,6 auf 5,9 Prozent abgenommen haben, während der Prozentsatz der Mulatten, der Mischlinge, in dieser Zeitspanne von 21,2 Prozent auf 38,6 stieg.

Die Aufweißung war eine Folge davon, dass einerseits mit dem Ende des Sklavenhandels keine neuen Schwarzen mehr ins Land kamen und anderseits mit der nach-portugiesischen Einwanderung aus Europa die Anzahl der Weißen rapide stieg. Aber mit Aufweißung ist nicht nur ein blutsmäßiges, statistisch-ethnisches Phänomen gemeint, sondern zugleich ein kulturelles und eines der Staatsdoktrin. In einer Verlautbarung der brasilianischen Regierung aus dem Jahr 1890 wurde zur Einwanderung aufgefordert: Willkommen seien alle, die über die entsprechende Gesundheit verfügen, mit Ausnahme afrikanischer und asiatischer Völker. Und noch 1945 wurden unter Getúlio Vargas anlässlich der Einwanderungspolitik die Vorzüge der europäischen Rasse hervorgehoben. Brasilien war trotz seiner Mischgesellschaft keineswegs immun gewesen gegen rassistische Vorstellungen und Theorien. Wie Rassenfrage und Bildung eines nationalen Bewusstseins in Brasilien zusammenhängen, hat Thomas E. Skidmore in seiner Studie *Black into White* (1974) kompetent dargestellt.

Aufweißung als ein Prozess, dem allmählich alles Afrikanische zum Opfer fällt, das ist das Genozid, das Abdias do Nascimento meint, zumal wenn diese Aufweißung bewusst von Regierungsstellen vorangetrieben wird. Aufweißung aber ist auch ein Akzeptieren westlich-europäischer Vorstellung durch die Schwarzen und die Mulatten selbst. Aufweißung bedeutet in dem Fall, dass der Schwarze weiße Träume hat. Abdias do Nascimento möchte einen Schwarzen mit einer schwarzen Seele und schwarzen Träumen.

Verkappter Rassismus bildete das Thema seiner Vorträge, die er während seiner Exilzeit an internationalen Tagungen hielt. Dem »Zweiten Weltfestival der schwarzen Kulturen« war 1974 der »Sechste panafrikanische Kongress« in Dar-es-Salaam vorangegangen. Abdias do Nascimento hatte dort über »Kulturrevolution und die Zukunft des Panafrikanismus« gesprochen. An einem Seminar 1976 in Dakar über »Alternativen der afrikanischen Welt« wählte er als Thema: die schwarze Frau in Brasilien als Objekt sexueller Ausbeutung. Die Rassenmischung war in Brasilien schon immer als ein besonderer Beweis von Vorurteilslosigkeit angesehen worden; aber schon der Volksmund macht klar: eine Weiße für die Hochzeit, eine Mulattin fürs Bett und für die Küche eine Schwarze. An einem Symposium der »All-African People's Revolutionary Party« 1970 in Washington und am wichtigsten Treffen der Exilbrasilianer, das 1968 das Lateinamerika-Institut der Universität Stockholm organisierte, griff Abdias do Nascimento die Aufweißung als Devise der offiziellen Politik Brasiliens an.

Es versteht sich, dass Abdias do Nascimento auch an den Konferenzen teilnahm, die 1977 in Cali und 1980 in Panama zum ersten Mal Intellektuelle der ganzen Hemisphäre vereinigten, an dem »Kongress der schwarzen Kulturen Amerikas«. Der Brasilianer wurde mit der Organisation des dritten Kongresses in São Paulo beauftragt. Die Zentralregierung von Brasília verweigerte, im Gegensatz zu den lokalen Behörden, jede finanzielle Unterstützung. Die Voten und die Verhandlungsberichte über diesen Kongress vom

August 1982 findet man in der ersten Nummer der Viertel-jahresschrift *Afrodiáspora*. Sie wird von Abdias do Nasci-mento betreut und vom »Institut für afro-brasilianische Untersuchungen und Studien« herausgegeben. Das Institut ist der Katholischen Universität von São Paulo angeschlossen. Nachdem Abdias do Nascimento 1979 aus dem Exil zurückgekehrt war, übernahm er die Leitung des IPEAFRO, wie das entsprechende Kürzel lautet.

Da wir die Zeitschrift *Afrodiáspora* noch nie gesehen hatten, baten wir um ein Exemplar. Frau Elisa Larkin Nascimento überreicht uns die beiden ersten Exemplare; sie ist Mitherausgeberin.

»Unser Institut ist nicht größer als die Hälfte dieses Zimmers. Auf der Rückseite der Zeitschrift findet man das Signet unseres Institutes. Das Zeichen setzt sich aus den Symbolen zweier afrikanischer Gottheiten zusammen. Der obere Teil gilt Exu, dem Gott des Widerspruchs, dem Gott der Dialektik, und er existierte lange vor Hegel und Marx. In der christlichen Interpretation wurde er zum Dämon, zum afrikanischen Teufel. Der untere Teil symbolisiert Gott Ogum, den Schöpfer und Herrscher der kosmischen Reiche.«

Abdias do Nascimento springt auf. Er holt aus einer Ecke eine Fahne und rollt sie auf:

»Unsere Fahne. Das schwarze Dreieck steht für die Hautfarbe. Das Rote für den Kampf, den wir zu führen haben. Und das Grün für die Natur, für die Schönheit Afrikas. Und in der Mitte einmal mehr das Symbol unserer beiden afrikanischen Götter.«

Abdias do Nascimento schultert die Fahne; er schwenkt

sie zwischen Stuhl und Tisch und trägt sie ein paar Schritte durchs Zimmer: *Axé, axé.*

Axé ist ein afrikanisches Grußwort. Abdias do Nascimento pflegt mit ihm seine Reden zu beenden. So bleibt es beim Abschied von ihm auch nicht bei der üblichen Umarmung; es ist ein *abraço* mit *Axé*-Gruß.

Der Besuch bei Abdias do Nascimento war die Begegnung mit dem wohl militantesten Afro-Brasilianer, den das Land heute kennt. Unbekümmert ist er mit seinen Angriffen, und er richtet sie gegen alle Seiten.

So attackiert er Jorge Amado, den Schriftsteller aus Bahia, der das »Rom der Schwarzen« wie kein anderer in seinen Romanen darstellt und der in jedem seiner Bücher die Mulattin feiert. Abdias do Nascimento wirft ihm vor, er kommerzialisiere den Schwarzen und folklorisiere die Mulattin.

Abdias do Nascimento attackiert auch Darcy Ribeiro, den Zivilisationstheoretiker und Anthropologen, wohl den besten Kenner der brasilianischen Indios und einen der einflussreichsten Pädagogen des Landes. Darcy Ribeiro ist Parteigenosse von Abdias do Nascimento; er hat sich, wie dieser, nach der Rückkehr aus dem Exil der aktiven Politik zugewandt; er ist Vizegouverneur von Rio und verantwortlich für die Kultur. Ihm wirft der Afro-Brasilianer vor, er zeige nicht genügend Verständnis für die Schwarzen und betreibe intellektuellen Eurozentrismus.

Und wenn man von Leonel Brizola spricht, dem Gouverneur von Rio, und davon, dass dieser einen *socialismo moreno* prägte, einen »dunkelhäutigen Sozialismus«, womit einer gemeint ist, welcher der lokalen Situation Rechnung trägt, wenn man von diesem »dunkelhäutigen Sozialismus« spricht, wird einen Abdias do Nascimento unterbrechen; er fordert anstelle eines »dunkelhäutigen« einen »schwarzen« Sozialismus.

Damit aber beginnt auch schon seine Problematik. Mit solchen Radikalitäten heimst er sich unweigerlich den Vorwurf ein, im Kampf gegen den Rassismus selber zum Rassisten zu werden. Man hatte den Vorwurf des »umgekehrten Rassismus« schon immer rasch zur Hand.

Wenn Abdias do Nascimento allerdings aus Brasilien eine rein afrikanische Sache machen will, läuft er tatsächlich Gefahr, an den ethnischen und kulturellen Voraussetzungen des Landes vorbei zu argumentieren. Brasilien besitzt eine Mischgesellschaft. Zwar entstanden überall, wo die Weißen im Zuge ihrer Entdeckungen und ihrer Kolonisierung hinkamen, Mischlinge; ausschlaggebend war, welchen Stellenwert diese einnehmen sollten. In den USA zum Beispiel wurde jeder, der nur einen Tropfen Negerblut hat, den Schwarzen zugezählt, während in Brasilien mit den Mulatten eine eigene ethnische Einheit entstand. In der Hinsicht wurde die Konfrontation zwischen Schwarz und Weiß relativiert.

Das dunkelhäutige Brasilien lässt sich aber nicht einfach auf das Afrikanische reduzieren. Die Bemerkung, Brasilien weise außerhalb Afrikas die größte afrikanische Gemeinschaft auf, trifft nur bedingt zu, da diese »afrikanische Gemeinschaft« vorwiegend aus Mulatten besteht. Mulatten und Schwarze wehren sich denn auch, im Sinne von Abdias do Nascimento als Afrikaner genommen zu werden, die in Brasilien in der Diaspora leben. Es wiederholt sich eine

Auseinandersetzung, wie man sie von den USA her kennt; als dort die Schwarzen sich auf die Suche nach ihren *roots,* den Wurzeln, machten, entdeckten sie, dass sie primär Amerikaner und nicht Afrikaner sind, dass sie trotz und mit ihrer Hautfarbe Voll-Amerikaner sein wollen.

In Brasilien aber gehört zu den ethnischen und damit kulturellen Voraussetzungen nicht nur ein afrikanisches, sondern auch ein indianisches, nicht nur ein portugiesisches, sondern auch ein nicht-portugiesisches Erbe Europas, ganz abgesehen davon, dass mit den Japan-Brasilianern es bereits auch ein asiatisches Brasilien gibt. Wie unausweichlich Abdias do Nascimento selber durch das Portugiesische geprägt ist, erfuhr er an einer Konferenz in Afrika. Es ging um eine Forderung nach einer *lingua franca* Afrikas; als eine der Möglichkeiten für eine gemeinsame afrikanische Sprache wurde das Suaheli in Betracht gezogen. Abdias do Nascimento musste sich eingestehen, dass, welche afrikanische Sprache auch immer gewählt wird, sie für ihn eine Fremdsprache ist; er stellte die Forderung und drang angesichts des portugiesisch-sprechenden Afrika mit seiner Forderung durch, dass Portugiesisch zu einer Konferenzsprache erklärt wurde.

Und dann muss sich Abdias do Nascimento die Frage gefallen lassen, wie es kommt, dass er, der gegen die Aufweißung kämpft und gegen die weißen Träume des schwarzen Mannes antritt, wie es kommt, dass er seine erste Frau, eine Schwarze, verließ und eine andere, eine Weiße, eine Amerikanerin, heiratete. Elisa Larkin Nascimento ist seine treueste Mitarbeiterin geworden; sie übersetzte seine Werke ins Englische, sie leitet mit ihm das IPEAFRO-Institut. Sie hat auch *Pan-africanismo na América do Sul* veröffentlicht, eine erste Gesamtübersicht über die »panafrikanische Bewegung in Südamerika«.

Es ist ein Leichtes, Abdias do Nascimento der Exzesse und Widersprüche zu überführen. Aber damit schiebt man das Problem nicht beiseite, aus dem heraus er denkt und agiert. Er steht mit der Frage, welchen Platz der Schwarze in der brasilianischen Gesellschaft einnimmt, nicht allein da, wie schon eine Reihe von Publikationen der jüngsten Zeit illustriert:

Sei es *As Raízes do Protesto Negro* (1983) von Clóvis Moura, auch er ein militanter Afro-Brasilianer. In seinem Buch über die »Gründe des schwarzen Protestes« untersucht er ebenso die historischen Zusammenhänge zwischen Kolonialismus und Rassismus wie die Organisation der Schwarzen in São Paulo, die »Dilemmas der *négritude*« bilden ebenso ein Kapitel wie der Beitrag des Afro-Brasilianers zu den brasilianischen Künsten.

Sei es eine Schrift wie *Lugar do Negro* (1982), in welcher sich ein Aufsatz von Lélia Gonzalez findet; die Anthropologin befasst sich vor allem mit der Situation der Afro-Brasilianerinnen. Sei es eine Untersuchung über die jüngere Literatur schwarzer Autoren in Brasilien, *Raça e cor na literatura brasileira* (1983); dem Autor David Brookshaw geht es in »Rasse und Hautfarbe« darum, zu prüfen, inwiefern sich schwarzes Bewusstsein in den Werken der jeweiligen Autoren spiegelt – oder auch nicht.

Seien es Fallstudien wie die der Psychoanalytikerin Neusa Santos Souza: *Tornar-se Negro* (1983) heißt so viel wie »afro-brasilianisch werden« im Sinne von »Sich als Afro-

Brasilianer fühlen« und »Sich als Afro-Brasilianer bekennen«. Aufschlussreich sind die Auskünfte bzw. Geständnisse von Schwarzen, wie sehr die »Ideologie der Hautfarbe« eine »Ideologie des Körpers« ist.

Sei es eine Neuerscheinung wie *Cultura negra e Ideologia do Recalque* (1983). Marco Aurélio Luz analysiert darin die »Hindernisse für eine schwarze Anthropologie«; die einzelnen Aufsätze gelten dem schwarzen Volksdichter Mestre Didi wie dem *cinema novo,* der schwarzen Ästhetik in den bildenden Künsten wie der Bedeutung des religiösen Synkretismus.

Oder seien es Sondernummern der liberal-katholischen Zeitschrift *Vozes* (September 1983) oder der linksorientierten *Terceiro Mundo* (Dritte Welt, Januar 1982). Die Liste ließe sich verlängern, aber immer stände die »ethnische Demokratie« zu Thema.

Es war Gilberto Freyre, der den Begriff der »ethnischen Demokratie« geprägt hat; sein Buch *Herrenhaus und Sklavenhütte* ist ein Klassiker geworden, sein fünfzigstes Erscheinungsjahr wurde 1983 im ganzen Lande groß gefeiert.

Der Mischling, der Mulatte und die Mulattin, sie sind die Figuren, welche symbolisch für die »ethnische Demokratie« stehen. Ein anderer Ausdruck für »dunkelhäutig« lautet *moreno;* dementsprechend hat man den Ausdruck *morenismo* geschaffen. Damit kann Verschiedenes gemeint sein: die Mulattisierung als Synthese zweier Rassen und zweier Kulturen, eine folkloristische und unkritische Darstellung der Mischlinge. Hinter dem *morenismo* kann sich aber auch Wunsch und Hoffnung verstecken, dass die Mulatten den ersten Schritt zur Aufweißung Brasiliens darstellen. »Aufweißung« kann zur ethnischen Staatsdoktrin werden. In Publikationen, die das Außenministerium auf Englisch und Spanisch in den sechziger und siebziger Jahren herausgab, konnte man als Empfehlung und Prognose lesen: »Brasilien ist ein weißes Land. Die farbige Bevölkerung vermindert sich zusehends.«

Sicherlich entwarf Freyre, der Soziologe aus Recife, ein idealisiertes Bild der brasilianischen Gesellschaft, das in mehr als einer Hinsicht korrigiert werden muss. Zudem wurde er ein Opfer seines eigenen »Luso-Tropikalismus«, der Theorie, dass die Portugiesen, die Lusitanier, in den Tropen eine neue Kultur und damit einen neuen Menschen hervorgebracht haben. Freyre hat in dem Maße an diese Idee geglaubt, dass er am Ende der Kolonialpolitik einem Salazar applaudieren konnte.

Dennoch, *Herrenhaus und Sklavenhütte* kommt historisch Bedeutung zu. Zum ersten Mal wurde in Brasilien die ethnische Mischgesellschaft nicht entschuldigt, sondern als Tat und Konzeption gefeiert. Mit der »ethnischen Demokratie« erhielt Brasilien einen Schlüsselbegriff für sein Selbstverständnis. Zudem hat Freyre, als sich unter dem Einfluss des Nationalsozialismus ein neuer Rassismus auszubreiten drohte, zu afro-brasilianischen Kongressen eingeladen, zum ersten 1934 in Recife und zum zweiten 1937 in Salvador da Bahia.

In den dreißiger Jahren hat begonnen, was man die brasilianische Variante der *négritude* nennen kann. 1931 wurde die »Frente Negra Brasileira« in São Paulo gegründet. Initiant war José Correira Leite, der Herausgeber der sich an ein schwarzes Publikum richtenden Zeitung *Clarim*. Die

»Brasilianische schwarze Front«, zunächst als Hilfsorganisation konzipiert, die den Schwarzen soziale, medizinische und juristische Assistenz bieten sollte, entwickelte sich zu einer Partei, bis diese dann 1937 zusammen mit allen andern Parteien von Getúlio Vargas verboten wurde.

Während Gilberto Freyre und seine Schule in Recife die Vorstellungen und Theorien einer »ethnischen Demokratie« weiter ausbauten, ging man in der Industriemetropole São Paulo daran, diese Konzeption einer Kritik zu unterziehen. Mit *A Integração do Negro na Sociedade de Classes* (Die Integration des Schwarzen in einer Klassengesellschaft) und vor allem mit *O Negro no Mundo dos Brancos* (Der Schwarze in der Welt der Weißen) legte Florestan Fernandes Untersuchungen vor, die, was Geschichte und Gegenwart betrifft, kaum mehr erlauben, von einer problemlosen Rassengesellschaft zu sprechen. Es leuchtet auch ein, dass Fernandes, der unter den Militärs seine Stelle an der Universität von São Paulo verlor, nicht nur an den Kongressen teilnahm, die Abdias do Nascimento organisierte, sondern dass er auch für sein Buch *Das Genozid des schwarzen Brasilianers* das Vorwort verfasste.

Die fünfziger Jahre, in denen Fernandes und andere São-Paulo-Soziologen wie Octavio Ianni mit ihren Untersuchungen zur Rassenfrage begannen, waren in Brasilien eine Dekade des allgemeinen kulturellen und intellektuellen Aufbruchs: in der Kunst mit der Biennale von São Paulo und den Konkreten, im Urbanismus und in der Architektur mit Lúcio Costa und Oscar Niemeyer, im Film mit dem *cinema novo,* Gleiches galt für die Literatur und das Theater.

Neben dem »Afro-Brasilianischen Experimentiertheater«
von Abdias do Nascimento wäre auch das »Teatro Popular« von Solano Trindade zu nennen; er hat nicht nur das »Volkstheater« gegründet, sondern auch einige der schönsten afro-brasilianischen Gedichte geschrieben, die alle in obskuren Verlagen erschienen. Es war zugleich eine Zeit der Mobilisierung des schwarzen Bewusstseins mit Autoren wie Romeú Crusoé, Eduardo de Oliveira oder Oswaldo de Camargo.

Ein solcher Aufbruch bedeutete unweigerlich Überprüfung der eignen Realität. Die Militärs wollten mit ihrem Putsch 1964 nicht zuletzt diese kritische Auseinandersetzung zum Schweigen bringen. Aber sie schafften die Problematik nicht aus der Welt; diese war in aller Aktualität da, als es zur ersten Lockerung kam. 1978 fanden im »Museum der modernen Kunst« in Rio »Afro-brasilianische Wochen« statt. Zu der Zeit wurde in São Paulo das »Centro de Cultura e Arte Negra« (CECAN) geschaffen; dieses »Kultur- und Kunstzentrum« gab mit seinen *Cadernos Negros* (Schwarzen Heften) afro-brasilianische Autoren heraus. Überall im Land entstanden Institute, Gremien und Vereinigungen von schwarzen Brasilianern. Vertreter solcher Assoziationen trafen sich 1978 in São Paulo und gründeten die »Vereinigte Bewegung der Afro-Brasilianer«. Der ganze Name dieses »Movimento Negro Unificado« lautet: »Vereinigte Bewegung gegen die Rassendiskriminierung«.

»Rassendiskriminierung« scheint ein unbrasilianisches Wort zu sein. Wer den brasilianischen Alltag kennt, wird es schwer haben, auf den ersten Blick irgendwelche rassistische Momente zu entdecken. Aber es gibt einen verkappten

und verborgenen Rassismus, der sich nicht nur in Einzel-
fällen äußert.

Manchen Brasilianer könnte es überraschen, wenn man
ihm mitteilt, dass 1951 ein Gesetz gegen die Rassendiskriminierung erlassen wurde beziehungsweise erlassen werden
musste. Die Tatsache, dass nordamerikanischen Schwarzen
wegen ihrer Hautfarbe der Eintritt in Hotels verweigert
worden war, hatte den aktuellen Anlass zu diesem Gesetz
gegeben, für das schon früher Vorstöße unternommen worden waren. Militante Afro-Brasilianer äußern sich allerdings skeptisch über das »Afonso-Arinos-Gesetz«; es komme nicht zur Anwendung, habe keine Wirkung und erwe-
cke die Illusion, dass damit der effektiven Diskriminierung
ein Ende bereitet worden sei.

1951 war bei der Volkszählung die Frage nach der Hautfarbe gestrichen worden. Das konnte man als Liberalisierung verstehen. Aber es wurden gleichzeitig Bedenken ge-
äußert, weil damit eine Möglichkeit wegfiel, zu Zahlen zu
kommen, die Aufschluss geben über den Zusammenhang
von sozialem Status und Hautfarbe. Jede Statistik macht
nur allzu deutlich, wie sehr sich im sozialen Bereich die
Rassenfrage spiegelt:

Der Schwarze verdient im Durchschnitt dreimal weniger
als der Weiße, während es der Mulatte auf die Hälfte bringt.
Wenn die Analphabeten unter den Weißen fünfzehn Prozent ausmachen, sind es bei den Schwarzen über vierzig
und bei den Mulatten um die dreißig Prozent.

Diese soziale Aufteilung spiegelt sich auch in der Macht-
hierarchie. Es findet sich kein Schwarzer und kein Mulatte
unter den zwanzig Ministern der Regierung von João Fi-

gueiredo, keiner unter den elf Admiralen oder den sieben Brigadiers der Luftwaffe. Dunkelhäutige Gouverneure, Senatoren und Abgeordnete lassen sich an zwei Händen abzählen. Als der afro-brasilianische Schriftsteller Raimundo Souza Dantas als Diplomat nach Ghana geschickt wurde, war dies ein Novum. »*Negro de lugar*« – »der Schwarze an seinem Platz«, so lautete eine Devise: »der Schwarze, der weiß, wo er hingehört«. Und einer der Plätze ist ohne Zweifel neben der Musik das Fußballfeld. Pelé bot das glanzvolle Beispiel, wie man als Schwarzer dank des Lederballes zu einem ungekrönten König wird. Aber so selbstverständlich ist das nicht. Ein Erfolgsfußballer wie Paulo César erzählte in seinen Interviews, mit was für scheelen Blicken ihm begegnet wurde, wenn er sich in die Restaurants wagte, in denen sonst nur eine weiße Klientel zu verkehren pflegte. Einer der berühmtesten Fußballclubs, »Fluminense«, trägt noch immer den Übernamen *»pó-de-arroz«,* »Reispuder«, weil einer seiner prominentesten Fußballer seine dunkle Haut mit Reispuder aufzuhellen pflegte.

Ein Schwarzer, der weiß, wo er hingehört, erlaubt eine Gesellschaft, die keine Rassenkonflikte kennt. Aber ein Neger, der sich nicht mit dem Platz zufriedengibt, den ihm die anderen, die Weißen, zuweisen, stellt die ethnische Demokratie in Frage. Das ist geschehen und voll im Gange. Dank Figuren wie Abdias do Nascimento. Was sich im Augenblick in Brasilien vollzieht, ist eine kritische Auseinandersetzung mit dem nationalen Mythos, mit seinem Selbstverständnis der ethnischen Demokratie, sie ist nicht eine Errungenschaft, sondern ein Ziel, für das Brasilien allerdings die besten Voraussetzungen mitbringt.

Die Präsenz der Jesuitenmissionen in Südamerika

(1989)

Das Thema beginnt mit einer imposanten Nachahmung. Und diese steht mitten in Santo Ângelo.

Proper dehnt sich das Schachbrett mit seinen einstöckigen Häuserzeilen aus. Im Zentrum die ersten Hochhäuser. Ein Bahnhof, der stillgelegt wurde. Ein zweiter, der nur dem Güterverkehr dient. Ein Landstädtchen mit gut fünfzigtausend Einwohnern. Eine Juristische Fakultät, die mehr Advokaten hervorbringt, als Paragraphen zur Verfügung stehen.

Santo Ângelo liegt in jenem Brasilien, das selten in die Schlagzeilen kommt. Im südlichsten Bundesstaat. In Rio Grande do Sul. Und erst noch in einer Ecke, gegen die argentinische Grenze hin und in der Nähe des Uruguay-Flusses.

Rio Grande do Sul stellte viele Staatspräsidenten. Der Süden rühmt sich zusammen mit dem industrialisierten Zentralbrasilien, die Lokomotive des Landes zu sein. Von hier schaut man mit Verwunderung und nicht ohne Verachtung auf die sozialen Notstandsgebiete des Nordens und Nordostens. Und Amazonien liegt in exotischer Ferne.

Man lebt auch hier mit der täglichen Inflation von einem Prozent. Auch hier bildet der Dollarkurs die Verbindung zu den Schwankungen der weiten Welt. Im Gegensatz zu den Metropolen mit ihrer Verslumung und wachsenden Kriminalität geht es solchen Landstädtchen jedoch verhältnismäßig gut. Überall sind neue Silos zu sehen und Ausstellungsparks mit den Ungeheuern von Landwirtschaftsmaschinen. Bis spät in die Nacht hinein um die Restaurants, die Eisdielen und das einzige Kino ein motorisierter Corso.

Zwar findet man auch hier an der Peripherie Bretter- und Wellblechsiedlungen. Doch man verdankt der Agrikultur einen momentanen Boom. Allerdings wurde den Monokulturen von Weizen und Soja der Anbau lebensnotwendiger Alltagsprodukte geopfert. Und die Mechanisierung der Landwirtschaft hat eine ganze Schicht noch mehr an den Rand gedrängt.

Gleich hinter dem Rollfeld, wo die Propellermaschine aufsetzte, beginnen die jungen Sojafelder. Die rote Erde, die auch das Wasser in den Flüssen färbt, erlaubt pro Jahr zwei Ernten. Auf dem Platz vor der Kathedrale ein Gedenkstein: 1976 nahm der damalige Staatspräsident Ernesto Geisel an der offiziellen Eröffnung der Weizenernte teil. Allerdings war er wegen schlechter Witterung gar nicht gekommen. Doch die Bronzetafel war gegossen; sie erinnert an etwas, das durchaus hätte sein können.

Auf dem gleichen Platz das »Monument für die Freiwilligen des Vaterlandes«, für die, welche an dem Expeditionskorps teilnahmen, mit dem Brasilien in drittletzter Minute auf Seiten der Alliierten in Italien kämpfte. Alberto Wagner, Antônio Percoski, Bernardo Ledermann, José Clement Simon, Júlio Dallabrinda, Jorge Pietrowski – einige der deutschen, polnischen und italienischen Namen. Sie zeugen von den europäischen Siedlern, die sich seit Mitte des letzten Jahrhunderts hier niederließen und aus Santo Ângelo machten, was es heute ist. Bevor sie in diese menschenleere Region kamen, war Santo Ângelo schon einmal besiedelt gewesen. An diese erste Besiedlung erinnert eine monumentale Replik: die Kathedrale. Sie wurde einer Kirche nachgebaut, die fünfzig Kilometer entfernt liegt. In São Miguel. Von dieser Kirche einer einstigen Jesuitenmission sind Turm, vier Wände und Fassade übriggeblieben, zudem die Grundmauern einiger anderer Bauten. Was noch dasteht, wurde notdürftig schon in den dreißiger Jahren restauriert. Damals entstand auch, in der Art eines Indiowohnhauses, das Museum, entworfen von Lúcio da Costa, dem späteren Erbauer von Brasília. Seit die Unesco 1983 São Miguel zum »Patrimonium der Menschheit« erklärt hat, geht man systematischer an die Restaurierungsarbeiten. São Miguel kennt bereits das Spektakel einer Licht- und Tonschau.

Auch Santo Ângelo, eigentlich Santo Ângelo Custódio (»heiliger Schutzengel«), trägt den Namen einer einstigen Mission. Von ihr jedoch blieb nichts erhalten. Dank der geographischen Lage aber darf sich Santo Ângelo rühmen, die »Kapitale der Missionen« zu sein, jener *missões,* die zwischen 1682 und 1707 am linken Ufer des Uruguay entstanden, *sete povos* (sieben Völker) geheißen, sieben von den insgesamt dreißig Reduktionen, welche das Territorium ausmachten, das als Jesuitenstaat in die Geschichte einging.

In Santo Ângelo befindet sich seit 1984 auch das »Centro de Cultura Missioneira«, das der privaten Hochschule Fundames angeschlossen ist. Das »Zentrum für Missionskultur« führt Tagungen durch und veröffentlicht die Beiträge in seinen »Annalen« *(Anais)*. Es gibt auch Monographien heraus wie die über das Missionskreuz; ein Kreuz mit einem längeren und einem kürzeren Querbalken, dem Lothringerkreuz ähnlich, doch weiß niemand genau, wie und weshalb dieses Kreuz hier zu seiner Bedeutung kam.

Von Santo Ângelo aus lassen sich gut die einzelnen Missionen besuchen. São Nicolau zum Beispiel. Auch dort wird, allerdings bescheiden, archäologisch gearbeitet. Die Ruinen dienten wie anderswo als Steinbruch. Man kann im Ort Häuser sehen, die mit Ruinenmaterial gebaut wurden und die ihrerseits bereits wieder am Verfallen sind. Auf dem Weg nach São Nicolau liegt São Luiz Gonzaga. In den dreißiger Jahren wich dort das letzte der Jesuitengebäude dem Bau einer Straße. Die moderne hässliche Kirche schmücken Statuen aus den Missionswerkstätten.

Während São Nicolau oder São Luiz Gonzaga sich wieder zu Ortschaften und Städtchen entwickelten, liegen die Ruinen anderer Missionen in völliger Abgeschiedenheit. Zwar hat man auch in São Lourenço mit Säuberungen begonnen, aber inzwischen hat der Urwald längst wieder Besitz von den Mauerresten ergriffen. Was von São João Batista blieb, lässt kaum vermuten, dass hier einst Glocken und Waffen gegossen wurden und dass es sich um eine Mission handelte, die für die Herstellung von Musikinstrumenten berühmt war. Eine Mission, über deren Alltag wir recht gut unterrichtet sind dank der »Reisebeschreibung« des österreichischen Jesuitenpaters Anton Sepp. Die Gegenwart ist präsent mit einem Friedhof neben einem Stück Kirchenmauer.

Man könnte auch nach São Borja fahren. Dort soll eine Sonnenuhr zu sehen sein, die nicht nur die Lokalzeit angab, sondern zugleich die Uhrzeit von Madrid und Rom.

Wo immer wir hinfahren, es braucht Phantasie, um sich vorzustellen, dass diese Ruinenstätten einst Kommunen von drei- bis fünftausend Guaraní-Indianern waren, dass es hier Werkstätten und Schulen gab, dass dies blühende Zentren der Landwirtschaft und der Viehzucht waren. Nicht zufällig also ist unsere erste Begegnung mit dem Thema die mit einer Nachahmung. Aber der Besuch der Kathedrale weist nicht nur in die Vergangenheit.

Neben dem Portal ein Plakat. Es ruft zu einer Wallfahrt nach Caaró auf, einer Märtyrergedenkstätte für drei Jesuiten, die bei der Missionierung von Indios getötet wurden. Einen entsprechenden Wallfahrtsort für die Indios, die bei der Verteidigung der Missionen und ihres katholischen Glaubens fielen, gibt es nicht. Oder doch?

Im Hintergrund des Plakats die Kirche von São Miguel. Von dort ergießt sich ein breiter Strom von Gläubigen, angeführt von Vertretern der Kirche. Die Prozession durchbricht einen Stacheldrahtzaun und dringt in ein Terrain ein, das von Rinderhirten, den *gaúchos* in ihren typischen Pluderhosen, verteidigt wird.

»Dieses Land hat einen Besitzer«, lautet der Slogan auf dem Spruchband, das die Prozession mitführt. Falsch gelesen könnte dies bedeuten: Mit den Großgrundbesitzern hat dieses Land bereits einen Besitzer. Im Sinne der Prozession gelesen, bedeutet der Spruch: Dieser Boden hatte schon einen Besitzer, bevor er in Besitz genommen wurde. Ein Appell im Sinn der Landreform: dass es ungenutztes Land gibt, auf das die Landlosen Anspruch erheben. Und dass die allerersten Besitzer Indios waren.

Im Mittelgrund des Plakats, halbnackt und hoch zu Pferd mit einer Lanze bewehrt, ein Indio. Unverkennbar der Kazike Sepé Tiaraju – ein Name, dem wir schon verschiedentlich begegnet sind, sei es bei einem Transportunternehmen oder auf einer Radiostation.

Sepé Tiaraju kämpfte gegen die damals vereinten spanischen und portugiesischen Armeen, welche mit der Aufhebung der »sieben Völker« beauftragt waren. Der Vertrag von Madrid (1750) sollte denjenigen von Tordesillas (1494) bereinigen, mit dem zum ersten Mal in der Weltgeschichte zwei Großmächte, Spanien und Portugal, die Welt, das heißt die »Neue Welt«, aufgeteilt hatten. Das Gebiet der *missões,* östlich des Uruguay, war ein Posten im Tauschgeschäft zwischen Madrid und Lissabon, was die Liquidation der Missionen und die Umsiedlung von Zehntausenden von Indios zur Folge gehabt hätte. Zwar wurde der Vertrag, wenn auch nur auf Zusehen, widerrufen. Doch das Gemetzel hatte stattgefunden, in dem Sepé Tiaraju bei der Verteidigung der Missionen fiel.

Die, welche diesen Indio-Kaziken zur Symbolfigur des Widerstandes wählen, sind die Nachfahren jener, die einst alles daran setzten, die Missionen zu zerstören.

Anfang des siebzehnten Jahrhunderts hatten Jesuiten nach »ambulanten Missionen« feste »Reduktionen« gegründet. Diese wurden bald das Ziel von Raubzügen portugiesischer Kolonialisten, der *bandeirantes,* die auf Indianerfang gingen. Diese »Mameluken« schleppten aus den Reduktionen dreißigtausend (nach anderen Quellen hunderttausend)

Indios weg. São Paulo, selber die Gründung eines Jesuiten, wo später die Unabhängigkeit ausgerufen werden sollte, begann als Umschlagplatz für Indianersklaven.

Diese Situation änderte sich erst, als auf Intervention der Jesuiten Madrid erlaubte, die Indios zu bewaffnen, die auch bald den Bandeirantes eine entscheidende Niederlage zufügten. Zudem verlegten die Jesuiten ihre Missionen weiter nach Süden und Westen, so dass man von einem ersten Zyklus spricht. Aber auch die Missionen, die während des zweiten Zyklus entstanden, wurden Opfer der portugiesischen und spanischen Kolonialpolitik und zuletzt der Armeen der unabhängig gewordenen Staaten Argentinien, Brasilien, Uruguay und Paraguay.

Die Nachfahren dieser Sieger aber feiern heute einen Indio, der Widerstand leistete. Der Schulrat des Staates Rio Grande do Sul hielt eben in São Miguel seine Jahrestagung ab, weil hier, in der Mission, die »erste Volksschule« gegründet worden war.

Der »Guaraní«, der »Krieger«, war schon immer Symbolfigur. Die brasilianische Nationaloper von Carlos Gomes (1836–1896) hieß *Der Guarani,* nach dem Roman von José de Alencar (1829–1877), der »unmöglichen Liebesgeschichte« zwischen einem indianischen Kaziken und der Tochter eines portugiesischen Edelmannes.

Es ist einfacher, dem Indio einen Platz in der Symbolik zuzuweisen, als ihm Lebensraum zu gewähren. 1833 waren die Ländereien der ehemaligen Missionen verstaatlicht worden und konnten somit neu verteilt werden. Schon nach der Ausweisung der Jesuiten waren unzählige Indios aus den Missionen geflüchtet, und als die Missionen zerstört wurden, lebten einige Indios in Hütten in deren näheren Umgebung. Nur wenige gingen in die Wälder zurück. Die meisten verdingten sich. Viele vermischten sich mit den europäischen Siedlern. Einzelne der Nachfahren wären in den Slums der Großstädte Porto Alegre oder São Paulo anzutreffen.

Geblieben ist eine Landkarte. Zwischen Orten, die nach Heiligen wie Rosa, Lorenz, Paul, Ignatius oder Maria heißen, Gemeinden wie Ajuricaba, Canguçu, Humaitá, Putinga oder Tucunduva. Es sind vorab die Flüsse und Bäche mit ihren Nebenflüssen und Nebenbächen, die ihre Guaraní-Namen behielten: ob ein Fluss »Affenkopf« (Acangaí), »verbrannter Baum« (Ibirocai) oder »Phantasmafluss« (Bearupá) heißt, ob es sich um einen Fluss handelt, der »hässlich« (Vaí) ist oder »ohne Lärm fließt« (Vatapu), ob es der »Fluss der Toten« (Manoã) ist oder der »Fluss jener, die sterben werden« (Manoarã).

Die Mission, die nach dem heiligen Xavier hieß, erscheint auf der Landkarte gleich zweimal: einmal als Porto Xavier und einmal als San Javier, einmal portugiesisch und einmal spanisch, einmal auf dem linken Ufer des Uruguay-Flusses und einmal auf dem rechten, einmal auf der brasilianischen und einmal auf der argentinischen Seite.

Das Gebiet, in dem heute die Ruinen der »sieben Völker« liegen, kam erst 1801 an Portugal und damit an Brasilien, und die letzten Grenzbereinigungen fanden 1910 statt. An diese »spanische« Vergangenheit erinnern sich in Argentinien mindestens die argentinischen Militärs. Als die Generäle ihr politisches und wirtschaftliches Debakel wettmachen wollten, riefen sie zur nationalen Tat auf. Der Falklandkrieg wurde bei uns prompt als antiimperialistischer Krieg verstanden. Aber die Malwinen waren nur ein Posten auf der nationalistischen Wunschliste der argentinischen Militärs. Die andern Wünsche richteten sich nicht gegen eine imperialistische Macht, sondern gegen Nachbarn wie Chile und Brasilien; sie zielten auf Terrain in der Beagle-Straße und erhoben Anspruch auf das Gebiet der *missões*.

Porto Xavier und San Javier kennen einen regen Kleingrenzverkehr. Es sind vor allem Argentinier, die die Grenze überqueren, das heißt, die Fähre nehmen; der Austral ist im Moment eine stärkere Währung als der Cruzado. Das war vor wenigen Jahren noch anders. Außer Argentiniern und Brasilianern kommt hier kaum jemand über die Grenze. Der argentinische Grenzoffizier blättert ausführlich in Papieren, um nachzuweisen, was er mit einem Schweizer Pass anstellen soll.

Wir fahren von den *missões* in die *misiones,* vom Grenzfluss Uruguay nach dem Grenzfluss Paraná; da dieses Gebiet zwischen zwei Flüssen liegt, gehört es großspurig zum argentinischen Mesopotamien.

Ihren wirklichen Namen *Misiones* aber hat die Provinz von den Jesuitenmissionen, die sich in diesem Gebiet konzentrierten. Calendaria war sogar einst das Zentrum und besaß eine Bibliothek von vierzigtausend Bänden. Von dieser Mission ist so wenig wie von den meisten andern übrig geblieben. Dafür besitzt die Provinz Misiones eine der schönsten Ruinenanlagen: San Ignacio Miní, *miní* genannt, um sie von der großen zu unterscheiden, die ebenfalls nach dem Gründer des Jesuitenordens, Ignatius von Loyola, heißt.

Wenn es in Brasilien Vorstellungskraft braucht, um sich ein Bild von einer Jesuitenmission zu machen, bietet dagegen San Ignacio Miní ein augenfälliges Beispiel für eine solche Anlage. Was an urbanistischer Konzeption zu sehen ist, gilt im Prinzip auch für die andern Missionen: Ein Reisender, der in den Missionen unterwegs war, sollte den Eindruck gewinnen, stets beim gleichen Volk zu Hause zu sein.

Neben der Kirche das Gebäude für die Witwen und Waisen. Daneben der Friedhof. Auf der andern Seite des Gotteshauses der Patio mit den Wohnungen der Padres, dem Refektorium und der Küche, den Unterrichtsräumen und dem Gästetrakt. Im Patio selber sind noch die Balustraden zu sehen, von denen aus die Padres sich an die versammelten Indios wandten. An den ersten Patio schließt sich mit Werkstätten, Lagerräumen und dem Arsenal ein zweiter an. Vor der Kirche, in spanischer Manier, die *Plaza de las armas*. Um den »Waffenplatz« die Wohnhäuser der Indios, in die sich jeweils verschiedene Familien teilten. Lauter Längsbauten, schachbrettartig angelegt. Zusätzlich kann man Kapellen und ein Gefängnis ausmachen. Im Rücken der Kirche der Gemüse- und Obstgarten. Und um die Mission herum nach wie vor Felder und Weideland.

Eindrücklich aber ist San Ignacio Miní nicht nur wegen dieser Gesamtanlage, sondern dank vielen Details. Das Hausportal oder die Pforte zur Sakristei bieten mit ihren Ornamenten Beispiele für die Steinmetzkunst der Missionen.

Obwohl von einem paraguayischen Diktator aus strategischen Gründen dem Erdboden gleichgemacht, ist es erstaunlich, was dennoch zu retten blieb. Nun hat sich Argentinien verhältnismäßig früh um diese Ruinen gekümmert. Bereits 1901 zeichnete Juan Queirel minutiös den Plan der Mission nach. 1903 schickte die argentinische Regierung den Schriftsteller Leopoldo Lugones auf eine Inspektionsreise, um über den Zustand der Jesuitenruinen zu berichten. Sein scharfes Urteil über *El imperio jesuítico* (1904) hat der Schriftsteller später revidiert.

Auf dieser Reise begleitete ihn Horacio Quiroga, nicht in seiner Eigenschaft als Autor, sondern als Fotograf. Die Begegnung mit der Region der Misiones wurde zum entscheidenden Erlebnis. Er sollte sich später hierher zurückziehen. In San Ignacio Miní ist, hoch über dem Paraná gelegen, sein Wohnhaus eine touristisch-literarische Attraktion. *Los desterrados* heißt ein später Erzählband. Quiroga selber war ein freiwilliger »Verbannter«, der in dieser Region Wurzeln zu schlagen versuchte. Die argentinische Literatur hat sich oft, nur allzu willig, der Dialektik und dem Diktat von (europäischer) Zivilisation und (amerikanischer) Barbarei gefügt. Indem Quiroga diese wilde Landschaft zum Schauplatz seines Erzählens machte, hat er ein Argentinien in die Literatur eingebracht, das dort bisher keinen Platz gefunden hatte. Er stellte sich damit in Gegensatz zu jener großstädtischen Literatur, wie sie Jorge Luis Borges, Ernesto Sabato oder Eduardo Mallea verkörpern. Auf Deutsch liegen von Quiroga die *Geschichten von Liebe, Irrsinn und Tod* vor.

Wie undurchdringlich dieser Urwald sein kann, erfahren wir, als wir die Ruinenreste von Loreto aufsuchen. Sonst ist der Wald gelichtet. Der Straße entlang von San Javier nach Posadas, der Hauptstadt der Misiones, Sägewerke und Holzverarbeitungsindustrien und gelegentlich erste Aufforstungen.

Das Produkt, für das die Provinz berühmt wurde, ist Yerba Mate, ein Tee, der aus den Blättern und Zweigen des Yerba-Baumes zubereitet wird; eine gute Mischung besteht zu siebzig Prozent aus zerriebenen Blättern und zu dreißig Prozent aus zerriebenem Holz. Die Yerba-Industrie steckt im Moment allerdings in einer Krise. Zugunsten von Produkten wie Soja, Tabak oder Tung, aus dem Industrieöl gewonnen wird, wurde die Wartung der Yerba-Bäume vernachlässigt. Zudem hat in den letzten zwanzig Jahren der jährliche Konsum von sechs auf fünf Kilo pro Kopf abgenommen. Die Konkurrenz von Erfrischungsgetränken in Flaschen und Dosen macht sich bemerkbar. Die Zubereitung von Mate nimmt Zeit in Anspruch. Und das Trinken selber, aus einem Kürbisgefäß mit einem metallenen oder silbernen Saugrohr, das unten ein Sieb hat, setzt eine beschaulichere Lebensweise voraus und ist eine Zeremonie für sich.

Das Mate-Trinken geht auf die Indios zurück. Religiöse Eiferer hatten dieses Getränk aus den koffeinhaltigen Yerba-Blättern als Aphrodisiakum und Tonikum verteufelt. Die Jesuiten aber haben diese Indiositte in den Missionen nicht nur beibehalten, sondern den Anbau von Yerba-Bäumen kultiviert. Yerba Mate wurde zum wichtigen Exportartikel, mit dem man die Kopfsteuern der Indios bezahlte.

Marangatú – auf der Landstraße bei einer Brücke aussteigen, zweihundert Meter zurück und einen Waldweg hinein. Niemand weiß etwas von einem Indiodorf. Ein lokaler Buschauffeur hilft weiter. Es ist ein anderer Fluss, eine andere

Brücke und ein anderer Waldweg. Er führt nicht in ein Dorf, sondern auf einen großen, leeren Platz mit zwei Fußballtoren. Am Rand zwei Holzhäuser vom gleichen vorfabrizierten Typus. Unter einem Zeltdach ein hölzerner Tisch und Bänke, die Schule. An der Wandtafel noch einige Guaraní-Wörter. Hier empfängt uns Lorenzo Ramos.

Er selber bezeichnet sich als *jefe máximo* der Indianer, die in der Provinz Misiones leben; das wären an die dreitausend. Sicher ist er der Kazike von Marangatú, dem »Dorf der einfachen Menschen«, wo vierzig Familien wohnen.

1987 hat das argentinische Parlament ein Indiogesetz verabschiedet, das den »Ureinwohnern«, den *indígenas*, Grund und Boden in Aussicht stellt. Seither sei aber nichts mehr geschehen, klagt Ramos. Sie würden auf einem Boden leben, der einer Papierfabrik gehört, und seien nur geduldet. Nachdem bei den Provinzwahlen die Peronisten die Radikalen abgelöst haben, sehe es nicht gut aus. Die letzte Regierung habe noch die Holzhäuser geschenkt, sie stellt auch die beiden Lehrerinnen.

Die einzelnen Häuser liegen für sich, zwischen Bananenstauden, Palmen, Maisfeldern und Maniokpflanzungen versteckt. Man lebt vom Korbflechten und Schnitzen. Man würde auch vom Fischfang und von der Jagd leben. Doch es herrscht totales Jagdverbot.

Der Wortschatz des Kaziken ist politisiert; er spricht von »Marginalisierung« und von »Bi-Kultur«. Er attackiert die katholische Kirche, der die argentinische Regierung die Betreuung der Indios anvertraute, was sich mit dem neuen Gesetz ändern sollte. Sein Stamm ist nicht getauft. Er befiehlt einem seiner Mitarbeiter, uns zum Versammlungsort zu führen, einer Lehmhütte, im Gegensatz zu den Wohnhäusern. Der Gebetsraum ist ohne jeden Kultgegenstand. Während der Kazike mit uns redete, schnitzte er eine Figur fertig, einen Guaraní, der den rechten Arm nach oben und die offene Handfläche nach vorne hält, der Gestus, mit dem diese Indios beten.

José Marx, vom Orden *Verbo divino,* gehört zu der katholischen Kirche, die der Kazike Ramos attackiert. Vor bald zwanzig Jahren ist Marx hierhergekommen, um deutsche Auswanderer zu betreuen. Längst hat er seinen Aufgabenkreis erweitert. Nicht nur, weil er Broschüren über die Jesuitenreduktion von San Ignacio Miní verfasste, über andere Jesuitenreduktionen und über die Guaraní. Er hat eine Landwirtschaftsschule gegründet, wo die Schüler effektivere Anbaumethoden lernen und gleichzeitig auf den elterlichen Feldern weiterarbeiten. Er initiierte auch Kooperativen. Diese Einrichtungen dienen vor allem den Mestizen. Er, ein Schlesier, der in Deutschland seine Heimat verlor, ist sensibilisiert für ein Stück Boden, das man einem nicht wegnehmen kann. Mit Spendengeldern aus Deutschland hat er Land gekauft, das den Indios zur Verfügung gestellt wird. Er betreut die drei Indiodörfer Andresito, Yagutinga und Litoral. Der Zutritt zu Andresito ist nicht leicht. Nicht weil, wie behauptet, der Pater die Indios abschließt, sondern weil sich der Kazike dagegen wehrte, dass die jungen Fremdenführer von San Ignacio Miní den Touristen als zusätzliche Attraktion den Besuch eines Indiodorfes offerieren.

Es war nicht einfach, führt Marx aus, die Indios ansässig zu machen. Das Halbnomadentum äußert sich auch in der Feldbestellung; es wird angebaut, was rasch wächst. Er kauft den Indios ihre Flechtarbeiten ab, was ihnen ein Minimum an Auskommen garantiert. Sie stellen so viel her, wie sie im Moment an Geld benötigen. Wir hören zu, wie Pater Marx einem Indio zu erklären versucht, dass er einen Korb ohne Deckel nicht weiterverkaufen kann.

In den bald zwanzig Jahren, sagt José Marx, hat er keinen Indio getauft. Die Evangelisierung tritt für ihn, den Vertreter eines Missionsordens, in den Hintergrund. Die Indios kommen zwar zur Messe, aber mehr aus Neugierde. Wenn schon, bezeichnen sie sich, in Kaziken-Tradition, als »die Christen von Pater Marx«.

Was der Kazike Ramos anstrebt, ist ein Sonderstatus innerhalb der argentinischen Gesellschaft – zum Beispiel keinen Militärdienst und keine steuerlichen Verpflichtungen. Aber mit einer solchen Ausklammerung droht auch eine freiwillige Ghettoisierung. In das, was er eine eigenständige Kultur nennt, haben Transistor, Coca Cola, Armbanduhr, Jeans und amerikanische Zigaretten längst Einzug gehalten. Ramos trägt die Verteidigung seines Guaraní-Dialekts auf Spanisch vor. Pater Marx hingegen tritt für einen sanften Übergang in die Gesellschaft ein, an der die Indios, wenn auch marginal, bereits partizipieren. Ein solcher Vorgang ist nur möglich, wenn rassistische Vorurteile beseitigt werden. Das heißt, den Indios selber zu einem Selbstverständnis zu verhelfen und vorerst einmal zwischen Mestizen und Indios ein Vertrauensverhältnis herzustellen. Während wir uns im Arbeitszimmer der Pfarrkirche von San Ignacio Miní unterhalten, erscheinen am Fenster einige »Schützlinge«. Wir werden ermahnt, nicht das Wort »Indio« zu benutzen, sondern von »indígenas« zu sprechen.

Rejo Pora. Den Willkommensgruß bei der Einfahrt in Posadas lasen wir in drei Sprachen: auf Spanisch, Portugiesisch und in Guaraní, Gute Reise. *Rejo Pora* – diesmal die Reise von Posadas nach Encarnación, wieder auf einer Fähre, diesmal von einem argentinischen Ufer zu einem paraguayischen, diesmal auf dem Paraná.

»Demokratie ohne Kommunismus« lesen wir über dem kümmerlichen Holzsteg. Ohne Problem die Passkontrolle. Und dann der Zoll. Nach einem kurzen Blick aufs Gepäck reiben die Grenzbeamten Daumen-, Zeige- und Mittelfinger. Eine Nervosität, die erst aufhört, wenn man zwischen die Finger eine Banknote steckt; dann geben diese Finger dem Gepäck einen Klaps, der ihm den Weg frei macht in die Demokratie ohne Kommunismus, aber mit Korruption, über die damals noch für kurze Zeit Stroessner herrschte.

Zwar führt über den Paraná eine moderne Brücke. Ein Prachtstück heutiger Technik. Aber sie kann noch nicht benutzt werden. Auf der paraguayischen Seite fehlt das Anschlussstück. Dort, wo die Brücke ihre endgültige Rampe haben soll, ein riesiges totes Baugelände. Ein Boden, auf dem vorerst Spekulationen sprießen. Trotz des momentanen Stillstands sind bereits die ersten leeren Wohnsiedlungen zu sehen. Hierher wird ein Teil der Unterstadt verschoben. Einmal, weil mit der Inbetriebnahme der Brücke der Fährendienst eingestellt wird. Und dann: Südlich von Encarnación, auf der Insel Yacyreta, entsteht ein Kraftwerk, dessen Kapazität derjenigen von Assuan gleichkommt. Dann wird ein Teil der Unterstadt überschwemmt, wo wir noch unbekümmert inmitten des Markttreibens flanieren.

Wieder eine Landkarte mit Orten, die nach Missionen

heißen, von denen kaum etwas blieb. San Ignacio, Santiago oder Santa Rosa besitzen ihre kleinen lokalen Museen, zum Teil in ehemaligen Missionsgebäuden, die hergerichtet wurden. In San Cosme y Damian diente das Kollegium bis vor zwanzig Jahren noch als Schule. Im Patio eine lädierte Sonnenuhr. Nichts lässt ahnen, dass sich hier einst eines der bedeutendsten Observatorien der Neuen Welt befand.

Die berühmteste, weil gut erhaltene Jesuitenmission liegt fünfundzwanzig Kilometer nördlich von Encarnación. Zwischen den Mauern und auf Gerüsten überall junge Leute mit Mörtel, Pinsel, Schaber und einer Wasserflasche an der Arbeit. Seitdem sich die Unesco für die Erhaltung dieses Patrimoniums einsetzt, wird kontinuierlich und sorgfältig restauriert. Besonders gut erhalten sind die Wohnhäuser der Indios mit ihren Arkaden aus Ziegelsteinen; sie unterscheiden sich in nichts von den Wohnungen der Padres. Berühmt aber ist Trinidad für die klar erkennbare Anlage und für die Steinmetzkunst: Portale, eine Kanzel, ein Fries mit musizierenden Engeln, Statuen, ornamentierte Säulen, Reliefs. Man schätzt, dass von dem, was hier und in anderen Missionen »zum höchsten Ruhme Gottes« geschaffen wurde, etwa zwei bis drei Prozent übrigbleiben.

Auf einer Erdstraße nach Jesus. Bei der Einfahrt schon erhebt sich über dem Dorf die Steinmasse. Die Kirche war noch im Bau, als die Jesuiten ausgewiesen wurden. So wurde sie nicht vollendet. Das Non-finito ist aber besser erhalten als vieles, was fertiggebaut wurde. Es ist eine Ruine, die als Ruine begann und die nicht wie andere Kirchen als Ruine endetete – ein Opfer aber auch sie der Politik, von Zerstörung, Mutwillen und Gleichgültigkeit.

Einmal mehr die Natur, welche die Geschichte zurückholt. Bäume, die aus und über das Mauerwerk wachsen und wuchsen. Vorab der wilde Feigenbaum mit seiner sprengenden Wurzelkraft, der auch die Steine umfasst und erwürgt, die größere Ausdauer beweisen als luftgetrocknete Ziegel. In San Ignacio Miní sahen wir in einer Kolonnade eine Säule, die, von einem Baumstamm umklammert, erstickte. Ein solches Doppelgebilde aus Wurzel- und Mauerwerk nennen die Einheimischen *corazón de piedra,* das »steinerne Herz«.

Das Haus des Bahianers

(1992)

»Rua dos Ingleses«, die »Straße der Engländer«, liegt in einem Viertel, wo einst hauptsächlich Schwarze und Italiener wohnten. Das erklärt die vielen Cantinas und Tabernas und auch, dass sich hier eine Samba-Schule befindet. Die Straße zieht sich dem Hügel entlang, auf dessen Grat São Paulo Manhattan spielt. Die Avenida Paulista demonstriert mit Stahl, Glas und Beton Metropole, eine stupende Anthologie von Wolkenkratzern bietend, wie sie Wirtschaft und Finanz sich zu Ruhm und Geschäft errichten.

An der Straße der Engländer haben sich weitgehend Bürgerhäuser aus dem Ende des letzten Jahrhunderts erhalten, Zeugnisse von einem andern, nicht minder trügerischen Boom. Ein Bereich zwischen den Wolkenkratzern der Avenida Paulista und denen von Downtown, auf das man von hier hinunterschaut, was dem Viertel seinen Namen gab, »Bela Vista«. Bereits beginnen sich Hochhäuser breitzumachen, Kondominien oder ein Kinderspital. An der Straße liegt auch das »Teatro Ruth Escobar«. Unvergesslich als Schauspielerin und Regisseurin, hat Ruth Escobar als Theaterdirektorin die Avantgarde des modernen brasilianischen Theaters mitbestimmt; sie hat unter den Militärs Tapferkeit bewiesen wie wenige. Ansonsten Wohnhäuser, gewöhnlich zweistöckig, vom eklektischen Geschmack einstiger Wohlhabendheit, und unter diesen Häusern das mit der Nummer, die wir suchen.

Eigentlich wollten wir nur ein Buch abholen. Ein Buch allerdings, hinter dem ich her war, seitdem es erschien: *A mão afro-brasileira* (Die afro-brasilianische Hand). Es gehört zu den erstrangigen Publikationen, wie sie in Brasilien nur herauskommen, wenn sie gesponsert werden. Im vorliegenden Fall hatte die Fundação Emílio Odebrecht, die Stiftung eines Bauunternehmens, die Finanzierung ermöglicht, zusammen mit TENENGE (Técnica Nacional de Engenharia). Solche Publikationen gehen zwar an Bibliotheken, Institute und Universitäten; aber sie gelangen nicht in den Handel. Sie dienen nicht ungern Ministerien und der Diplomatie als repräsentative Geschenke. Finden diese gewöhnlich reich bebilderten Bücher, über welchen Umweg immer, ins Antiquariat, erzielen sie horrende Preise.

Beim Erscheinen des Buches stand fest, dass es sich um ein Standardwerk handelte. Es war 1988 herausgekommen, als hundert Jahre »Abolition« gefeiert wurde. In Brasilien wurde die Sklaverei, schrittweise abgebaut, erst 1888 aufgehoben. Das Gedenkjahr war Anlass für Neuauflagen klassischer Werke zur Geschichte und Soziologie der Sklaven und Schwarzen, Anlass für neue Untersuchungen wie für Ausstellungen, für bedruckte T-Shirts wie Telenovelas. Ein Datum, um Geschichte zu revidieren und neu zu schreiben, ein Moment mehr, um sich mit dem Mythos der Rassengleichheit auseinanderzusetzen. Aus mit der Übereinkunft der traditionellen Definitionen Brasiliens: »unblutige Geschichte«, »verschwenderische Natur«, »unbegrenzte Ressourcen«, »Land der Zukunft«, eine lange »Kette, in der die

Rassendemokratie ein Glied mehr ist«, schrieb Joel Rufino dos Santos in seiner Einleitung zu »*A mão afro-brasileira:* die Bedeutung des historischen und künstlerischen Beitrags«.

Natürlich war der Beitrag der Schwarzen und Mulatten zur brasilianischen Kultur kein neues Thema. Schließlich war ein Klassiker des 19. Jahrhunderts, der Schriftsteller Machado de Assis, der erste Präsident der Brasilianischen Akademie, Mulatte. Und Mulatte war auch Aleijadinho, der erste eigenständige Künstler Brasiliens, dem wir die Propheten-Skulpturen und den Stationenweg von Congonhas verdanken. Aber Wissen und Vorstellung ändern sich, wenn man erfährt, dass auch Leandro Joaquim ein Schwarzer war (»schwarz, klein und dick«); von ihm stammen die sechs ovalen Bilder im Historischen Nationalmuseum von Rio; diese Ansichten vom damaligen Rio und der Guanabara-Bucht zählen zum Schönsten, was an Kunst während der Kolonialzeit hervorgebracht wurde. Erstaunlich, was in dieser Epoche die afro-brasilianische Hand an Deckengemälden, Bildern, Skulpturen, Altären und Fassaden schuf, und nicht minder imposant die schwarze Präsenz in der heutigen Kunstszene. Nicht nur die bildende Kunst sollte in dem Band *A mão afro-brasileira* abgedeckt werden, die breite Fächerung der Volkskunst mitberücksichtigend. Theater, Musik (auch E-Musik), Film, Tanz, Literatur, Fotografie erhielten ihre eigenen Kapitel – eine dunkelhäutige Kulturgeschichte, wie sie in dieser Komplettheit bis anhin nicht vorlag.

Eine solche kulturelle Gesamtbilanz ist Grund genug, um vor dem Weiterflug nach Rio ein Taxi zu nehmen und an die Rua dos Ingleses zu fahren, wo der Herausgeber, Emanuel Araújo, wohnt. Dank einer spontanen Telefonvermittlung durch Bekannte erklärte er sich ebenso spontan bereit, uns eines der letzten Exemplare zu überlassen. Aber es ist nicht das Buch, das den Hauptpart in der Begegnung spielte, sondern das Haus.

Die Portaltüren öffnen sich auf einen Raum, der einst als Eingangshalle gedient haben mochte und heute als Garage benutzt wird. Unter einer silbernen Blache das Auto. An der einen Wand Holzobjekte wie Herz, Knochen, Römerhelm, eine Säule mit einer Geißel und mehr Derartiges. Und gegenüber in einer Ecke, bis zur Decke reichend, auf Holz gemalt und aus einer Holzplatte ausgeschnitten, eine trauernde Magdalena.

Das Buch liegt auf einem Tischchen bereit. Doch der Blick richtet sich gleich auf die Szenen aus der Passionsgeschichte, zwei Gemälde, flankiert von lebensgroßen Engeln. Auf der Gegenseite ein barocker Zeitgenosse auf einer Konsole, dicklich und etwas missraten, bereit, in den Händen das Licht zu halten, aber nicht sehr begeistert, himmlische Last wie Flügel tragen zu müssen. Auf dem Boden kauert ein schwarzer Teufel, der einst zu einem Skulpturen-Ensemble gehörte. Noch immer zittert der Dämon; es könnte sein, dass der Erzengel Michael, und sei's über eine Kunstauktion, mit seiner siegreichen Lanze zurückkehrt. Im Moment schaut der böse Geist erschrocken zur Wand, an der Afrikanisches angebracht ist: ein Hauspfosten aus Nigeria, wie wir des Weitern erfahren, alte Stiermasken aus dem Bundesstaat Goiás und Menschenmasken von einem zeitgenössischen Künstler aus Bahia.

Ob wir einen *cafézinho* möchten. Schon hantiert Emanuel in der Küche. Wir sitzen vor einem niedrigen Glastischchen. Darauf weißes Porzellan, europäische Fayencen, aus Frankreich, Deutschland und Italien. Auf einer Schmalwand Emblembilder, die müssen von Rubem Valentim sein. Aber von wem ist das Bild im Hintergrund des anschließenden Raumes und von wem das »gemalte Fell« über dem Kolonialkanapee? Im Rücken ein Großgemälde, eindeutig eine Allegorie, wie sie das achtzehnte Jahrhundert in Europa malte: Amerika ist eine Indianerin, die ein Kind an der Hand führt.

Unsere Neugierde braucht sich ihrer Indiskretion wegen nicht zu genieren. Wir sind Gäste geworden, und der Hausherr bietet sich an, uns durchs Haus zu führen. Auf einer Wendeltreppe hinauf, vorbei an einem armlosen Christus aus Spanien, einem Gekreuzigten ohne Kreuz, und vorbei an einem Bild mit Mäusen aus dem heutigen Reich des phantastischen Realismus. Oben ein Schlafzimmer, das Kaiserzimmer, mit Bildern, Graphiken, Zeichnungen und Fotos aus der Regierungszeit von Dom Pedro II. Im nächsten Zimmer an der Wand ein Textilbild der Bahianerin Madalena Santos Reinbold und unter dem, was sich auf einer Kommode an Gegenständen drängt und drängelt, der Drachentöter Georg aus dem Arsenal des afro-brasilianischen Sanktuariums, altsilberne Balangandans, Glücksbringergehänge, wie sie die Bahianerin als Schmuck am Gürtel trägt, neben irgendwelchen Köpfen ein anthropomorpher Wasserkrug.

Danach ein Raum, in dem sich Statuen versammelt haben. Auf einem Tischchen Heilige verschiedener Größen, alle mit schwarzen Gesichtern. Zwangsgetauft gaben die Sklaven den Heiligen, wenn sie sich schon an sie zu halten hatten, ihre eigene Gesichtsfarbe. Die heilige Ifigénia und der populäre São Benedito, und natürlich Santo Antônio. Zu ihnen gesellen sich Figurinen im Taschenformat, portable Heilige, wie sie die Sklaven im letzten Jahrhundert für ihre gläubigen Herren schnitzten. Mit dem Gang in den nächsten Raum der Szenenwechsel von katholischen Heiligen zu afrikanischen Gottheiten. Zwar wachen um das Pfostenbett in vier Rundbildern die Evangelisten, aber auf einem Tisch, Holzschulter an Holzschulter, schwarze Gestalten, dominierend Xangô, eine Gottheit, die männlich und weiblich in Erscheinung tritt, Beispiele dafür aus Nigeria und aus Bahia, aus dem letzten und aus unserem Jahrhundert, stets als Signet die Doppelaxt auf dem Kopf.

Und dann ein Kleinaltar, den Emanuel aufgebaut hat. Als Beschützer afrikanische Zwillinge, Ibejis. Im Vordergrund Iemanjá, die Göttin des Wassers und vom Ursprung allen Lebens. Emanuel nimmt die schwarze Figur in die Hand. Er deckt ihr den Leib ab, und wir sehen ein verklärtes Madonnengesicht; darauf deckt er den Kopf mit dem Strahlenkranz ab, mit tief herabhängenden Brüsten und einem gebärfreudigen Becken präsentiert eine schwarze Urmutter ihren Leib. Katholisches Christentum und afrikanische Naturreligion sind eine Verbindung eingegangen. Das Thema der afro-brasilianischen Kultur hat in dieser Statue Gesicht und Gestalt angenommen.

Es ist, als würden die Bilder und Gegenstände, die auf dem Boden und an der Wand zu sehen sind, auf Konsolen, Kommoden oder Schränken, es ist, als würden sie nur auf das Stichwort des Hausherren warten, um ihre Geschichte preiszugeben. Auch wenn wir uns bald nicht mehr genau erinnern, wo wir die vergoldeten Karyatiden sahen, antike Figuren, die einst Stützdienst in einer Kirche leisteten, und wo São Elesbão stand, der schwarze Herrscher über das schwarze Königreich Äthiopien.

In diese Evokation stimmt auch ein, was zwei Stockwerke tiefer seinen Platz fand und was wir erst im Begriff sind, kennenzulernen: die Indianerin und der Indianer mit Bogen, Köcher und Pfeil aus Porzellan oder der mannshohe Schwarze mit Lendenschurz, an der Wand Keramikteller, übervoll mit Fischen und Krebsen. Dort, wo unterm Arbeitstisch bronzene Hunde liegen und in einer Ecke eine Porzellankatze lauert. Für einmal nehmen nicht Gegenstände das Interesse gefangen, sondern eine Bibliothek. Bildband um Bildband, bis zur Decke reichend. Publikationen zur europäischen und afrikanischen Kunstgeschichte, zur Kultur der beiden Amerikas und unter den »Brasiliana« Ausgesuchtes und Seltenes.

Eingeprägt haben sich uns Spielzeugpuppen, lauter Schwarze, kümmerlich bekleidet und abgerissen, im Plastikkopf eine Beule oder ein Loch, lottrig das Gummiband, das die Glieder zusammenhält – als hätten schwarze Straßenkinder auf dem Geflecht eines kostbaren Kolonialmöbels Zuflucht gefunden, aneinanderlehnend und ineinanderliegend; begännen sie zu reden, würden sie von kolonialen Sklavenhütten sprechen und von der Tradition der Hütten in den Favelas, den Elendsvierteln.

Nur eines hat uns Emanuel Araújo vorenthalten: sein eigenes Werk. Die Plastik in Pyramidenform neben der Wendeltreppe. Oder sein weißes Relief, das sich noch an den Umriss eines Rechteckes hält, während das Relief im untersten Stockwerk farbenstark mit geknickter Linienführung ein solches Grundmuster durchbricht und der Wand entlang in den Raum hinausgreift. Und hier im Arbeitszimmer graphische Blätter, die eine Entwicklung abstecken: eine Sitzende aus den Anfängen, Frauen mit Katzen, als er noch thematisch arbeitete, und zuunterst an der Wand eine *gravura de armar*, Papierstreifen wellen sich und schaffen Raum, eines der schmalen Graphik-Kistchen hinter Glas, aus einer Serie, die er zum ersten Mal 1976 in Washington zeigte; sie kündigten den Übergang zum Dreidimensionalen und zum Plastiker an.

Araújo begann erst von seinem Werk zu reden, als wir danach fragten. Er drückt uns zum Abschied neben dem Buch *A mão afro-brasileira* einen Katalog in die Hand; er hatte im Frühling 1991 seine erste Ausstellung in Europa, »Skulpturen, Reliefs und Monoprints«, in Lissabon, in der Gulbenkian-Stiftung.

Wir hatten ein Buch gesucht, wir hatten ein Haus entdeckt und waren einem Künstler begegnet.

Emanuel Araújo ist Bahianer. Er kam 1971 nach São Paulo, hat hier drei Jahre später sein Haus an der Rua dos Ingleses gekauft und an der gleichen Steilstraße, weiter abwärts, Atelierräume erworben. Er stammt aus dem Recôncavo, jener Region um die Bucht von Bahia de Todos os Santos, die vom Zuckerrohr und Tabak lebt. In Santo Amaro da Purificação waren seine Vorfahren, Nachkommen von Sklaven, seit Generationen als Goldschmiede tätig. Er, der an der vordersten Front des Neokonstruktivismus steht, meinte einmal, er komme aus dem neunzehnten Jahrhundert, in Santo Amaro da Purificação zogen noch Ochsen die Straßenbahn.

Als Zehnjähriger arbeitete er bei einem Möbelschreiner; er wehrte sich gegen »solide« Berufsausbildung. Denkt man an das Mobiliar, mit dem er sein Haus an der Rua dos Ingleses ausstattete, weiß man, dass der Mann, der keine Hand für Möbel anlegen mochte, für sie ein Auge besitzt.

Seiner Neigung entsprachen die Lehre und Art der Staatlichen Druckerei seines Heimatortes. Als Typograph machte er dort seine ersten Erfahrungen in graphischer Gestaltung. Davon wird er später profitieren. Im gleichen Jahr, als er *A mão afro-brasileira* herausgab, betreute er auch den Band von José Roberto Teixeira Leite *Pintores negros dos Oitocentos* (Schwarze Maler des neunzehnten Jahrhunderts). *Seleta,* die Edition von Genaro de Carvalhos zwölf polychromen Serigraphien, gilt noch immer als richtungsweisend für Kunstpublikationen. Emanuel zeichnet auch verantwortlich für das an Information und Präsentation Beste, was über die Malerin Tarsila do Amaral erschienen ist, das großartigste Künstlergenie der brasilianischen Moderne.

Als er mit achtzehn nach Salvador da Bahia kam, dachte er daran, Architektur zu studieren. Zwar ließ er die Architektur, aber die Architektur ließ nicht ihn; sie meldete sich als Formverstand. In dem Sinne charakterisiert er die Kunst seiner letzten zwanzig Jahre: »Meine Skulpturen, das ist Architektur, Flächen, die mit Rhythmen, Spannungen und Farben entwickelt werden.«

Statt an die Hochschule begab sich Araújo zu Henrique

Oswald in die Lehre. Der Holzschneider war vom Talent seines Schülers so angetan, dass er ihn gleich als Ausbildner einsetzte. Ein Vierteljahrhundert später wird Araújo an der CUNY (City University of New York) ein Semester lang unterrichten.

Keine Ausstellung brasilianischer Künstler, an der er von Anfang an nicht vertreten gewesen wäre, ob national oder international, ob in Havanna (1963) oder in Mexiko (1965). An der III. Biennale für graphische Künste 1972 in Florenz wurde er mit der Goldmedaille ausgezeichnet. Als er am zweiten Festival der schwarzen Kulturen 1977 in Lagos ausstellte, zeigte er neben seinen graphischen Blättern bereits Reliefs.

Aufs Vielfältigste hatte sich der junge Künstler in Bahia betätigt. Er entwarf für den Tourismus Plakate, die heute von Sammlern gesucht sind; er illustrierte Erzählungen von Graciliano Ramos; er gestaltete Bühnenbilder zu Jean Anouilh und Nelson Rodrigues. Er schuf 1965 die Karnevalsdekoration *Lenda negra* (Schwarze Legende). 1969 fand in Salvador da Bahia ein Großereignis statt: *Bossa nova/Bossa velha* (Neue Welle/Alte Welle). An diesem Treffen traten Sängerinnen und Sänger auf, die seither in der brasilianischen Musik nicht wegzudenken sind, wie Gilberto Gil oder Maria Bethânia. Bahia, die erste Hauptstadt Brasiliens, wo vier Fünftel der Bevölkerung schwarz sind, erlebte in den Sechzigern einen Aufbruch an kulturellem Selbstbewusstsein, den die Militärs bald unterbanden. Als nach der politischen Öffnung sich zu Wort meldete, was unter der Diktatur zum Schweigen gebracht worden war, gab es auch für Emanuel die militante Verpflichtung, den Mythos der ethnischen Demokratie in Frage zu stellen. Die Kritik konnte sich bis zur Behauptung steigern, dass auch Brasilien eine Apartheid kennt. Ein Radikalismus, zu dem er heute Distanz hält.

Sein Bahia übte mit seiner Magie der afrikanischen Herkunft stets auf Ausländer Faszination aus. Hier ließ sich der Franzose Pierre Verger nieder, ein Kenner außereuropäischer Kulturen. Er verfasste eines der wichtigsten Werke über den Sklavenhandel, zeigte mit seinen Fotos aus Afrika und Bahia Parallelen auf und hielt Entsprechungen und Variationen fest. Er setzt heute zwischen Vor- und Nachnamen »Fatumbi« als Markierung dafür, dass er der Eingeweihte eines Candomblés ist, einer der religiösen Gemeinschaften afrikanischen Ursprungs. Und es ist ein Argentinier, der als Zeichner, Maler und Gestalter von Reliefs zum visuellen Erzähler des bahianischen Alltags und seiner Mythen wurde, Carybé. Kein Zufall, dass Emanuel das Layout der *Orixás* betreute, eine großformatige umfangreiche Zusammenstellung von Blättern, die in enzyklopädischer Absicht afrikanische Gottheiten (»Orixás«) darstellen, ihre Tänze, Instrumentarien und Symbole. Es ist das Bahia, das Jorge Amado mit seinen Romanen weltberühmt machte und dessen Mulattinnen in Film und Fernsehen populär wurden. Amado hatte an dem jungen Emanuel eine Kraft bewundert, »wie sie oft reifen Künstlern nicht eigen ist«. Er verstand ihn aus dem bahianischen Ambiente heraus: »Ich sehe den jungen Künstler fröhlich an der Arbeit, wie er aufgeht in einer fremden und realen Welt: das Mysterium der Straßen und Häuser Bahias, der Tanz der Candomblés.«

Emanuel brach aus Bahia aus, auch wenn er dort sein

Atelier behielt. Sosehr die *bahianidade* Imaginationskraft verlieh, das »Bahianertum« war eine Gefahr: Ghetto eines wenn auch erregenden Regionalismus zu werden, mit allen Verlockungen zum Folkloristischen in der Kunst und mit aller Verführung zur ideologischen Fixierung im Denken.

Die Übersiedlung nach São Paulo war mehr als ein Ortswechsel. Es setzte mit Entschiedenheit eine neue Etappe ein. Der Weg vom Flächigen zum Dreidimensionalen, vom Figürlichen zum Konstruktivismus, führt nicht ins Kalkül des Abstrakten. Emanuel nahm seine Vitalität mit. Das Tropikale konnte durchbrechen, wenn er wie bei einem *muro vegetal*, einer »vegetativen Mauer«, die Einfassung mit einem Relief ausstattete, deren geometrische Strenge er dem Wuchern der Pflanzenwelt überließ.

Als 1980 das MASP (Museu de Arte de São Paulo) eine Werkschau zeigte und aus diesem Anlass seine erste Monographie erschien, stand diese unter dem Stichwort *construtivismo afetivo:* Konstruktivismus der Empfindung. Bezeichnend, dass das Buch mit Fotos eröffnet wird, auf denen vergoldetes Schnitzwerk aus dem Innern der Kirche São Francisco zu sehen ist, einem bahianischen Beispiel für den Triumph des Kolonialbarocks. Die Fotos sind nicht Souvenir, sie sind Bekenntnis zur Sinnlichkeit des barocken Gestus.

Auch der Bauch behielt seine bahianische Erinnerung. Wenn Emanuel als Gastgeber kocht, werden Gerichte aus Bahia aufgetragen, eine Fisch-Moqueca oder ein Hühnergericht wie *xinxim*. Dann durchzieht sein Haus der Geruch jenes Dendê-Öls, das sich in den Straßen von Bahia unüberriechbar von den Garküchen aus verbreitet.

Auch wenn er Bahia verließ, er nahm die afrikanischen Götter mit. Er kann seine jüngsten Monoprints nach ihnen benennen, »Phallischer Exu« oder »Phallischer Ogum«, und nach ihnen können auch seine Plastiken heißen »Totem von Ogum« oder »Totem von Exu«. Und er kann dem schwarzen »Totem von Ogum« Stelen beigeben, die völlig weiß sind, als müssten sie das Weiß der Bahianerinnen aufgreifen, und die folgerichtig »Orixás« heißen; sie ordnen sich nicht in Trance zum Tanz, sondern in einer Choreographie künstlerischer Gesetzmäßigkeit. Der Wechsel von Bahia nach São Paulo war die Ausweitung des einen Brasiliens in ein anderes, von einem Bahia, das schwarz geprägt ist, zu einem multikulturellen.

Als wir nach unserem ersten Besuch Emanuel wieder aufsuchten, ein gutes halbes Jahr danach, feierte São Paulo gerade seinen 438. Geburtstag. Aus diesem Anlass wurde ein afro-brasilianisches Zentrum eingeweiht, das erste in der Metropole, ein Ausweis dafür, dass auch in dieser Stadt dem schwarzen Bevölkerungsteil kulturell Rechnung getragen werden soll. Es verstand sich von selbst, dass wir Emanuel zur Einweihungszeremonie begleiteten. Die offiziellen Geburtstagsfeierlichkeiten selber eröffneten Japaner, die mit ihren Trommeln die bösen Geister vertrieben; ihnen folgte die deutsche Musikgruppe »Alpenrosen« und danach eine italienische Formation, und es traten bei dieser Feier der »tausend Völker« auch Samba-Schulen auf – alle unter dem Credo *Não ao preconceito:* Nein zum Rassenvorurteil.

Und dass wir Emanuel wieder aufsuchen würden, stand fest. Ein Grund dafür war die Brasilien-Thematik der Zürcher Junifestwochen 1992. Da durfte Afro-Brasilien nicht fehlen. Was, wenn wir seinem Haus in São Paulo zu einer *ad-interim*-Bleibe in Zürich verhalfen, mitten in der City? »Das Haus des Bahianers« nicht an der »Rua dos Ingleses«, sondern an der Bärengasse, an der »Travessa dos Ursos«.

Ein Wiedersehen, das zugleich Entdeckerfreude war. Verlegenheit ob all dem, was man beim ersten Mal übersah oder nicht richtig zur Kenntnis nahm. Diesmal auf detaillierte Information bedacht, begutachtend wie ein Transportunternehmer, sich wie ein Gerichtsvollzieher fühlend, der Gegenstände ausräumt, und zunehmend ein Interessierter und stets von neuem Bewunderer.

Über die hölzernen Objekte an der Garagenwand zum Beispiel erfuhren wir nun Genaueres, sie hingen einst an einem Kruzifix, das vor einer Kirche im Bundesstaat Minas Gerais stand. In der Karwoche wurde jeder einzelne Gegenstand in einer Prozession durch die Straßen getragen: das durchbohrte Herz, die Lanzenspitze, das Schweißtuch der Veronika, Nägel, über zwanzig an der Zahl.

Was als Einzelgegenstände wahrgenommen wurde, geriet in Zusammenhang. Eine Graphik von Rugendas: im Bauch eines Sklavenschiffes. Dazu eine Malerei von naiver Gläubigkeit, die Taufe eines Schwarzen feiernd. Ein berühmtes Blatt: bewaffnete Wächter und Sklaven, die Sand und Kies in einer Goldmine waschen. Das Bild eines jungen schwarzen Musikanten im koketten Rokokostüm, und mit einem Beineisen. Und danach ein Schwarzer, der mit einer Maulsperre bestraft wird. Fünf bildgewordene Grundsituationen: Versklavung und Vertaufung, Schinderarbeit, musikalischer Auftritt und Mundtod.

Afrikanische Präsenz ist aber nicht denkbar ohne Exu,

ein zwielichtiger, mächtiger Gott der Zerstörung des Lebens, oft in der Nähe des Teufels platziert. In jedem der Räume hat er seine Wand oder seine Ecke gefunden. Als Paillettenbild aus dem letzten Jahrhundert, als anonymer, grob behauener Stein, als rachenaufsperrender Dämon, wie er als Dutzendware auf dem Markt der Volkskunst zu haben ist, und mit erschreckend-schrecklicher Visage, die ihm der bahianische Bildhauer Mário Cravo verpasste.

Wenn aber schon die Verbindung von Religionen aufgezeigt werden soll, muss eine Besonderheit des Synkretismus mit einbezogen werden. Viele der Sklaven waren Muslime. So kam es nicht nur zur Zwangsehe zwischen Christentum und afrikanischen Naturreligionen, sondern auch zu einer mit dem Islam. Der reumütige Petrus, »Pedro arrependido«, ist in Haltung und Kleidung eine arabische Erscheinung, nur der Taufname verweist ihn ins christliche Himmelreich.

In dem Zusammenhang erhalten auch die Bilder eines Rubem Valentim zusätzliche Bedeutung. Ein Maler, der als Vorlagen die Symbole und das Instrumentarium der Candomblés benutzt, der abstrakte Bilder schafft, mit der Zeichensprache von Emblemen. Im Vergleich aber zeigt es sich, dass Emanuel in der Umsetzung des afro-brasilianischen Erbes viel weiter ging, er abstrahierte nicht Formen, sondern schuf sie neu.

Das schwarze Brasilien weist bei ihm auch über Brasilien hinaus. Zu den Afro-Amerikanern der USA. An einer Außenwand eine Eisenplastik von Mel Edward. Und im Arbeitszimmer eine Collage (Eine Frau, ein Fetisch und ein Schloss) von George Nelson Prestos, einem Künstler, der den Band herausgab *Sets, Series and Ensembles in African Art.*

Nein, an Material mangelt es nicht. Dafür garantiert schon die Sammlerleidenschaft des Hausherrn. Die kann sich aufs Überraschendste äußern. Sie gilt ebenso Exvotos wie Flaschen und Gläsern oder Sparbüchsen. Mit kindlicher Freude führt Emanuel vor, wie ein Automaten-Frosch nach einer Münze schnappt oder ein Hund die Münze durch einen Ring in den Sparbauch bringt. Bei einem Mann, der mit Holz arbeitete und in den letzten Jahren vermehrt mit Stahl, mag die Vorliebe für Zerbrechliches wie Keramik und Porzellan überraschen.

Und doch mag man nicht von einer Sammlung reden. Schon deswegen nicht, weil Emanuel mit dem lebt, was er zusammentrug. Es lassen sich kaum Alltagsgegenstand und Sammlungsobjekt unterscheiden, der eine partizipiert am andern, und sie machen zusammen einen Lebensraum aus. Eine Schutzmantelmadonna und davor eine Figur von der Elfenbeinküste, neben einem Designsessel ein afrikanischer Schemel.

Für einen ästhetischen Puritaner willkürliche Laune, Eklektizismus oder gar Greuel von Unentschiedenheit, auch wenn er zugeben muss, dass das Arrangement Raffiniertheit verrät – nur schon das Bild *Pele* (Fell) von Siron Franco über einem Kanapee mit Fellmuster-Überzug.

Was hier zusammenfand, ist Ausdruck von Mentalität. Zweimal drückt sie sich aus, einmal durchs eigene Werk und dann durch die Werke von andern. In den Objekten objektiviert sich die eigene Welt, das Innere wird zum sichtbar Äußeren, so behauptet sich das Private, es bestätigt sich, indem es sich übersteigt, das Persönliche wird Geschichte, zur Geschichte seiner Rasse und seines Volkes.

In dieser Geschichte nimmt Portugal einen selbstverständlichen Platz ein. Und sei es nur durch einen Künstler wie Rafael Bordalo Pinheiro (1846–1905) mit seinen Keramiktellern und bizarren Figuren. Und weitere europäische Reminiszenzen mit einem spanischen Christus, einem Rosenthal-Set oder einem Geweihleuchter.

Es ist die Geschichte des portugiesischen Kolonialreichs mit seinen Engeln und Heiligen. Mit weißen und schwarzen Santos. Das koloniale Brasilien, das auch eines der Schwarzen und ihrer Gottheiten war. Die Opferschale aus Nigeria und Reliquiare in Palmblattform. Der afrikanische Dämon und der christliche in Kohabitation, Exu wie Teufel. Die schwarze Mutter und die Indianerin, die ein Kind an der Hand führt. Der geschundene Christus und der Schinderchrist. Silberner Strahlenkranz und indianischer Federschmuck. Ein Afro-Brasilien, das im Dienst der Herren schuftete, das sich in akademischer Manier um europäische Vorbilder bemühte und das aus jeglichem Kanon ausbrach. Eine Besinnung auf Amerika, die zugleich eine auf Afrika ist und nur Brasilien meinen kann. Volkskunst und die Bilder der Malerfreunde, zeitgenössische Kunst, und diese abstrakt, expressiv und von phantastischem Realismus. Nipp und Unikat. Naives Gestalten, barocker Gestus und konstruktivistische Formgebung. Ein Nebeneinander, bei dem das eine nicht gegen das andere ausgespielt wird. Keine totalitäre Linearität und keine Diktatur der Einheit. Kulturelle Simultaneität – unversehens wird das »Haus des Bahianers« zum brasilianischen Haus.

Ein Buch von Brasilien

Nachwort
von Jeroen Dewulf

»Nur wer zu Hause bleibt, weiß, wie die Welt ausschaut.« Mit diesem pointierten Satz umriss Hugo Loetscher in seinem typisch ironischen Stil die Komplexität des Reisens. Er, der wie sein literarischer Held »der Immune« am liebsten in alle Richtungen gegangen und aus allen Richtungen zurückgekehrt wäre, wusste wie kein anderer, dass mit jeder Reise neue Fragen entstehen, die erneut zu einer Reise einladen.

Man kann den Schriftsteller Hugo Loetscher nicht von dem Journalisten trennen, der Hunderte von Reisereportagen schrieb. Loetscher war ein typischer *homme de lettres,* dessen Sprache sich bald als Auseinandersetzung mit der Wirklichkeit verstand, bald als solche, die Wirklichkeiten erschuf. Während seine gesamte Belletristik aber auch heute noch in jeder guten Buchhandlung erhältlich ist, sind seine Reportagen nur mit Mühe in Bibliotheken und Archiven aufzutreiben.

Mit *Das Entdecken erfinden* liegt nun eine Auswahl seiner besten Reisereportagen vor. Hugo Loetscher selbst hat diese Auswahl noch mitbestimmt. Im Frühjahr 2009 hatte er die Nachricht erhalten, dass er sich einer zweiten, schweren Herzoperation unterziehen müsse. Dem damals Neunundsiebzigjährigen waren die Risiken einer solchen Operation bewusst. Daher machten wir uns daran, sein Archivmaterial auf mögliche zukünftige Buchpublikationen hin zu sichten, die Loetscher selbst vielleicht nicht mehr abschließen würde, aber wenigstens noch konzipieren wollte. Da viele seiner Leser seine Reisereportagen besonders schätzten, beschlossen wir, diesen Texten Priorität zu geben. Loetscher selbst entschied sich dabei für die Reportagen, die man, obwohl mehrheitlich in den sechziger und siebziger Jahren erschienen, mit seiner Tätigkeit als Journalist an erster Stelle assoziiert: jene über Brasilien. Damit ist dieser Band auch im wahrsten Sinne des Wortes Loetschers Brasilienbuch.

Wir beschränkten uns bei der Auswahl auf Reportagen, in denen Loetscher als erzählende Instanz auftritt. Diese Texte haben einen literarischen Wert, der über die damalige Aktualität hinausgeht. Artikel, in denen sich Loetscher lediglich mit dem politischen, sozialen und kulturellen Tagesgeschehen in Brasilien auseinandersetzte, wurden somit nicht aufgenommen. In die originalen Texte haben wir nur wenig eingegriffen: Wo sich Loetscher in mehreren Reportagen mit der gleichen Thematik befasste, wurden Passagen, die eine Wiederholung darstellen, gestrichen, und Reportagen, in denen er den Besuch mehrerer Länder schildert, wurden auf die Brasilien betreffenden Teile gekürzt.

Loetschers Befürchtungen, was seine Herzoperation betraf, erwiesen sich leider als berechtigt. Im August 2009 erlag er postoperativen Komplikationen. So konnten wir die schöne Arbeit an diesem Sammelband nicht mehr gemeinsam beenden, auch ein von Loetscher geplantes Vorwort blieb ungeschrieben. Als Einführung in den Band habe ich den 1992 publizierten Aufsatz »Unterwegs in meinem Brasilien« gewählt, in dem Loetscher den Gründen und der Geschichte seiner Faszination für Brasilien nachspürt. Für den Titel ließ ich mich von dem Katalog der großen Brasilienausstellung im Zürcher Kunsthaus inspirieren, den Loetscher herausgegeben hat: *Brasilien. Entdeckung und Selbstentdeckung* (1992). Für seine Rolle als Organisator dieser Ausstellung und für seine lebenslange Auseinandersetzung mit Brasilien erhielt Loetscher damals von der brasilianischen Regierung den Orden vom Kreuz des Südens. Kaum eine Auszeichnung hat ihn im Laufe seines Lebens mehr gefreut als diese.

Die Reportagen in *Das Entdecken erfinden* erlauben es, Loetschers Bewusstwerdungsprozess in und über Brasilien nachzuvollziehen. Während Brasilien heute ständig in den Medien ist und es auch in der Schweiz und Deutschland zahlreiche Samba-Clubs und Capoeira-Vereine gibt, war Brasilien 1965, als Loetscher zum ersten Mal in Rio de Janeiro eintraf, für die große Mehrheit seiner Leser noch ein »exotisches« Land; viel mehr als Karneval und Fußball fiel den meisten beim Stichwort Brasilien damals nicht ein. Loetscher selber erging es anfangs nicht viel besser; in »Bahia – Porträt einer Stadt«, einer Reportage für die Zeitschrift *du*, für die er zusammen mit dem Fotografen René Burri Bahia besuchte, drohte auch er sich gelegentlich in die Exotik zu verlieren. Loetschers frühe Reisen nach Brasilien hatten tatsächlich etwas von der Suche nach einer Wunschvorstellung. Der Eindruck wird erweckt, dass in Bahia ein Traum Wirklichkeit geworden war, der Traum einer »Rassendemokratie«, worunter Loetscher eine ethnische Demokratie verstand, in der sich die Rassenfrage durch die Vermischung aller Rassen gelöst hatte: »In Bahia kam Brasilien zu seiner Idee. Hier wurden die Voraussetzungen geschaffen für den brüderlichen Nationalismus: ›Somos todos brasileiros‹ – wir sind alle Brasilianer. Keine andere Nation hat sich eine ähnliche Devise gegeben. Alle anderen Devisen sind ausschließlich und betreffen die Abgrenzung. Hier nicht. Es gibt keinen, der nicht dazugehören könnte; hier stört niemand.« Der Einfluss des Soziologen Gilberto Freyre und von dessen Studie *Herrenhaus und Sklavenhütte* (1933) über die Rassenmischung als dem Kernprinzip der brasilianischen Identität ist hier unverkennbar. Schon der Österreicher Stefan Zweig hatte in seinem brasilianischen Exil das Bekenntnis zur Rassenmischung als eine friedvolle Alternative zu den nazistischen Theorien der Reinrassigkeit interpretiert und damit seine Wunschvorstellung Brasiliens als *Land der Zukunft* verknüpft. Die erste Begegnung mit Brasilien ging auch bei Loetscher kaum über die Projektion solcher traumhaften Visionen hinaus. Er sah Brasilien damals noch nicht, wie es war, sondern eher, wie er es sich vorstellte.

Mit jeder neuen Reise wuchs jedoch die Erkenntnis, dass die Realität des Landes zu komplex ist, als dass sie auf eine Schablone reduziert werden könnte. 1967 lernte Loetscher neben Rio und Bahia auch andere Teile des Landes kennen, was zu einem umfassenderen und kritischeren Brasilienbild führte. Sein Glaube an die brasilianische Rassendemokratie geriet ins Schwanken, und sie wurde zu einer in der Zukunft zu verwirklichenden Wunschvorstellung. Immer stärker verlagerte sich Loetschers Schwerpunkt nun auf die soziale Realität des Landes. Neben Freyre trat ein anderer brasilianischer Soziologe in den Vordergrund, dessen Werk für Loetscher immer wichtiger werden sollte: Josué de Castro. Castro hatte Freyre vorgeworfen, die soziale Notlage Brasiliens nicht in Betracht ziehen zu wollen. In den Statistiken von Castros einflussreicher Studie *Geopolitik des Hungers* (1951) schnitt Brasilien weit weniger gut ab als bei Freyre. Nicht von Rassendemokratie war darin die Rede, sondern von Unterentwicklung, Armut und Hunger.

Als in den siebziger Jahren ein wirtschaftlicher Aufschwung einsetzte und vorübergehend sogar von einem brasilianischen Wirtschaftswunder die Rede war, stellte Loetscher fest, dass nur einige wenige von diesem Fortschritt profitierten. Zudem erfolgte die Modernisierung des Landes nach einem westlichen, kapitalistischen Modell, wobei vieles, was Loetscher an Brasilien so bewundert hatte, nun als rückständig und primitiv abgelehnt und buchstäblich abgebrochen wurde. 1970, anlässlich seines dritten Besuches in Salvador da Bahia, musste er feststellen, dass sich die Stadt im Eiltempo modernisierte. Ganze Stadtviertel, die wenige Jahre zuvor noch als traumhafte Kulissen für die Fotos von Burri gedient hatten, waren bereits niedergewalzt worden. »Die Imagination ist weg, dafür beginnt die Wirtschaft zu blühen«, schrieb Loetscher. Seine persönliche Enttäuschung darüber übertrug er auf die Stadt: »Jenes Bahia, das einst Künstler und Schriftsteller inspiriert hat, ist erschöpft und hat ausgedient.«

Das Gefühl der Enttäuschung wurde durch die rasante Zunahme der Kriminalität in den späten siebziger Jahren noch verstärkt. 1980 wurde Loetscher in Rio de Janeiro selbst Opfer eines Überfalls. Er, der die *cidade maravilhosa* so gerne gemocht hatte, dass er wenige Jahre zuvor noch überlegt hatte, seinen Wohnsitz nach Rio zu verlegen, musste feststellen, dass er sich sogar tagsüber auf der Straße nicht mehr sicher fühlte. Diese Ernüchterung über das Land seiner Liebe führte dazu, dass Loetscher in seinen Reportagen über Brasilien distanzierter auftrat und als erzählende Instanz immer mehr zurücktrat. Auch die Frequenz der Reisen nahm ab. Hatte er zwischen 1965 und 1980 nicht weniger als neun lange Reisen durch Brasilien unternommen, so wagte er sich erst 1988 an eine neue Reise. In den nächsten Jahren bis zu seinem Tod im Jahre 2009 folgten nur noch drei weitere Brasilienreisen. Die Artikel, die aus diesen Reisen hervorgingen, lassen sich als Korrektur seiner früheren Wunschvorstellungen lesen.

Wie alle Krisen in seinem Leben versuchte Loetscher auch diese durch Schreiben zu überwinden. Seine schmerzhafte Erfahrung, der Verlockung der Exotik erlegen zu sein, wurde Thema eines Kapitels im Roman *Der Immune* (1975). Die Exotik wird darin als literarische Inspirationsquelle dargestellt. Anstatt die Exotik zu verdrängen, lässt sich der Immune absichtlich ein zweites Mal von der Exotik »anstecken«, um eine Form der »Immunität« zu erlangen, die es ihm erlaubt, die Realität mit kritischen Augen darzustellen: »Die Tropen sind eine Verführung. Ich finde es sogar unklug, sich nicht verführen zu lassen. Das Exotische gibt es, und wir reagieren darauf. Man braucht ihm ja nicht zu erliegen, sondern man kann durchgehen.« In diesem Sinne überarbeitete Loetscher im *Immunen* auch eine »exotische«

Reportage aus den sechziger Jahren: »Amazonas – Fluss des Abenteuers« (1967). Während die ursprüngliche Reportage nur von einer Bootsfahrt auf dem Amazonas handelt, wird sie im *Immunen* durch die Geschichte eines Mannes ergänzt, der in den brasilianischen Regenwald gezogen ist, um der westlichen Zivilisation zu entfliehen. Dort, am Ende der Welt, begegnet er aber jemandem, der soeben für sein Stück gerodeten Urwald eine Palme aus Plastik als Dekoration gekauft hat.

Loetschers brasilianische Erfahrungen fanden 1979 auch ihren literarischen Ausdruck im Buch *Wunderwelt*. Verschiedene Kapitel darin gehen auf Artikel zurück, die Loetscher als Reporter über den Nordosten Brasiliens geschrieben hatte. So ermöglicht der vorliegende Band auch einen Einblick in die Entstehungsgeschichte des Buches über das verstorbene Mädchen Fatima, das heute wegen der originellen literarischen Verarbeitung der Begegnung mit dem Fremden als Markstein der deutschsprachigen postkolonialen Literatur gilt.

Nicht ohne Grund hat Loetscher *Wunderwelt* den Untertitel *Eine brasilianische Begegnung* gegeben. Die Texte in diesem Band belegen, wie sehr Loetschers Brasilienbild das Ergebnis von persönlichen Erfahrungen war. In seinen Reportagen führt uns Loetscher durch den Amazonas, nimmt uns mit in den von der Dürre heimgesuchten Nordosten und zeigt uns die Reste der Jesuitenmissionen im brasilianischen Süden. Vor allem aber sind seine Reportagen das Ergebnis von Begegnungen. Begegnungen mit berühmten Brasilianern wie etwa dem Befreiungstheologen Dom Hélder Câmara, dem afro-brasilianischen Aktivisten

Abdias do Nascimento oder dem Revolutionär Luís Carlos Prestes, Begegnungen aber auch mit unbekannten Menschen, die irgendwo unauffällig »am Rande« des fünftgrößten Landes der Welt lebten und die für Loetscher zum Schlüsselerlebnis wurden.

Die Objektivität dieser Reportagen liegt gerade in ihrer Subjektivität, denn durch die Schilderung persönlicher Begegnungen gelang es Loetscher, auch den Brasilianern selbst das Wort zu erteilen. Tatsächlich kommen die unterschiedlichsten Menschen aus den verschiedensten Regionen Brasiliens in diesem Buch direkt oder indirekt zu Wort. Auf diese Weise entsteht ein Brasilienbild Loetschers, das sich aus Einsichten und Darstellungen vieler Brasilianer zusammensetzt. »Sein« Brasilien zeigt sich so aus verschiedensten Blickwinkeln. Damit ist dieses Lesebuch nicht nur ein Buch *über* Brasilien, sondern auch, und vielleicht vor allem, ein Buch *von* Brasilien.

Nachweis der Erstveröffentlichungen

»Unterwegs in meinem Brasilien«, in: *Tages-Anzeiger Magazin,* Zürich, 22./23. 5. 1992.

»Bahia – Porträt einer Stadt«, in: *du,* Zürich, Juli 1967.

»Reise in die süße Hölle«, in: *Die Weltwoche,* Zürich, 15. 9. 1967.

»Amazonas – Fluss des Abenteuers«, in: *Die Weltwoche,* Zürich, 22. 9. 1967.

»Ein Katholik der Dritten Welt. Begegnung mit Dom Hélder Câmara«, in: *Die Weltwoche,* Zürich, 22. 12. 1967.

»Die Religion der Umbanda«, in: *Neue Zürcher Zeitung,* 6. 9. 1970.

»Die Seca – eine Katastrophe mit Tradition«, in: *Tages-Anzeiger Magazin,* Zürich, 24. 10. 1970.

»In der brasilianischen Goldprovinz«, in: *Neue Zürcher Zeitung,* 25. 10. 1970.

»Brasília und die Gegenstadt«, in: *Tages-Anzeiger Magazin,* Zürich, 1. 2. 1971.

»Ein Mystiker unter den Huren«, in: *Tages-Anzeiger Magazin,* Zürich, 13. 2. 1971.

»Bahia und die Elektrizität«, in: *Neue Zürcher Zeitung,* 16. 6. 1971.

»Altamira – Hauptstadt der Transamazônica«, in: *Neue Zürcher Zeitung,* 5. 11. 1972.

»Abseits vom Wunder der Transamazônica«, in: *Neue Zürcher Zeitung,* 12. 11. 1972.

»Der Missionar als Drogenhändler«, in: *Tages-Anzeiger Magazin,* Zürich, 2. 11. 1974.

»Das Hirn Brasiliens«, in: *Tages-Anzeiger Magazin,* Zürich, 4. 1. 1975.

»Iracema – ihre Stadt und ihr Schöpfer«, in: *Neue Zürcher Zeitung,* 12./13. 7. 1975.

»Der leidenschaftliche Provinzler. Eine Begegnung mit dem brasilianischen Volkskundler Câmara Cascudo«, in: *Brückenbauer,* 12.5.1978.

»Der Sekretär der Hoffnung. Begegnung mit einem brasilianischen Helden«, in: *TransAtlantik,* München, Januar 1981.

»São Luís und Alcântara – zwischen kolonialer Erinnerung und Raketenträumen«, in: *Neue Zürcher Zeitung,* 12./13.10.1985.

»Dem Schwarzen seine weißen Träume nehmen. Der Afro-Brasilianer Abdias do Nascimento«, in: *Tages-Anzeiger Magazin,* Zürich, 14.4.1984. Für die Neuauflage in *Das Hugo Loetscher Lesebuch* (1984) entschied sich Loetscher für einen neuen Titel: »Die weißen Träume des schwarzen Mannes. Der Afro-Brasilianer Abdias do Nascimento«.

»Die Präsenz der Jesuitenmissionen in Südamerika«, in: *Neue Zürcher Zeitung,* 6./7.5.1989.

»Das Haus des Bahianers«, in Hugo Loetscher (Hrsg.): *Brasilien. Entdeckung und Selbstentdeckung.* Benteli Verlag, Bern 1992.

Hugo Loetscher
im Diogenes Verlag

Hugo Loetscher wurde 1929 in Zürich geboren. Er war seit 1969 als freier Schriftsteller und Publizist tätig und bereiste regelmäßig Lateinamerika, Südostasien und die USA. Hugo Loetscher war Gastdozent an verschiedenen internationalen Universitäten und Mitglied der Darmstädter Akademie für Sprache und Dichtung. 1992 wurde er mit dem Großen Schiller-Preis der Schweizerischen Schillerstiftung ausgezeichnet. Er starb 2009 in Zürich.

Wunderwelt
Eine brasilianische Begegnung

*Herbst in der
Großen Orange*

*Der Waschküchenschlüssel
oder Was – wenn Gott
Schweizer wäre*
Geschichten
Auch als Diogenes Hörbuch erschienen, gelesen von Emil Steinberger

Der Immune
Roman

Die Papiere des Immunen
Roman

Die Fliege und die Suppe
und 33 andere Tiere in 33 anderen Situationen. Fabeln

Die Kranzflechterin
Roman

Abwässser
Ein Gutachten

Der predigende Hahn
Das literarisch-moralische Nutztier. Mit Abbildungen, einem Nachwort, einem Register der Autoren und Tiere sowie einem Quellenverzeichnis

Die Augen des Mandarin
Roman

Vom Erzählen erzählen
Poetikvorlesungen. Mit Einführungen von Wolfgang Frühwald und Gonçalo Vilas-Boas

Der Buckel
Geschichten

Lesen statt klettern
Aufsätze zur literarischen Schweiz

Es war einmal die Welt
Gedichte

War meine Zeit meine Zeit

Das Entdecken erfinden
Unterwegs in meinem Brasilien. Herausgegeben und mit einem Nachwort von Jeroen Dewulf

Außerdem erschienen:

In alle Richtungen gehen
Reden und Aufsätze über Hugo Loetscher. Herausgegeben von Jeroen Dewulf und Rosmarie Zeller

Alice Vollenweider & Hugo Loetscher
Kulinaritäten
Ein Briefwechsel über die Kunst und die Kultur der Küche